Wittelsbacherinnen

Für

Heidi Krinner-Jancsik

Marita A. Panzer

Wittelsbacherinnen

Fürstentöchter einer europäischen Dynastie

Verlag Friedrich Pustet
Regensburg

Bibliografische Information der Deutschen Nationalbibliothek

Die Deutsche Nationalbibliothek verzeichnet diese Publikation in der Deutschen Nationalbibliografie; detaillierte bibliografische Angaben sind im Internet über http://dnb.d-nb.de abrufbar.

www.verlag-pustet.de

ISBN 978-3-7917-2419-5

Satz: Vollnhals Fotosatz, Neustadt a. d. Donau
Gesamtherstellung: Friedrich Pustet, Regensburg
Printed in Germany 2012

Inhalt

Das Haus Wittelsbach und seine Töchter

Das Haus Wittelsbach gehört zu den großen Dynastien Europas. Sein Stammland war Bayern. Hier herrschten die Wittelsbacher seit 1180 ununterbrochen bis 1918, zuerst als Herzöge, dann ab dem 17. Jahrhundert als Kurfürsten und schließlich seit 1806 als Könige. Zwei Wittelsbacher trugen die Kaiserkrone des Heiligen Römischen Reiches, ein dritter wurde zum römisch-deutschen König gewählt. Vier Wittelsbacher (und eine Wittelsbacherin) regierten in Schweden, ein anderer wurde König von Dänemark bzw. Norwegen sowie von Griechenland.

Die Wittelsbacher gehörten zu den etwa dreißig Hochadelsgeschlechtern im mittelalterlichen Herzogtum Bayern, das zuerst von den Agilolfingern, den Karolingern, den Luitpoldingern, den Ottonen und Saliern und schließlich von den Welfen regiert wurde. Zunächst traten die Wittelsbacher, als ebensolche benannt, 1115 hervor. Allerdings hören wir bereits 1073 von Graf Otto III. von Scheyern, dem Vater des nachmaligen ersten Herzogs der Wittelsbacher. Scheyern war Stammsitz, später Kloster und Grablege der frühen Wittelsbacher. Als der Hauptsitz nach Burg Wittelsbach in die Nähe von Aichach verlegt worden war, wurden aus den Grafen von Scheyern die Wittelsbacher.

Mittels Eigengütern, Lehen, Grafschafts- und Vogteirechten sowie nicht zuletzt durch eine geschickte Heiratspolitik erwarben die Wittelsbacher ein solides Herrschaftsgebiet und stiegen schließlich 1116 vom königlichen Pfalzgrafen, der den

Landesherrn im Herzogtum vertrat, 1180 selbst zum Herzog und Landesherrn in Bayern auf.

Vor allem mit Ludwig dem Kelheimer (1183–1231) traten die Wittelsbacher als „Territorialherren" hervor. Ludwigs Sohn Otto II. arrondierte das erworbene Gebiet, so dass sein Herrschaftsbereich schließlich vom Lech bis zum Böhmerwald, von der Naab bis zum Inn reichte. Im späten Mittelalter (Verträge 1392/1429) teilten die Erben Kaiser Ludwigs des Bayern das bayerische Herzogtum unter sich auf, wobei Tirol und Brandenburg verloren gingen. Es entstanden die Teilherzogtümer Bayern-München, Bayern-Ingolstadt, Bayern-Landshut und Bayern-Straubing. Letzteres vereinigte sich unter Wilhelm I. im 14. Jahrhundert mit der Grafschaft Hennegau-Holland und Seeland zu einem Herrschaftsgebiet, bis dieses wiederum unter den drei bayerischen Teilherzogtümern aufgeteilt wurde, wobei das niederländische Gebiet sich verselbständigte (s. Übersicht S. 222).

Die im Jahre 1214 hinzugekommene Pfalz wurde bereits im Hausvertrag von Pavia 1329 mit Teilen der Oberpfalz wieder abgetrennt, blieb aber in einer wittelsbachischen Linie; erst 1777 vereinigten sich unter Kurfürst Karl Theodor die Pfälzer Gebiete wieder mit Altbayern. In der napoleonischen Zeit erweiterte sich das Kurfürstentum Bayern um Franken und Schwaben zum Königreich Bayern (ab 1806). Mit der Angliederung der Rheinpfalz 1816 fand die territoriale Ausdehnung Bayerns ihren Abschluss. Nun entwickelte sich aus dem Territorialstaat das moderne Bayern zunächst als Monarchie und seit der Revolution von 1918/19 als republikanischer Freistaat.

Noch einige Sätze zur Pfalz und den dortigen Wittelsbachern: Herzog Ludwig der Kelheimer (1183–1231) wurde 1214 mit der Pfalzgrafschaft bei Rhein belehnt. Pfalzgraf Rudolf I., Bruder von Kaiser Ludwig dem Bayern, begründete 1294 die Pfälzer Linie der Wittelsbacher. Sein jüngster Sohn Ruprecht I. (reg. 1353–1390), der seinem Bruder Rudolf II. nachfolgte, gilt als der eigentliche Gestalter der Pfälzer Lande. Bereits sein Vorgänger hatte mit Kaiser Ludwig im Hausvertrag von Pavia 1329 die wittelsbachische Landesteilung in Herzogtum Bayern und Pfalzgrafschaft bei Rhein samt Oberpfalz vereinbart. Das Kurrecht sollte danach abwechselnd mit der bayerischen Linie wahrgenommen werden, verblieb aber schließlich ganz bei der Pfalz.

Die vier Söhne des Kurfürsten Rupprecht III., der seit 1400 deutscher König war, teilten 1410 die Pfälzer Gebiete unter sich auf, wobei der Sohn Ludwig III. die sogenannte „alte pfälzische Kurlinie" begründete samt den Residenzen Heidelberg und Amberg. Diese erlischt 1559 mit dem Tode des Kurfürsten Ottheinrich, der kinderlos starb. Kurwürde und Land erbte nun Friedrich III. (reg. 1559–1576) aus der von Stefan begründeten Linie Simmern-Zweibrücken. Dieser Linie der Pfälzer Wittelsbacher gehörte auch der sog. Winterkönig Friedrich V. an. Mit dessen Enkel Kurfürst Karl II. erlosch die Linie 1685 wieder.

Da die zunächst vier Hauptlinien der Pfälzer Wittelsbacher sich mit der Zeit durch Erbfälle auch noch in einige Nebenlinien teilten, ist es durchaus möglich, hie und da den Überblick zu verlieren. Daher ist im Anhang S. 223 eine grafische Darstellung beigegeben.

Bleiben wir aber bei der Pfälzer Kurlinie, die 1685 von der Linie Pfalz-Neuburg ererbt wurde, jedoch bereits 1742 wieder erlosch. Nun folgte im Pfälzer Kurfürstentum die Linie Neuburg-Sulzbach, die erst 1656 begründet worden war. Als Einzigem und Letztem dieser Linie fiel an Karl Theodor die Kurpfalz und – nachdem 1777 auch die bayerische Linie der Wittelsbacher erloschen war – zudem das Kurfürstentum Bayern. Da Kurfürst Karl Theodor keinen leiblichen Erben hinterließ, folgte ihm aus der Pfälzer Linie Zweibrücken-Birkenfeld-(-Bischweiler) 1799 Kurfürst Maximilian IV. Joseph nach, der schließlich 1806 zum ersten König Bayerns wurde. Diese Linie der Wittelsbacher besteht bis in unsere Gegenwart.

Die Wittelsbacher Dynastie brachte zahlreiche Töchter hervor, die durch ihre Eheschließungen die europäische Dimension des Hauses geradezu verkörperten. Sie saßen neben ihren Gemahlen in vielen Ländern Europas auf Fürsten-, Königs- und Kaiserthronen und spannten durch ihre Nachkommen ein dichtes Familiennetz über Europa aus. Manche wurden gar zu Stamm-Müttern herrschender Adelshäuser, waren Königinnen von Gottes Gnaden, große Kurfürstinnen und Herzoginnen, Äbtissinnen und Gelehrte, Künstlerinnen, Forscherinnen und aufmerksame Briefeschreiberinnen.

Obwohl die Ehen der Fürstentöchter meist aus politischen Gründen zustande kamen, war Liebe nicht ausgeschlossen. Sie gebaren in fremden Ländern und für fremde Kronen nicht nur den Erbprinzen, sondern griffen gelegentlich selbst in die europäische Geschichte ein. Daher verlief das Leben der Wittelsbacherinnen nicht immer in ruhigen Bahnen, sondern manchmal stürmisch, ja kriegerisch und endete bisweilen tragisch.

Königin von Gottes Gnaden und Gräfin von Tirol

ELISABETH

(um 1227–1273)

Herkunft und Familie

↓

Otto I. (1117–1183), erster Wittelsbacher Hz. v. Bayern (ab 1180)
⚭ (1169) Agnes, Gfin. v. Loon (1150–1191), T. v. Ludwig II. v. Loon, Burggf. v. Mainz

↓

Ludwig I. der Kelheimer (1173/74–1231), Hz. v. Bayern, seit 1214 Palzgf. bei Rhein
⚭ (1204) Ludmilla (1170–1240), T. v. Friedrich v. Böhmen, verwitw. Gfin. v. Bogen

↓

Otto II. (1205–1253), seit 1228 Pfalzgf. bei Rhein, ab 1231 Hz. v. Bayern
⚭ (1222) Agnes (1201–1267), T. v. Heinrich, Pfalzgf. bei Rhein u. Hz. v. Sachsen, u. Agnes, T. d. Pfalzgf. bei Rhein Konrad

Ludwig II. (1229–1294),
Hz. v. Bayern, Pfalzgf. bei Rhein

⚭ (1) Maria (1226–1256, enthauptet),
Hzin. v. Brabant u. Lothringen

⚭ (2) Anna (1240–1271),
Hzin. v. Schleswig-Glogau

⚭ (3) Mechthild (Mathilde) v. Habsburg,
T. v. Rudolf I., röm.-dt. Kg., Gf. v. Habsburg

- -

Heinrich XIII. (1235–1290), Hz. v. Bayern,
Pfalzgf. bei Rhein

⚭ Elisabeth v. Ungarn (1236–1271)

- -

Ludwig regierte zunächst gemeinsam mit seinem Bruder Heinrich das Hzgt. Bayern, das sie 1255 in Ober- und Niederbayern teilten.

- -

Weitere zwei Schwestern

ELISABETH
(um 1227/31–1273)

(1) ⚭ (1246) Konrad IV. (1228–1254) v. Hohenstaufen, Hz. v. Schwaben, röm.-dt. Kg.
Eltern: Kaiser Friedrich II., Hz. v. Schwaben, Kg. v. Sizilien ⚭ Yolanthe, T. v. Jean de Brienne, Kg. v. Jerusalem

(2) ⚭ (1259) Meinhard II. (1235–1295),
Gf. v. Görz u. Tirol, später Hz. v. Kärnten

↓

(1) Konradin (1252–1268, enthauptet in Neapel), der letzte Staufer ⚭ (1266) Sophia v. Landsberg/Meißen (1258–1318)

- -

(2) Otto III. (1265–1310), Gf. v. Görz u. Tirol,
Hz. v. Kärnten

(2) Heinrich (1270–1335), Hz. v. Kärnten,
Gf. v. Görz u. Tirol, Kg. v. Böhmen u. Polen → Margarete Maultasch, Hzn. v. Tirol (1318–1369)

(2) Albert II. († 1292), Gf. v. Tirol

(2) Agnes († 1293)

(2) Ludwig († 1305)

(2) Elisabeth v. Kärnten,
Görz u. Tirol (1262–1313)
⚭ (1276) Albrecht I.
(1255–1308, ermordet),
Hz. v. Österreich u. d. Steiermark,
röm.-dt. Kg.

Mit 21 Kindern,
Stammmutter der Habsburger – darunter:

- Agnes (1281–1364), Kgin. v. Ungarn
- Rudolf (1282–1330), Kg. v. Böhmen
- Friedrich der Schöne (1289–1330), röm.-dt. Gegenkg. v. Ludwig d. Bayern
- Leopold I. (1290–1326), gen. „Das Schwert Habsburgs", Hz. v. Österreich
- Albrecht II. v. Österreich (1298–1358), der Weise bzw. der Lahme
- Heinrich d. Sanftmütige (1299–1327)
- Otto d. Fröhliche bzw. der Kühne (1301–1339)

Auf dem Fürstentag zu Regensburg 1235 vereinbarten Kaiser Friedrich II. und Herzog Otto II. von Bayern die Verlobung zwischen dem Kaisersohn Konrad und der Herzogstochter Elisabeth. Diese, um 1227 in Landshut geboren, war damals acht und ihr Bräutigam sieben Jahre alt. Manche Historiker meinen jedoch, dass Elisabeths ältere Schwester namens Irmgard zunächst verlobt wurde und erst als diese starb, Elisabeth an deren Stelle trat. So ist auch das Geburtsjahr unsicher: Es könnte ebenso Elisabeths ältere Schwester um 1227 auf die Welt gekommen und Elisabeth erst um 1230 geboren worden sein.

Das damals gegebene Heiratsversprechen einer Wittelsbacher Prinzessin beendete zugleich die kriegerischen Auseinandersetzungen Heinrichs VII., dem ältesten Sohn des Kaisers, mit dem Bayernherzog Otto II. Zurückgekehrt aus Italien, setzte Kaiser Friedrich II. nämlich seinen unbotmäßigen Sohn gefangen und seinen zweitgeborenen Sohn Konrad zum Nachfolger ein. Zwei Jahre nach seiner Verlobung wurde Konrad (IV.) dann auf Betreiben des kaiserlichen Vaters in Wien zum römisch-deutschen König und künftigen Kaiser gewählt sowie auf den Fürstentagen zu Speyer und Augsburg bestätigt. Um diese Zeit rief der Liederdichter Hardegger die Mutter Gottes um Unterstützung für den neuen König an: „ hilf dem künik Chuonrat also, / daz er mit rehte ein vogt ze Rome werde, / unt des die armen werden vro; / (...)."

Trotz des päpstlichen Bannfluchs, der alle Staufer-Herrscher und ihre Verbündeten traf, schlugen sich die bayerischen Herzöge 1241 wieder auf die Seite des Kaisers, nachdem sie sich gegen Ende der 1230er-Jahre von den Staufern distanziert hatten. Damals war auch die Verlobung mit Konrad hinfällig geworden, vielmehr hatte man Elisabeth 1243 Herzog Friedrich II. von Österreich versprochen. Als sich jedoch Elisabeths Vater mit dem Babenberger überwarf, reaktivierte der Kaiser das alte Eheversprechen zwischen Konrad und Elisabeth. Trotzdem zogen sich die Eheverhandlungen noch einige Zeit hin, denn auch Kaiser Friedrich lotete zunächst andere Heiratschancen seines Sohnes aus.

Endlich heiratete am 1. September 1246 die Wittelsbacherin den Stauferkönig, wahrscheinlich in Vohburg an der Donau. Als Morgengabe erhielt die Braut Möhring und Heibisch am Lech, denn König Konrad IV. war zugleich auch Herzog von Schwaben.

Nach Kaiser Friedrichs II. Tod 1250 erbte sein Sohn das Königreich Sizilien und den Titel eines Königs von Jerusalem. Nunmehr besaß Elisabeth drei Königinnenkronen – die römisch-deutsche, die sizilianische und die von Jerusalem.

Elisabeth hatte also in die illustre Familie der Staufer eingeheiratet, deren Häupter jedoch nicht unangefochten waren. Vor allem die Päpste kämpften mit den Stauferkönigen um die Vorherrschaft in Italien und im Reich. Eigenmächtig vergab das Kirchenoberhaupt die Kaiserkrone und ließ Gegenkönige wählen, die Elisabeths Gemahl immer wieder zu blutigen Kämpfen im südlichen und westlichen Deutschland zwangen.

Auch das Königreich Sizilien wollte der Papst den Staufern streitig machen, das bisher von Manfred, dem natürlichen Sohn Kaiser Friedrichs II., für seinen Halbbruder Konrad IV. verwaltet wurde. Konrad brach daher 1252 nach Italien auf, eroberte 1253 Neapel und nahm schließlich das Königreich Sizilien persönlich in Besitz. Zurückgelassen hatte er seine Gemahlin Elisabeth, die ein Kind erwartete und sich daher in die Obhut ihres Vaters bzw. Bruders Ludwig begab, der 1253 die Nachfolge im bayerischen Herzogtum antrat.

Auf Burg Wolfstein richtete sich Elisabeth wohnlich ein. Die weitläufige Burg war behaglich ausgestattet, sodass es der hochschwangeren Königin an nichts fehlte. Wolfstein lag etwa zwei Fuß-Stunden von der herzoglichen Residenzstadt Landshut entfernt und war vermutlich Elisabeths Erbteil aus dem väterlichen Besitz. Nachmittags zwischen zwei und drei Uhr erblickte am 25. März 1252 ein Sohn das Licht der Welt. Er erhielt den Namen seines Vaters Konrad. Allerdings verniedlichten die Italiener den Vornamen später in „Corradino", kleiner Konrad, woraus schließlich Konradin wurde.

Im 16. Jahrhundert hielt Aventin, der berühmte bayerische Geschichtsschreiber, zu den Ereignissen jener Jahre fest: „König Conrad zohe wider gen Regensburg, allda höret er, wie sein Vatter Keyser Friderich im Königreich Neapolis und Sicilien mit todt von dieser Welt verschieden war, darum ließ er sein schwangere haußfraw, Königin Elßbeth bei ihrem Vatter in Bayern zu Landshut, die gebar das nechst jahr hernach an unser Frawen Tag in der Fasten, einen Son, den nennet sie nach dem Vatter Conrad, die Wahlen (= Welschen) heißen jn Conradinum."

Elisabeths neun Ehejahre mit König Konrad IV. waren von Kriegen bestimmt. Daher verbrachte das königliche Ehepaar eher eine begrenzte Zeit miteinander. Man kann jedoch davon ausgehen, dass zu speziellen Festen Elisabeth an der Seite ihres Gemahls weilte. Vermutlich hatte sie auch folgenden Vorfall miterlebt, über den der Chronist Hermann von Altaich berichtet: An Weihnachten 1250 hielt sich König Konrad IV. im Kloster St. Emmeram zu Regensburg auf. Hier entkam er nur mit Not einem Mordanschlag, den der Regensburger Bischof Albert geplant haben soll. Er wurde von Konrad von Hohenfels und anderen Ministerialen verübt, weil er „die Besitzungen des Bischofs und der Regensburger Ministerialen sengend verheert hatte". Die Mordgesellen drangen am „Feste der Unschuldigen Kinder um Mitternacht in sein Schlafgemach ein". Sie erschlugen zwei Männer, nahmen drei gefangen und glaubten, den König selbst getötet zu haben. Es war aber an Stelle des Königs ein anderer ermordet worden. Konrad selbst entkam, unter einer Bank verborgen, auf wunderbare Weise dem Tode.

Elisabeths Gemahl starb schließlich 1254 an einem Fieber, wohl der Malaria, nachdem er sein Königreich Sizilien samt Apulien in Besitz genommen hatte. Er befand sich bereits auf dem Heimweg, als den erst 26-Jährigen der Tod am 21. Mai in Lavello ereilte. Dazu vermerkte der Chronist Hermann von Altaich: „Nachdem König Konrad (1254 nach Italien gezogen war), Neapel erobert und dessen Festungsmauern dem Erdboden gleichgemacht hatte, starb er jetzt am Tage vor Christi Himmelfahrt (20. Mai). Er war ein friedliebender Mann und strenger Richter gewesen. Mit Ausnahme der Parteigänger der Kirche waren die Deutschen, Apulier und Lombarden über seinen Tod tief betrübt." Der tote König wurde in die Kathedrale von Messina überführt und dort aufgebahrt. Eine Feuersbrunst infolge eines Blitzschlags verbrannte jedoch den Leichnam, noch bevor er beigesetzt werden konnte.

König Konrad hatte seinen Sohn und Erben Konradin nie gesehen, als er ihn zweijährig als Halbwaisen zurückließ. Der bayerische Herzog Ludwig übernahm nun die Vormundschaft über den königlichen Spross. Allerdings kümmerte sich auch Elisabeth persönlich darum, das Erbe ihres Sohnes zu sichern. Denn obwohl Papst Alexander IV. zunächst der Königinwitwe noch am 23. Januar 1255 zusagte, die Rechte Konradins zu wahren, schrieb er bereits wenig später an den schwäbischen Adel, das Herzogtum Schwaben doch lieber an Alfons von Kastilien, einen Enkel des vormaligen Stauferkönigs Philipp von Schwaben († 1208), geben zu wollen. Philipp von Schwaben war zwar der Onkel Kaiser Friedrichs II., damit aber nicht die direkte Herzogslinie.

Diese politischen Machenschaften lassen erahnen, wie trostlos die Lage im deutschen Reich war. Als nämlich der Gegenkönig Wilhelm von Holland 1256 von den Friesen erschlagen wurde, kam es erneut zu einer doppelten Königswahl: Besagter Alfons von Kastilien und Richard von Cornwall standen sich nun gegenüber. Jetzt begann die Zeit des sogenannten Interregnums, von dem der Dichter sagt, dass sie die kaiserlose, die schreckliche war, in welcher Faustrecht und Willkür herrschten.

Elisabeths Brüder unterstützten die Wahl Richards von Cornwall zum König und erreichten damit, dass dieser im Gegenzug Konradin das Herzogtum Schwaben übertrug. Zu Pfingsten 1262 zog der Zehnjährige offiziell als Herzog in die Stauferstadt Ulm ein. Das war sicher ein Freudentag für seine Mutter Elisabeth, wenn diese auch damals bereits ehelich anderweitig gebunden war. Der Kontakt zu ihrem Sohn Konradin riss jedoch nie ab, wie seine Aufenthalte bei der Mutter beweisen.

Königin Elisabeth, sie nannte sich als Konrads Witwe gemäß ihrem Siegel nur mehr „Königin von Sizilien und Jerusalem, Herzogin von Schwaben", hatte am 6. Oktober 1259 in München den zehn Jahre jüngeren Grafen Meinhard von Görz und Tirol geehelicht. Nach späteren Erzählungen habe sich Konradin über diese nicht standesgemäße Heirat seiner Mutter beschwert, auch soll sich Elisabeth ihrem Gemahl verweigert haben, bis dieser zum Ritter geschlagen worden war. Solchen Gerüchten entgegen steht die am 9. Oktober erfolgte Beurkundung der Morgengabe: Meinhard schenkte Elisabeth Sankt Michaelsburg und die Burg Rasen „mit allem Zubehör", dazu später noch die Burgen Montan, Lichtenberg, Drasp und Laudeck. Insgesamt kamen für Elisabeth Einkünfte von „800 Silbermark" zusammen, in etwa das jährliche Budget der Bistümer Trient und Brixen. Die neue Gräfin wohnte überwiegend in Innsbruck und auf Burg Tirol, so sie nicht das schwäbische Schwangau (Burg Hohenschwangau) besuchte.

Auch nach ihrer zweiten Eheschließung führte Elisabeth den Titel einer „Königin von Gottes Gnaden" weiter, zusätzlich zu demjenigen einer „Gräfin von Görz und Tirol". Als Stauferwitwe unterstützte sie 1256 das Hospital zu Kaufbeuern und 1259 die Nonnen zu Altenhohenau. Als Gräfin von Tirol förderte Elisabeth das Nonnenkloster zu Steinach bei Meran sowie den Konvent zu Polling, dem sie 1263 Zollfreiheit „für jährlich achtzig mit Wein beladene Pferde" bei ihren Zöllnern in Passeier, Sterzing und Innsbruck zusicherte.

Die Frage der Mitgift hatte man bei Elisabeths zweiter Heirat zunächst aufgeschoben. Am 6. November 1266 wurden dann endlich ihre Wittums-Angelegenheiten, d. h. ihre Ansprüche als Stauferwitwe, geregelt. Elisabeth übertrug dabei ihrem Sohn Konradin die Burgen Floss, Parkstein und Adelburg sowie die Morgengabe ihres ersten Mannes und erhielt dafür Imst, das Passeiertal, die Vogtei über Kloster Weingarten, das Land zwischen dem Berg Fern, dem Wald Scharnitz und Kufstein. Diese neuen Besitzungen übereignete Elisabeth umgehend ihrem Gemahl Meinhard und gab noch am selben Tag ihrem Sohn 2000 Mark Silber, damit dieser ein Heer für Italien ausrüsten könne. Weitere Kredite erhielt Konradin von seinem Onkel Ludwig von Bayern und von seinem Stiefvater Meinhard.

Graf Meinhard II. von Görz-Tirol war aufgrund der geografischen Lage seines Territoriums für jeden deutschen König ein wichtiger Verbündeter auf dem Weg nach Rom zur Kaiserkrönung. Denn er schuf zielstrebig einen „Alpenstaat" und kontrollierte damit die Alpenpässe. Man kann daher annehmen, dass dieser Umstand auch ein Motiv für die Eheschließung Elisabeths mit Meinhard darstellte. Sie bzw. ihre Brüder wollten Konradin den Weg nach Italien und zu seinem ererbten Königreich Sizilien freihalten. Für Graf Meinhard wiederum bedeutete die Heirat mit der Königinwitwe einen enormen gesellschaftlichen Aufstieg.

Auf Burg Hohenschwangau nahm Konradin im August 1267 Abschied von seiner Mutter und brach nach Italien auf, um das Königreich Sizilien in Besitz zu nehmen. Bereits in Verona musste er einen längeren Aufenthalt einlegen. Hier verließ ihn ein Teil seiner Begleiter, darunter Herzog Ludwig von Bayern und Graf Meinhard von Görz-Tirol. Wegen Geldmangels blieben vom 10 000-Mann-Heer nur mehr 3000 Söldner übrig.

Erst nach drei Monaten konnte Konradin weiter gen Süden ziehen. Der Chronist Hermann von Altaich berichtet: „König Konrad (= Konradin), schon längst von Lombarden und Apuliern eingeladen, begab sich im vorigen Jahre nach Italien. Eine große Zahl von Städten hing ihm an, und so konnte er in diesem Jahre in Rom einziehen, wo er wie ein Kaiser mit größtem Jubel empfangen wurde, während sich der Papst in Viterbo aufhielt."

Inzwischen war Konradins Onkel, Fürst Manfred, der sich selbst zum König von Sizilien erhoben hatte, 1266 in der Schlacht von Benevent dem vom Papst unterstützten Karl von Anjou unterlegen und gefallen. Durch Konradins Erfolge in Italien fühlte sich Karl nun herausgefordert und zog dem eigentlichen König von Sizilien eilig entgegen.

Für das Jahr 1268 überliefert die Erfurter Minoritenchronik die entscheidenden Ereignisse: „Zwischen König Konrad (= Konradin) und König Karl kam es in Italien zu einem großen Kriege, in dem auf beiden Seiten mehr als sechstausend Mann fielen. (...) Konrad, König vom Heiligen Lande, der auch Herzog von Schwaben war, wurde in Apulien, als er das Königreich Sizilien, sein Erbe, mit bewaffneter Hand zu erobern suchte, gefangen genommen. Noch in jungen Jahren wurde er mit dem Herzog Friedrich von Steiermark, dem Grafen von Pisa und noch verschiedenen anderen von dem Franzosen König Karl wie Räuber verurteilt und hingerichtet."

Kurz vor seinem gewaltsamen Tod soll Konradin Elisabeth mit den Worten gedacht haben: „O Mutter, welches Leiden bereite ich Dir!" An seine Gemahlin dachte Konradin nicht, obwohl er sich am 24. Oktober 1266 mit Sophie, der Tochter Dietrichs von Landsberg (Meißen), vermählt hatte. Allerdings war die Ehe in Abwesenheit des erst 14-jährigen Konradins geschlossen und nie vollzogen worden. Sophie ehelichte später Herzog Konrad II. von Glogau und zog sich als dessen Witwe ins Kloster Weißenfels zurück, wo sie letztendlich starb.

Nachdem Konradins Mutter die Nachricht von der Enthauptung ihres 16-jährigen Sohnes erhalten hatte, reiste sie in einem schwarzen Schiff mit schwarzen Segeln nach Unteritalien. So will es die Legende. Als gesichert gilt, dass Elisabeth 1271 Geld gab für den Bau der Kirche Santa Maria del Carmine auf dem neuen Markt zu Neapel. Hier fanden Konradins Gebeine die letzte Ruhe.

Über diese Tragödie von Mutter und Sohn sang ein Dichter:

„Edler Adler, wohin flogest du,
Da du von den süßen Landen Italiens kommst,
sage mir, hast du meinen Sohn gesehen?
Ich habe ihn gesehen.
Er war blond, er war weiß, er war glücklich.
Unter dem Bogen eines Tempels war er begraben."

Jahrhunderte später gab auf seiner Italienreise der nachmalige König Maximilian II. von Bayern in der Grabkirche des jungen

Staufers ein Marmordenkmal in Auftrag mit der Inschrift: „Maximilian Kronprinz von Bayern errichtet dieses Denkmal einem Verwandten seines Hauses, dem König Konradin, dem letzten der Hohenstaufen. Im Jahre 1847 den 14. Mai."

Mit Konradins Hinrichtung am 29. Oktober 1268 in Neapel war die männliche Linie der Stauferkönige zu Ende gegangen. Dem Herzogtum Bayern aber brachte das „konradinische Erbe" vom Allgäu bis in die Oberpfalz einen gewaltigen Land- und Machtzuwachs. Auf diese Weise trug Elisabeths Heirat mit König Konrad IV. noch späte Früchte für das Haus Wittelsbach.

Das Königreich Sizilien erbte jedoch Konstanze, die Tochter des gefallenen Königs Manfred, Halb-Cousine Konradins. Sie war mit Peter III. von Aragon verheiratet und kehrte, als sich die Sizilianer von der Herrschaft Karls von Anjou in der sogenannten „Sizilianischen Vesper" befreit hatten, im Jahre 1282 nach Sizilien zurück.

Konradins Mutter war nicht nur eine standesbewusste Wittelsbacherin und Stauferkönigin, sie trat auch als Gräfin von Tirol selbstbewusst auf: So nahm der Abt des Klosters Weingarten Elisabeth neben ihrem Gemahl 1267 als „confratres" auf, eigenständig stellte sie Geleit- und Schutzbriefe aus und ließ gemeinsam mit Meinhard eine Kirche samt Armenhospital sowie einen Friedhof zu Mais errichten. Mit Bischof Egno von Trient fühlte sich die Gräfin von Tirol in Wertschätzung verbunden. Zum Dank für treue Dienste beschenkte und belehnte dieser sie mit Gütern in Kaltern und Tramin.

Im Jahr 1272 gründete das gräfliche Paar das Kloster Stams nahe Innsbruck; Elisabeth dankte am 15. Januar des Jahres den Äbten von Lützel und Raitenhaslach dafür, dass diese kamen und die neue Stiftung in Augenschein nahmen. Sie bat darum, dass dreizehn Brüder der Zisterzienser nach Stams gesandt würden, um dort das Klosterleben zu entfalten. Im März 1273 zogen dann die ersten Mönche in Stams ein. Die Zisterze Kaisheim, der Konradin die Pflege seines Gedächtnisses übertragen hatte, wurde zum Mutterkloster. Der älteste Chronist des Klosters Stams und die dortigen Totenbücher bezeichnen Elisabeth als die eigentliche Gründerin und Meinhard als den

Fortsetzer ihres Werkes. Insgesamt wurden 1266 Mark Silber für die Klosterstiftung aufgewendet, das war in etwa der Jahresertrag eines kleinen Fürstentums.

Noch gemeinsam bestimmten Elisabeth und Meinhard die Klosterkirche von Stams zur künftigen Grablege der Grafen von Tirol und ihrer Angehörigen. Für ihren Sohn Konradin stiftete Elisabeth dort eine tägliche Totenmesse. Nur mehr den Einzug der Mönche erlebte Gräfin Elisabeth am 12. März 1273. Wenig später, am 9. Oktober, starb sie auf Burg Greifenberg (Gojen) über Meran. Zunächst wurde die Wittelsbacher Prinzessin Elisabeth von Bayern, ehemals deutsche Königin, Königin von Sizilien und Jerusalem, Gräfin von Görz und Tirol, in der hölzernen Kirche St. Johannes und ihrem Wunsch gemäß 1284 dann in der Klosterkirche beigesetzt. Damals überführte man in einer feierlichen Zeremonie zugleich auch von Burg Tirol die Gebeine von zwölf Vorfahren ihres Gemahls nach Kloster Stams. Anlässlich dieser Trauerfeier schenkte Elisabeth, die gleichnamige Tochter der Verstorbenen, dem Kloster 100 Mark Silber. Seit 1295 ruht Graf Meinhard II. von Görz-Tirol, späterer Herzog von Kärnten, an der Seite seiner königlichen Gemahlin.

Elisabeth hatte aus ihrer zweiten Ehe mit Graf Meinhard sechs überlebende Kinder: Albert, Agnes, Elisabeth, Otto, Heinrich und Ludwig. Drei Söhne Elisabeths – Otto, Ludwig und Heinrich – folgten ihrem Vater als Herzöge von Kärnten und Grafen von Tirol nach. Agnes war vermählt mit Markgraf Friedrich von Meißen und Elisabeth mit dem Habsburger Albrecht von Österreich. Dessen Vater Rudolf war es gelungen, 1278 siegreich aus dem Kampf um das Herzogtum Österreich hervorzugehen. Als römisch-deutscher König beendete Rudolf die Wirren des Interregnums und befriedete das Reich.

Durch die Nachkommen ihrer Kinder wurde Elisabeth von Bayern zum einen zur Großmutter der berühmt-berüchtigten „häßlichen Herzogin" von Tirol, Margarete Maultasch, und zum anderen über ihre Tochter Elisabeth zu einer Ahnfrau der Habsburger. Diese Tochter der Wittelsbacherin wurde 1299 in Nürnberg an der Seite ihres Gemahls zur Königin gekrönt und folgte damit ihrer Mutter in dieser hohen Würde nach.

Königin auf dem Lilienthron

ELISABETH
genannt Isabeau de Bavière

(1370–1435)

Herkunft und Familie

BAYERN

Kaiser Ludwig IV. der Bayer
(1282–1347)
ꝏ (1) Beatrix v. Schlesien-Glogau
ꝏ (2) Margarete v. Holland

↓

(1)
Stephan II., Hz. v. Bayern
(um 1350–1381)
ꝏ (1) Elisabeth v. Sizilien (Aragon)
ꝏ (2) Margarete, Burggfin. v. Nürnberg

↓

(1)
Stephan III. v. Bayern-Ingolstadt
(um 1337–1413)
ꝏ (1) Thadäa Visconti v. Mailand
ꝏ (2) Elisabeth v. Kleve

↓

(1)
Ludwig der Bärtige,
Hz. v. Bayern-Ingolstadt
(1365–1447)
ꝏ (1) Anna v. Bourbon,
verw. Gfin. v. Montpensier
(1380–1408)
ꝏ (2) Katharina v. Alençon,
verw. Gfin. v. Mortain
(um 1395–1462)

↓

(1)
Ludwig der Bucklige,
Hz. v. Bayern-Ingolstadt
(1403–1445)
ꝏ Margarete v. Brandenburg

Die Linie Bayern-Ingolstadt erlischt 1447 im Mannesstamm

FRANKREICH

Johann II. der Gute, Kg. v.
Frankreich (1319–1364)
ꝏ (1) Bonne v. Luxemburg
ꝏ (2) Johanna v. Boulogne

↓

(1)
Karl V. der Weise, Kg. v.
Frankreich (1338–1380)
ꝏ Johanna v. Bourbon

↓

(1)
ISABEAU DE BAVIÈRE ꝏ (1385) Karl VI., Kg. v. Frankreich (1368–1422)
(1370–1435)

↓

- Karl (*† 1386)
- Johanna (1388–1390)
- Isabella (1389–1409)
  ꝏ (1) Richard II., Kg. v. England
  ꝏ (2) Karl v. Orléans
- Johanna (1391–1433)
  ꝏ Johann VI., Hz. d. Bretagne
- Karl (1392–1401)
- Marie (1393–1438), Nonne in Poissy
- Michelle (1395–1422)
  ꝏ Philipp d. Gute, Hz. v. Burgund
- Ludwig (1396–1415) ꝏ Margarete v. Burgund
- Johann (1398–1417) ꝏ Jakobäa v. Niederbayern–Straubing–Holland (1401–1463)
- Katharina (1401–1438)
  ꝏ (1) Heinrich V., Kg. v. England
  ꝏ (2) Owen Tudor
- Karl VII., Kg. v. Frankr. (1403–1461)
  ꝏ Maria v. Anjou
- Philipp (*† 1407)

In Amiens trafen 1385 die Herzogstochter aus Bayern und der französische König erstmals zusammen. Offiziell war Elisabeth auf einer Pilgerreise. Die vorgebliche Wallfahrt zum Haupt des Johannes sollte den eigentlichen Zweck der Zusammenkunft verschleiern: Die schüchterne Prinzessin wurde König Karl von Frankreich als mögliche Braut vorgeführt. Ganz unvorbereitet war die 15-jährige Wittelsbacherin jedoch nicht, denn während ihres vierwöchigen Aufenthalts bei Onkel und Tante im Hennegau – Herzog Albrecht I. von Straubing-Holland und Herzogin Margarete – war sie unterwiesen und mit reichen Gewändern ausgestattet worden.

Im erzbischöflichen Palais von Amiens erwartete Elisabeth nun der knapp 17-jährige König mit Gefolge. Über diese erste Begegnung weiß der Chronist Burkhard Zink zu berichten: „Und als sie dar kam und sie der Kunig ansah, da geviel sie ihm wol und was frölich und empfieng sie löblich und willigclich, als im wol anstuend." Elisabeth fiel vor dem König auf die Knie und Karl hob sie zu sich empor. „Die junge Dame stand ruhig da und bewegte weder Auge noch Mund", schrieb der französische Zeitzeuge Jean Froissart. Nichtsdestotrotz war der junge König von der brünetten Schönheit begeistert, so sehr, dass bereits drei Tage später (am 17. Juli 1385) Hochzeit in der Kathedrale gefeiert wurde. Dabei schmückte Elisabeths Haupt eine Krone im Wert einer ganzen Provinz – das Verlobungsgeschenk ihres Bräutigams. Aber auch König Karl gefiel Elisabeth, denn er war von kräftigem Wuchs und lange blonde Locken umrahmten seine feinen Gesichtszüge. Die Ehe des königlichen Paares begann glücklich, obwohl Karl bereits am 21. Juli mit 14 000 Mann in den Krieg ziehen musste. Eingedenk ihrer Vermählung begünstigte Elisabeth Zeit ihres Lebens die Kathedrale von Amiens, in der aus der bayerischen Herzogstochter Elisabeth die französische Königin Isabeau wurde.

Bald nach der Eheschließung hatte sich auch Elisabeths Verwandtschaft verabschiedet: Onkel Friedrich von Bayern-Landshut, der die Ehe eingefädelt hatte, kehrte nach Hause zurück, um seinem Bruder Herzog Stephan von Bayern-Ingolstadt zu melden, dass nun „seine Tochter eine der größten Damen der Welt" geworden sei. Damit hatte ein lange geplantes politisches Projekt endlich seinen willkommenen Abschluss gefunden. Denn bereits zu Lebzeiten des alten französischen Königs Karl der Weise war eine dynastische Verbindung zwischen Frankreich und den Valois auf der einen sowie Bayern und dem Haus Wittelsbach auf der anderen Seite ins Auge gefasst worden, da Frankreich dringend Verbündete im sogenannten Hundertjährigen Krieg gegen England benötigte. Noch nahm das Wittelsbacher Fürstenhaus eine Vorrangstellung im deutschen Reich ein, die auf der Erinnerung an Kaiser Ludwig den Bayern beruhte. Zudem herrschten die Wittelsbacher nicht nur in Bayern und der Pfalz, sondern auch im Hennegau und in Holland, was wiederum für den Herzog von Burgund, den Onkel des jungen französischen Königs, recht interessant war. Einer der Söhne Kaiser Ludwigs des Bayern hatte nämlich als Graf von Holland die niederländische Nebenlinie der Wittelsbacher, Straubing-Holland genannt, eröffnet. Die Vermählung der Urenkelin des Kaisers Ludwig der Bayer mit dem königlichen Spross der Valois begründete eine politische Allianz zwischen Frankreich, Bayern, Holland und Burgund.

In Burgund herrschte Herzog Philipp, der auch den Regierungsrat des noch minderjährigen Königs führte und damit die Regentschaft für Isabeaus Gemahl bis zu dessen Volljährigkeit innehatte. Außerdem hatte der Herzog bereits seinen Sohn Johann mit Margarete, Tochter Albrechts von Straubing-Holland, verheiratet und eine weitere Verbindung mit den Wittelsbachern konnte die Interessen Burgunds nur stärken.

Für Isabeau war die erste Zeit ihrer Ehe hauptsächlich ausgefüllt mit dem Erlernen der französischen Sprache und des Hofzeremoniells. Denn die zu Beginn des Jahres 1370 im Münchner „Alten Hof" geborene Bayernprinzessin musste sich erst in ihre Rolle als Königin von Frankreich einleben.

Über ihre Kinderzeit wissen wir wenig. Elisabeths Vater, Herzog Stephan III., hatte Thaddäa, eine Visconti-Tochter aus Mailand, geehelicht. Beide verband eine große Vorliebe für Luxus; deshalb erhielt Herzog Stephan III. auch den Beinamen „der Kneissel", was so viel wie der Prächtige heißt. Elisabeth wurde als Herzogstochter standesgemäß erzogen, sie konnte schreiben und lesen, erlernte Latein und entwickelte eine lebenslange Liebe zu Tieren und Blumen. Dennoch verkniff es sich der französische Chronist Jean Froissart nicht, über die junge Königin zu bemerken: „Obwohl sie von Natur aus begabt war und eine entsprechende Bildung erhielt, konnte sie nicht französisch." Elisabeth schloss sich bereits als Kind eng an ihren zwei Jahre älteren Bruder Ludwig an, zumal ihre geliebte Mutter früh verstarb. Noch als Königin von Frankreich stiftete sie ihr eine Seelenmesse zum Gedächtnis.

Vier Jahre nach ihrer Hochzeit (am 22. August 1389) zog die Wittelsbacherin offiziell in die Hauptstadt Paris ein, um dort gekrönt zu werden. Ihr Gemahl hatte dieses Ereignis zu einem glänzenden Fest gestalten lassen. Isabeau trug eine Robe aus Seide und Samt, bestickt mit goldenen Lilien. Sie saß in einer Sänfte, zu Pferd begleitet von den Onkeln des Königs, den Herzögen Bourbon, Berry und Burgund, sowie von Herzog Ludwig von Orléans, ihrem Schwager. Auf Paradepferden oder in Sänften folgten die höchsten Damen des Landes. Dermaßen drängte die Volksmenge heran, dass sich der feierliche Zug kaum einen Weg bahnen konnte. Am Tor Saint-Denis begrüßte ein „lebendes Bild" Isabeau: Zwei Kinder, verkleidet als Engel, traten aus einem mit Sternen übersäten Himmel hervor und überreichten der Königin eine Krone mit den Worten: „Herrin, von Königslilien umgeben, / Königin seid Ihr von Paris, von Frankreich / und allen Landen, / Wir kehren von hier wieder ins Paradies zurück."

Am nächsten Tag wurde König Karls Gemahlin in der Hofkapelle Sainte-Chapelle gekrönt. Der Erzbischof von Rouen und der Abtbischof von Saint-Denis verliehen ihr, nachdem sie Haupt und Brust gesalbt hatten, die Insignien der königlichen Macht: den Ring, das Zepter, die Gerechtigkeitshand und die Krone. Damit wurde die Königin zum „Beistand des Königreichs“ und zur Unterstützerin des herrschenden Königs. Zum Festmahl im Palast versammelte sich der Hochadel mit mehr als fünfhundert Damen. Weitere Bankette, Bälle, Turniere zu Ehren der Königin konnte diese jedoch nicht mehr mit ihrer Gegenwart beehren, da die Anstrengungen der vergangenen Tage die Schwangere erschöpft hatten. Sechs Tage dauerten die pompösen Festlichkeiten. Angeblich wurden dabei 120 000 Gäste gezählt, meldet der Chronist. In Paris wohnten damals an die 200 000 Menschen; damit war die französische Hauptstadt eine beachtliche Metropole mit ihrer Kathedrale Notre-Dame, dem alten Königsschloss und der Hofkapelle.

Am 9. November 1389 kam die Königin im Louvre mit einer Tochter nieder, die den Namen Isabelle erhielt. Zwei Kinder hatte sie bereits zur Welt gebracht: Karl, der drei Monate nach seiner Geburt am 28. Dezember 1386 gestorben war, und die erste Tochter Johanna (Jeanne), die zweijährig im Frühling 1390 verschied. Es sollten noch vier Töchter und fünf Söhne geboren werden: Johanna (Jeanne) 1391, Karl (Charles) 1392, Marie 1393, Michelle 1395, Ludwig (Louis) 1396, Johann (Jean) 1398, Katharina (Catherine) 1401 und Karl 1403, der spätere König Charles VII. von Frankreich, sowie 1407 Philippe, der seine Geburt nur für kurze Zeit überlebte.

Seit 1388 regierte Isabeaus königlicher Gemahl selbstständig und entließ den Regentschaftsrat. Von gelehrten Männern in den Regierungsgeschäften unterstützt, konnte sich Karl VI. allerdings weiterhin ausgiebig den höfischen Festen widmen. Diese waren immer prächtig, aber nicht ungefährlich. 1392 kam es beim Hochzeitsfest für eine Hofdame zu einem tragischen Unfall, der als „Tanz der Brennenden“ (Bal des Ardents) in die französische Geschichte einging. Der König hatte sich mit einigen Getreuen verkleidet, um als „Wilde Männer“ einen Tanz aufzuführen. Dabei fing ein Kostüm an einer Fackel Feuer und in Sekundenschnelle standen die Tanzenden in Flammen. Isabeaus Gemahl konnte gerettet werden, vier junge Adelige aber verbrannten.

Zumeist hielt sich der König, wenn er in Paris weilte, im Hôtel Saint-Paul auf; die Königin bevorzugte in späteren Jahren das Hôtel Barbette, das ihr Eigentum war. Isabeau unterhielt einen Hofstaat mit deutschen und französischen Hofdamen, einer Kanzlerin und mit einer Siegelbewahrerin. Sie bekam eine Kapelle sowie eine Rechnungs- und Silberkammer zugestanden. „Ysabel", wie die Königin eigenhändig unterschrieb, erwarb Handschriften und Bücher für ihre Bibliothek, die von einer Bibliothekarin verwaltet wurden. Da wundert es nicht, dass die berühmte Schriftstellerin Christine de Pisan (Pizan) der Königin zum Jahresbeginn 1414 eine illuminierte Werkausgabe überreichte.

Die streitbare Christine de Pisan gilt bis heute als mutige Verfechterin der Rechte und geistigen Ebenbürtigkeit der Frau. Im Jahre 1399 weitete sich die eher private Auseinandersetzung der Dichterin mit einem Humanisten über den berühmten „Rosenroman" von Jean de Meung zu einem öffentlich geführten Rosenkrieg am Hofe der Königin aus. Einige Moralisten wandten sich vehement gegen die darin allzu freizügige, oft auch zynische Darstellung der Minne. Dabei trat Christine de Pisan für die Ehre der Frauen ein, wenn sie über den „Rosenroman" in einem Brief an den Liebesgott urteilte: „Ich sage, daß er Ursache sein kann für üble und unnatürliche Ermutigung, zu verabscheuungswürdigen Sitten, daß er ein ausschweifendes Leben rechtfertigt; er ist eine Lehre voller Trug, ein Weg zur Verdammnis, er ist voller übler Nachrede, ein Grund für Verdacht und Mißtrauen, bringt vielen Leuten Schande, er kann auf Abwege führen, ist an verschiedenen Stellen ein unehrenhaftes Buch."

In diesen Jahren gründete der Herzog von Burgund 1401 einen sogenannten Minnehof in Paris. Das war eine höfisch-literarische Gesellschaft, die bald siebenhundert Mitglieder umfasste und deren Mittelpunkt die Königin war. Bei den Zusammenkünften wurde über alle Formen der Minne und Frauenverehrung gereimt und diskutiert, zumeist im pompösen Rahmen einer Festlichkeit. Dieser Minnehof gilt als erster literarischer Salon der Geschichte.

Nach sieben Jahren glücklicher Ehe brach im Sommer 1392 bei Karl der Wahnsinn aus. Auf einem Kriegsritt in die Bretagne glaubte sich der fiebernde König verraten, schlug wild um sich und tötete mehrere seiner Gefährten, ehe man ihn überwältigen konnte. Diese „Anfälle" waren eine unheilbare Schizophrenie mit immer länger werdenden Absenzen und Dämmerzuständen. In seinen Wahnvorstellungen glaubte der König, dass er aus Glas sei und jederzeit zerbrechen könne. Deshalb vernachlässigte er auch sein Äußeres und seine Körperpflege, wurde häufig tätlich und beschimpfte seine Umgebung. Der Zeitgenosse und Hofbeamte Juvénal beobachtete den unglücklichen König und übermittelte: „ (...) wenn er aß, schlang er wie ein Wolf. Man konnte ihn nicht auskleiden und er war voll von Flöhen, Ungeziefer und Schmutz. (...) niemand wagte, sich ihm zu nähern, um ihn zu behandeln. Ein Arzt (...) gab den Rat, ein Dutzend Männer zu verkleiden, die dann schwarz angestrichen und mit einem Körperschutz versehen wurden, damit er sie nicht verletze. So zurecht gemacht betraten die Männer, die gar schrecklich anzusehen waren, sein Zimmer. Als er sie sah, erstarrte er vor Schreck. Sie gingen auf ihn zu, und man brachte Kleider, die man neu hatte anfertigen lassen (...) Sie packten ihn und er stammelte einige Worte. Dann zogen sie ihn aus und legten ihm die herbei gebrachten Sachen an. Es war ein Jammer, ihn zu sehen. (...) Jedesmal, wenn man ihn säubern wollte, mußte man es auf die erwähnte Weise tun (...)."

Karl war in seinem Wahnsinn oft derart aggressiv, dass man um das Leben der Königin fürchtete. Um 1404/05 erkalteten die intimen Beziehungen zwischen König und Königin. Dennoch brachte Isabeau noch 1407 einen Sohn zur Welt, der indes nicht lange lebte. Diese späte Niederkunft gab zu Spekulationen Anlass, zumal man dem König mit Wissen der Königin eine junge Gefährtin zugeführt hatte. Allerdings notierte noch für den 9. März 1408 der hohe Hofbeamte Juvénal: „Diese Nacht ging der König mit der Königin schlafen." Die ehelichen Pflichten wurden also in den lichten Momenten des Königs nicht vernachlässigt.

Odinette de Champdivers, Tochter eines Stallmeisters, hatte die Aufgabe, mit ihrem sanften Wesen den Kranken zu beruhigen. Ein weiteres junges Mädchen sollte des Königs

Heilung erwirken: Marie, seine erst vierjährige Tochter, musste dem weltlichen Leben entsagen und als Nonne im Kloster Poissy für das Heil ihres Vaters beten.

Aus Isabeau, der treusorgenden Gemahlin und Mutter, war inzwischen eine ernstzunehmende Politikerin und regierende Königin geworden. Am 16. März 1402 betraute der König sie während seiner Anfälle von Wahnsinn mit seiner Vertretung: „(...) im Falle der Abwesenheit des Königs oder einer anderen Verhinderung, wenn er nicht so schnell geheilt werden kann, wie es nötig sei, will und befiehlt der König, daß von jetzt ab und in diesem Fall (...) und während der ganzen Dauer der Abwesenheit oder der anderen Verhinderung des Königs alles so gemacht würde, als wenn er in Person anwesend wäre. Und um dies zu tun, gibt er von jetzt an und für immer der Königin volle Gewalt und Autorität." Zudem erhielt sie im Juni 1403 Aufsichtsrecht über die Kronländer. Nach des Königs Tod sollten vier Herzöge gemeinsam mit der Königin die Vormundschaft für den noch unmündigen Dauphin übernehmen. Jetzt führte Isabeau den Vorsitz im Familien- und königlichen Rat, zudem leitete sie seit 1403 die oberste Finanzverwaltung. Allerdings blieb die Königin bei der Ordnung der Finanzen glücklos, denn – so urteilt ihr französischer Biograf Thibault – „die Unordnung war zu tiefgreifend und herrschte schon zu lang."

In diesen Zeiten musste sich die Königin immer wieder einflussreiche Unterstützer suchen, um die chaotischen Verhältnisse in Frankreich zu befrieden. Zunächst stand ihr der Onkel des Königs, der mächtige Herzog von Burgund, bei. Nach dessen Tod verbündete sich Isabeau mit dem jüngeren Bruder des Königs, ihrem Schwager Ludwig von Orléans. Ludwig war aber eher ein Höfling, ein Verschwender und Frauenheld, als ein veritabler Politiker. Die Allianz mit ihm schädigte den Ruf der bis dahin makellosen Königin.

Am Himmelfahrtstag 1405 wurde die Königin mitsamt ihrer Hofgesellschaft in einer Predigt zu einem gottgefälligeren Umgang ermahnt: „Edle Königin, ich wollte ich könne nur Angenehmes sagen. Aber Euer Heil ist mir teuerer als Euer Wohlwollen. Ich werde also die Wahrheit sagen, wie immer

Eure Gefühle mir gegenüber sein werden. An Eurem Hof regiert die Dame Venus, Trunkenheit und Ausschweifung sind ihre Gefährten, sie machen die Nacht zum Tag mit zügellosen Tänzen. Dieses verworfene und höllische Gefolge, das ohne Unterlaß den Hof belagert, verdirbt die Sitten und verletzt die Herzen. Es hindert die verweichlichten Ritter und Schildknappen an kriegerischen Unternehmungen teilzunehmen, damit sie nicht am Körper durch Verwundungen verunstaltet werden. Wisset, edle Königin, daß man über diese Zustände und vieles mehr spricht, was Eurem Hof zur Unehre gereicht."

Um diese Zeit begannen die Verleumdungen und Schmähungen, die mit den späteren Ereignissen zur Legendenbildung führten: Aus dem Idealbild einer Königin wurde das Schreckensbild einer lasterhaften, eigensüchtigen Frau, einer Hexe und Megäre, die selbst ihren eigenen Sohn verstieß und verleumdete.

Was führte zu dieser Einschätzung und was geschah damals in Frankreich?

Als Herzog Philipp von Burgund 1404 an einer Grippe starb, regierten Isabeau und ihr Schwager Ludwig von Orléans gemeinsam das Königreich. Dies rief den Sohn des Burgunderherzogs Johann ohne Furcht auf den Plan und heftige Machtkämpfe brachen aus. Herzog Johann zog 1405 gegen Paris, brachte den Thronfolger in seine Gewalt, wohingegen Isabeau und der Herzog von Orléans nach Melun flohen.

Die Streitigkeiten der Adelsparteien Burgund und Orléans, die teilweise bürgerkriegsähnliche Formen annahmen, verwüsteten weite Teile Frankreichs und stürzten die Bevölkerung in Not und Elend. In einem Schreiben flehte die Dichterin Christine de Pisan die Königin an, doch ihren ganzen Einfluss aufzuwenden und für Frieden im Land zu sorgen. Doch nichts half: 1407 wurde der Herzog von Orléans in Paris auf offener Straße gemeuchelt.

Nach der Ermordung des königlichen Bruders, angestiftet vom Herzog Johann von Burgund, benötigte die Königin einen neuen Vertrauten. Deshalb bat sie ihren zwei Jahre älteren Bruder Herzog Ludwig von Bayern-Ingolstadt um Hilfe. Ab

1407 engagierte sich dieser nun in der französischen Politik und stieg allmählich zum ersten Rat des Dauphins auf. In den Jahren 1407 bis 1415 weilte der bayerische Herzog Ludwig, der nach französischer Mode einen Bart trug und deshalb „der Gebartete“ (der Bärtige) genannt wurde, nur vier Monate in seinem heimischen Herzogtum, ansonsten in seinem Palais zu Paris. Ludwig regierte gemeinsam mit der Königin in wechselnden Allianzen. Nach einem Aufstand der radikalen Reformanhänger in Paris, der ihn über zwei Monate in Haft brachte, führte Ludwig 1415 die französische Delegation zum Konzil von Konstanz und kehrte anschließend nicht mehr zu seiner Schwester nach Frankreich zurück. Die Geschwister sahen sich nie mehr wieder.

Im Juli 1422 starb Isabeaus Tochter Michelle, die mit Herzog Philipp von Burgund vermählt war. Nunmehr hatte die Königin bereits acht ihrer zwölf Kinder an den Tod verloren. Auch ihr Schwiegersohn König Heinrich V. verließ Ende August 1422 diese Welt, zurückblieben seine erst 20-jährige Witwe Katharina und der zehn Monate alte Thronfolger.

Und weiterhin hielt der Tod reiche Ernte: Am 21. Oktober 1422 verschied Isabeaus Gemahl. Der tote Monarch wurde nach der feierlichen Trauermesse von Notre-Dame nachts nach St. Denis überführt und dort beigesetzt. Ein Jahr lang musste nun Königin Isabeau entsprechend der höfischen Etikette in einem schwarz ausgeschlagenen Raum trauern.

Ihre letzten Jahre verbrachte die Königinwitwe einsam, wegen Gicht und Übergewicht an den Rollstuhl gefesselt, in einem abgeschiedenen Teil der Pariser Residenz Saint-Paul. Hier lebte sie in eher bescheidenen Verhältnissen, ohne Einfluss und Aufgaben, von allen fast vergessen. Dazu überliefert ein Zeitgenosse, genannt „Bürger von Paris“: „Die Königin verließ Paris nicht mehr. Als wäre sie eine Frau aus fremdem Land, blieb sie die ganze Zeit im Hôtel Saint-Paul, wo der noble König Karl VI. starb, ihr guter Gemahl, dem Gott vergeben möge. Und sie lebte zurückgezogen, wie es einer Witwe ansteht.“

Isabeaus Sohn Karl wurde am 24. Oktober 1422 zum König von Frankreich in seinem Schloss Mehun-sur-Yèvre ausgerufen. Zugleich galt aber der englischen Fraktion Isabeaus Enkel Heinrich als Nachfolger auf dem Lilienthron. Schließlich fand 1431 in Paris die Krönung Heinrichs VI. statt. Isabeau stand am Fenster ihres Palais, um am Ehrentag des 10-jährigen Enkels teilzuhaben. Wohl erinnerte sie sich dabei an die Hochzeit der Mutter des neuen Königs, an ihre Tochter Katharina, die sich am 2. Juni 1420 mit dem englischen König Heinrich V. vermählt hatte. Damals begleitete Isabeau, in einem blauen Mantel aus Seide und Damast mit Lilien bestickt, die 19-jährige Braut zur festlichen Trauung in die Kathedrale von Troyes.

Der Chronist aus Paris hielt am Krönungstag Heinrichs VI. von Frankreich fest: „Als sie vor dem Hôtel Saint-Paul waren, stand die Königin von Frankreich Ysabel, die Frau des verstorbenen Königs Karl, des sechsten dieses Namens, am Fenster und mit ihr Hofdamen und Fräuleins. Als sie den jungen König Heinrich, den Sohn ihrer Tochter, vor sich erblickte, nahm dieser seinen Hut ab und grüßte sie und sie verneigte sich sehr respektvoll vor ihm und wandte sich weinend ab (...)."

Isabeaus Tochter Katharina, die Mutter des jungen Königs, ging später eine zweite Heirat mit Owen Tudor, einem walisischen Edelmann, ein. Aus dieser Verbindung stammen sechs Kinder. Ein Enkel Katharinas – Heinrich Tudor (1457–1509) – wurde als Heinrich VII. König von England und Herr von Irland. Er begründete die Tudor-Dynastie, die mit dem Tod der „jungfräulichen Königin Elisabeth I." im Jahre 1603 ihr Ende fand. So kann die Wittelsbacherin Elisabeth von Bayern, Königin Isabeau von Frankreich, über ihre Tochter Katharina als eine Ahnfrau des englischen Herrscherhauses der Tudors gelten.

Mit der Krönung Heinrichs VI. gab es in Frankreich nunmehr zwei Könige. Nach dem Tod seiner zwei älteren Brüder war Isabeaus jüngster Sohn Karl zum Thronfolger avanciert. Jeanne d'Arc, die Jungfrau von Orléans, erschien auf der politischen Bühne und führte Karls Heer in Orléans zum Sieg und den Thronfolger am 17. Juli 1429 in der Kathedrale von Reims zur Salbung und Krönung. Als König Karl VII. bestieg er den Lilienthron, ohne jedoch ganz Frankreich hinter sich zu wissen. Vielmehr wurden Gerüchte gestreut, dass er ein Bastard sei, ein außerehelicher Sohn der Königin, hervorgegangen aus einer Liebschaft mit dem Herzog von Orléans. Zudem waren Karl 1420 enterbt und dem englischen König Heinrich V., Isabeaus Schwiegersohn, im Vertrag von Troyes die französische Thronfolge übertragen worden. Daraufhin wurde der Herzog von Bedford zum Regenten in Frankreich eingesetzt.

Diese politischen Vorgänge und das Auftreten des angeblichen Hirtenmädchens Johanna, der man als uneheliches Kind eine höhere Abstammung nachsagte (sogar Königin Isabeau wurde als mögliche Mutter genannt), verdunkelten später in der national gefärbten Geschichtsschreibung und Literatur Frankreichs das Ansehen der Königin Isabeau. Sie wurde zur Frau ohne Moral, zur kaltherzigen Rabenmutter und intriganten Herrscherin abgestempelt. In ihr, der Ausländerin auf dem Lilienthron, sah man die Wurzel allen Übels, das über Frankreich hereingebrochen war und das Land verwüstet hatte.

Sogar Friedrich Schiller wob an dieser negativen Sicht mit, wenn er in seinem Drama „Die Jungfrau von Orléans" schrieb:

„Auch die alte Königin sieht man,
die stolze Isabeau, die Bayern-Fürstin,
in Stahl gekleidet durch das Lager reiten,
mit giftigen Stachelworten alle Völker
zur Wut aufregen wider ihren Sohn,
den sie in ihrem Mutterschoß getragen (...)"

Isabeau de Bavière vollendete ihr ereignisreiches Leben am 30. September 1435 in Paris. Noch auf dem Sterbebett hatte sie die Nachricht vom Friedensschluss in Arras (20. September 1435) erhalten, der das Ende des Hundertjährigen Kriegs zwischen Frankreich und England einläutete. Nach der Aufbahrung in Saint-Paul brachte man ihre sterbliche Hülle am 13. Oktober nach Notre-Dame. Eine „Vielzahl von Menschen", heißt es, begleiteten ihren Leichenzug. Am nächsten Tag wurde der Sarg „in ein Boot gelegt und auf dem Fluß in die Stadt Saint-Denis" gefahren, da der Landweg von „Feinden" verwehrt war. Nach dem Trauergottesdienst fand die Wittelsbacherin in der Gruft der Könige an der Seite ihres Gemahls ihr letzte Ruhestätte. Zeitgenossen fanden es betrüblich, dass der verstorbenen Königin seitens der Aristokratie so wenig Ehrerbietung bezeugt wurde; der Chronist Chartier überliefert: „(...) und es wurde hier gut gezeigt, daß die Königslilien sehr tief gesunken waren und in Verfall gerieten und so wurde sie unter viel Tränen des Volkes beerdigt." Und ein anderer bemerkt: „Sie war zu ihrer Zeit sehr barmherzig, gab manche Almosen auf sanfte und liebenswürdige Weise dem Volk und sie wurde deshalb sehr beweint und beklagt."

Auf ihrem Marmorgrabmal, das die Königin bereits 1424 in Auftrag gegeben hatte und sie mit ihrem Gemahl in lebensnaher Bildhaftigkeit zeigt, steht zu lesen: „Hier ruht die Königin Ysabel de Bavière, Gemahlin des Königs Karl VI. und Tochter des sehr mächtigen Prinzen Stephan, Herzog von Bayern und Pfalzgraf bei Rhein, die mit ihrem Gemahl regierte und 1435 verschied. Betet für sie."

Geblieben ist in Bayern von der Wittelsbacherin auf dem Lilienthron das sogenannte „Goldene Rössl". Isabeau hatte dieses Meisterstück der französischen Goldschmiedekunst 1404 ihrem königlichen Gemahl geschenkt. Dargestellt sind die thronende Madonna mit dem Kinde und zu deren Füßen Johannes der Täufer, der Evangelist Johannes und die heilige Katharina. Im mittleren Teil des Bildwerks aus Gold und Edelsteinen kniet anbetend König Karl VI. und darunter steht in einer Säulenhalle ein Knappe mit dem aufgezäumten Pferd des Königs. Als Pfand für ein Darlehen nahm Ludwig der Gebartete dieses Kleinod mit nach Ingolstadt, von dort fand es schließlich den Weg in die Wallfahrtskapelle zu Altötting.

Mit der Herzogstochter Elisabeth, der Königin Isabeau de Bavière, begann eine Reihe von ehelichen Verbindungen zwischen Bayern und Frankreich, welche die besondere Beziehung der beiden Länder begründete.

Die „schöne Els" –
Burggräfin von Nürnberg und
Kurfürstin von Brandenburg

ELISABETH
von Bayern-Landshut

(1383–1442)

Herkunft und Familie

WITTELSBACH

Kaiser Ludwig d. Bayer (1283–1347)
⚭ (1) Beatrix v. Schlesien-Glogau
⚭ (2) Margarete v. Holland

↓ (1)

Stefan II. mit der Hafte (Spange) (1319–1375)
⚭ (1) Elisabeth v. Sizilien (Aragon)
⚭ (2) Margarete v. Nürnberg

↓ (1)

Friedrich II. d. Weise, Hz. v. Bayern-Landshut (um 1339–1393)
⚭ (1) Anna v. Neuffen (Graisbach)
⚭ (2) Magdalena Visconti (Mailand)

↓ (2)

Heinrich XVI. d. Reiche, v. Bayern-Landshut (1386–1450)
⚭ Margarete v. Österreich

↓

Ludwig IX. d. Reiche (1417–1479)
⚭ Amalie v. Sachsen

↓

Georg d. Reiche (1455–1503)
⚭ Hedwig v. Polen

↓

Ende der männlichen Linie von Bayern-Landshut 1503

HOHENZOLLERN

Johannes II., Burggf. v. Nürnberg (* um 1310)
⚭ Elisabeth v. Henneberg-Schleusingen (* um 1320)

↓

Friedrich V., Burggf. v. Nürnberg (1333–1398)
⚭ Elisabeth v. Meissen (* 1329)

↓

ELISABETH (1383–1442) ⚭ (1401) Friedrich VI., Burggf. v. Nürnberg; 1417 Mgf. v. Brandenburg; als Friedrich I. Kf. v. Brandenburg (1371–1440)

↓

- Elisabeth (1403–1449) ⚭ (1) Ludwig II., Hz. v. Liegnitz-Brieg († 1436) ⚭ (2) Wenzel, Hz. v. Teschen († 1474)
- Cäcilie (1405–1449) ⚭ Wilhelm I., Hz. v. Braunschweig-Lüneburg († 1482)
- Johann d. Alchimist, Mgf. v. Kulmbach-Bayreuth (1406–1464) ⚭ Barbara v. Sachsen-Wittenberg († 1465
- Margarete (1410–1465) ⚭ (1) Albrecht V., Hz. v. Mecklenburg († 1423) ⚭ (2) Ludwig VIII., Hz. v. Bayern-Ingolstadt († 1445)
- Magdalena (1412–1454) ⚭ Friedrich II., Hz. v. Braunschweig-Lüneburg († 1478)
- Friedrich II. „Eisenzahn", Kf. v. Brandenburg (1413–1471) ⚭ Katharina v. Sachsen († 1476)
- Albrecht III. „Achilles", Kf. v. Brandenburg (1414–1486) ⚭ (1) Margareta v. Baden (1431–1457) ⚭ (2) Anna v. Sachsen (1437–1512)
- Sophie (1416–1417)
- Dorothea (1420–1491) ⚭ Heinrich IV., Hz. v. Mecklenburg († 1477)
- Friedrich III. d. Fette, Herr d. Altmark (um 1424–1463) ⚭ Agnes v. Pommern († 1512)

↓

Johann Cicero (1455–1499), Kf. v. Brandenburg … Joachim Friedrich (1546–1688), seit 1605 Regent v. Preußen … Friedrich Wilhelm (1620–1688), „der Große Kf." … Friedrich I. (1657–1713), „Kg. in Preußen" … Friedrich II., „der Große" (1712–1786), Kg. v. Preußen … Wilhelm I. (1797–1888), Kg. v. Preußen, seit 1871 dt. Kaiser … Wilhelm II. (1859–1941), dt. Kaiser 1888–1918; 1918 *Ende der Monarchie!*

Als die Wittelsbacher Prinzessin Elisabeth den Nürnberger Burggrafen Friedrich VI. am 18. September 1401 heiratete, ahnte noch niemand etwas von dem enormen gesellschaftlichen Aufstieg, den diese Linie des Hauses Hohenzollern in Brandenburg-Preußen nehmen sollte.

Die Dynastie, deren Stammsitz in der schwäbischen Alb nahe Hechingen liegt, teilte sich im Mittelalter in mehrere Linien. Seit 1191 hatten die fränkischen Hohenzollern die Burggrafenschaft von Nürnberg inne. Durch Erbschaften und Erwerb bauten sie ihr Herrschaftsgebiet in Franken aus: 1260 Bayreuth, 1331 Ansbach und 1340 Kulmbach mit der Plassenburg. Ihr fränkisches Territorium gliederte sich in das Obergebirgische Land (heute Oberfranken) und das Untergebirgische Land (heute Mittelfranken). Im Jahre 1363 von Kaiser Karl IV. in den Reichsfürstenstand erhoben, traten die fränkischen Hohenzollern bald als mächtige Fürsten im süddeutschen Raum neben die Wittelsbacher.

So nimmt es nicht Wunder, dass Elisabeth einer Verbindung mit dem aufstrebenden Burggrafen nicht abgeneigt war, wenn die Ehe auch eher aus politisch-dynastischen Gründen geschlossen wurde.

Elisabeths Vater Friedrich der Weise, Herzog von Bayern, war nach der Landesteilung von 1365 das reiche Niederbayern-Landshut zugefallen. Deshalb kam Elisabeth am 13. November 1383 in der Landshuter Residenz zur Welt. Ihre Mutter Magdalena, bereits die zweite Gemahlin des Herzogs, stammte aus Mailand. Sie galt als eine der „Hunderttausend-Gulden-Töchter", denn Vater Barnabas Visconti gab Magdalena diesen hohen Geldbetrag mit in die Ehe. Die Herzogin gebar fünf Kinder, von denen drei das Erwachsenenalter erreichten: Elisabeth und Magdalena sowie der Erbe Heinrich. Früh, bereits 1393, starb Herzog Friedrich der Weise, sodass der erst 7-jährige

Nachfolger unter die Vormundschaft seiner herzoglichen Onkel Johann von Bayern-München und Stefan III. von Bayern-Ingolstadt gestellt wurde. Sinngemäß kommentierte der Chronist Veit Arnpeck den unerwarteten Tod Herzog Friedrichs zu Budweis: „So lange Friedrich lebte, sagte Bayern Ach, als er starb, sagte es Wehe."

Da Elisabeth erst knapp zehn Jahre alt war, als sie Halbwaise wurde, wuchs sie unter der Obhut ihrer italienischen Mutter in Landshut bzw. am Münchner Hof ihres Onkels und Vormunds auf. Bald schon nannte man Elisabeth wegen ihrer körperlichen Vorzüge die „schöne Elslin" oder die „schöne Els(e)". Nach einem Gemälde in der Kirche zu Cadolzburg war sie „von schlankem Wuchse mit hellblondem Haar" und Biograf Kirchner fügte noch hinzu: „Aus den großen blauen Augen strahlte der Edelmuth, die Sanftmuth und die Milde ihres durch innige Frömmigkeit verklärten Wesens."

Zu Lebzeiten der Mutter vermählte sich die 18-jährige Wittelsbacherin im September 1401 mit dem zwölf Jahre älteren Nürnberger Burggrafen. Friedrich war gemeinsam mit seinem Bruder Johann 1398 dem Vater nachgefolgt. Der ältere Johann III. erhielt die fränkischen Gebiete oberhalb des Gebirges mit Bayreuth und Kulmbach, dem jüngeren Friedrich fielen die mittelfränkischen Lande mit Ansbach sowie der Residenz Cadolzburg zu. Elisabeths Gemahl war ausgebildet in rechtlichen Fragen, bewandert in der Literatur, stand im Briefwechsel mit Gelehrten der Zeit, zudem galt er als attraktiv, würdevoll und tatkräftig. Man sagte ihm einen freundlichen, verbindlichen und versöhnlichen Charakter nach. Offenbar gewann Burggraf Friedrich VI. mit seiner Persönlichkeit wie mit seinen Kenntnissen die Freundschaft vieler, besonders die des Kaisers.

Deshalb wurde seine Vermählung mit der Wittelsbacherin auch in Schongau am Lech gefeiert, da dort die bayerischen Herzöge und mehrere andere Reichsfürsten dem römisch-deutschen König Ruprecht von der Pfalz huldigten, der sich zur Romfahrt rüstete. Der Glanz der Festlichkeiten spiegelte die Bedeutung der reichen Herzöge von Bayern-Landshut wider. 25 000 Goldgulden und eine ebensolche Widerlage, eine Morgengabe von 12 000 sowie laufende Einkünfte von 4500 rheinischen Gulden statteten die junge Burggräfin aus. Gleich nach der Hochzeit zog der Burggraf mit König Ruprecht nach Italien, der dort zum Kaiser gekrönt werden sollte. Elisabeth verweilte noch einige Zeit in Augsburg, ehe sie sich auf die Cadolzburg begab. Trotz ihrer Jugend war sie als Stellvertreterin ihres abwesenden Gemahls eingesetzt und regierte nun Land wie Leute mit Unterstützung der zugewiesenen Räte.

Die ersten elf Ehejahre lebte Elisabeth im Fränkischen. Hier brachte sie auch einen Großteil ihrer zehn Kinder zur Welt. Die 1403 erstgeborene Tochter wurde nach der Mutter Elisabeth benannt; insgesamt folgten noch weitere fünf Töchter: 1405 Cäcilie, 1410 Margarete, 1412 Magdalena, 1416 Sophie und 1420 Dorothea. Als drittes Kind erblickte Johann 1406, mit dem Beinamen der Alchemist, das Licht der Welt; nach ihm kamen drei Brüder: 1413 Friedrich, später genannt der Eisenzahn, 1414 Albrecht Achilles sowie 1424 nochmals ein Friedrich.

Als der römisch-deutsche König Ruprecht im Mai 1410 starb, unterstützte Burggraf Friedrich die Wahl Sigismunds zum König. Sigismund, 1433 zum Kaiser in Rom gekrönt, setzte den Hohenzoller am 8. Juli 1411 zum Dank für seine Dienste als Verweser und Hauptmann der Mark Brandenburg ein, die nach dem Tode des Jobst von Mähren an den König gefallen war. In der Ernennungsurkunde heißt es: „Da wir aber wissen, dass die Nutzungen, Zinsen und Renten, welche noch der Landesherrschaft angehören, durch mancherlei Anfechtungen, Kriege und Pfandverleihungen so klein sind, dass er diese Verwesung und Hauptmannschaft ohne unsere besondere Hilfe nicht führen kann, es wenigstens unbillig sein würde, sollte er außer seiner Arbeit auch noch von seinem Vermögen etwas zusetzen, so haben wir ihm deshalb versprochen und zugesagt, ihm zu geben und zu bezahlen 100 Tausend gute rothe ungar(ische) Gulden." Diesen Worten können wir entnehmen, dass die Mark Brandenburg erst instand gesetzt werden musste, ehe man einen finanziellen Nutzen daraus ziehen konnte. Zunächst traf Elisabeths Gemahl ohne seine Familie, aber von einem glänzenden Gefolge begleitet, im Sommer 1412 in der Mark Brandenburg ein, die es noch zu befrieden galt. Zu Beginn des folgenden Jahres konnte Friedrich dann seine Gemahlin in Brandenburg begrüßen. Fast ein Jahrhundert später erinnert der Chronist Hafftiz an diesen Tag: „Die durchlauchtigste Fürstin und Frau, Frau Elisabeth, die Schöne genannt, (zog) mit ihren Fräulein und Frauenzimmer(n) in fürstlicher Zier und Herrlichkeit (ein).“

Die Burggräfin residierte nicht in Berlin, sondern in Tangermünde an der Elbe. Zu dieser Zeit umfasste die Mark Brandenburg: die Altmark, Vormark (Prignitz) und Neumark (später auch Mittelmark genannt) sowie das Land Lebus, Sternberg und die Uckermark. Tangermünde, das am Zufluss der Tanger in die Elbe liegt (heute in Sachsen-Anhalt), war mit seiner Burg die bevorzugte Residenz des Herrscherpaares.

Bis zum Jahre 1414 hatte Friedrich den aufmüpfigen Adel der Mark Brandenburg, die Raubritter und Räuberbanden, die Straßen und Leben unsicher machten, niedergeworfen. In der Residenz zu Tangermünde versammelten sich am 20. März 1414 der Klerus und die weltlichen Herren, um den allgemeinen Landfrieden aufzurichten. Daher kursierte bald die Rede, dass es nicht ein Jahr lang Burggrafen regnen muss, um die Ordnung im Lande herzustellen, allein der „Eine“ war genug dafür. Und der Chronist Hafftitz urteilte: „In diesen Zeiten (...) ist Friede in der Mark gewesen, und ist nicht mehr gehört die Stimme des Betrübnisses und Jammergeschreies, sondern (...) das Volk hat gesessen in Lieblichkeit des Friedens, in Tabernakeln der Zuversicht und guter Ruhe. Also muss man den unverschämten Gästen das Schamhütlein abziehen, und den hohen Bäumen die Gipfel verhauen, dass sie nicht in den Himmel wachsen.“

Mitte August 1414 rief Kaiser Sigismund den Hohenzoller zu sich, damit dieser ihm beim Konstanzer Konzil zur Seite stehe. Mit großem Gefolge reiste Friedrich ab und machte Elisabeth zu seiner Statthalterin in der Mark Brandenburg. Über Zwischenaufenthalte in Aachen, Nürnberg und seinen fränkischen Landen erreichte er im Januar 1415 endlich mit

400 Reitern und vier Wagen Konstanz. Hier auf dem Konzil wurde Burggraf Friedrich von Kaiser Sigismund am 30. April 1415 zum ersten Kurfürsten und Markgrafen von Brandenburg aus dem Hause Hohenzollern erhoben, allerdings zunächst noch unter Vorbehalt eines etwaigen kaiserlichen Rückkaufs. Im Oktober zog er als Kurfürst Friedrich I. von Brandenburg in Berlin ein, wo er von seiner Gemahlin empfangen wurde. Ihre Residenz aber behielten sie weiterhin in Tangermünde. Erst Elisabeths Enkel Johann Cicero (1455–1499) machte Berlin zur Residenzstadt der Markgrafen und Kurfürsten von Brandenburg.

Ein Jahr später musste Kurfürstin Elisabeth mit ihren Kindern der Pest weichen, die in der Mark Brandenburg ausgebrochen war. Sie lebte nun wieder in den fränkischen Gebieten, in Nürnberg und auf der Cadolzburg.

Nochmals eilte Kurfürst Friedrich nach Konstanz zum Konzil, wo er nun endgültig am 18. April 1417 „in einer hochansehnlichen Versammlung", wie der Historiker Kirchner schreibt, „unter dem Zudrängen einer zahllosen Menschenmenge und unter dem Rauschen der Musik, auf der Freitreppe, auf welcher Sigismund's Thron stand, förmlich und feierlich mit dem Churfürstenthum und der Markgrafenschaft Brandenburg belehnt wurde, und zwar ohne dass in der Urkunde der etwaigen Wiedereinlösung Erwähnung geschah."

Etwa drei Jahre lebte Elisabeth von ihrem Gemahl getrennt, der auf dem Konstanzer Konzil den Kaiser als Reichsstatthalter vertreten musste. Allein kehrte sie in die Mark Brandenburg zurück, die erneut unruhig geworden war. Dem sich ausbreitenden räuberischen Unwesen konnte man kaum beikommen. Sogar ein Jagdpferd, Hunde und Jagdutensilien wurden aus dem kurfürstlichen Besitz gestohlen. Immer dringender bat die Kurfürstin ihren Gemahl heimzukehren und die Zügel in die Hand zu nehmen, zumal mehrere Fehden ausgefochten werden mussten. Friedrich kam im Dezember 1419 für zwanzig Tage nach Brandenburg, um dann neuerdings aufzubrechen, nicht ohne jedoch seinen Schwager Herzog Heinrich von Bayern-Landshut zur Unterstützung der Kurfürstin zurückzulassen.

Im Februar 1420 reiste Elisabeth ihrem Gemahl auf den Fürstentag zu Breslau nach. Hier wohnte sie der Verlobung ihrer zwei Töchter Cäcilie und Magdalena mit den Herzögen von Braunschweig bei, welche der Kaiser selbst eingefädelt hatte. Die jungen Paare wurden im Juni in der kurfürstlichen Residenz Tangermünde eingesegnet, die Hochzeiten fanden aber erst Jahre später – 1423 und 1430 – statt, eingedenk des kindlichen Alters der Bräute.

Bald nach den Feierlichkeiten reiste Kurfürstin Elisabeth mit ihrem ältesten Sohn Johann nach Franken. Gemeinsam mit dem Siebzehnjährigen nahm sie die Huldigung der Bayreuther Untertanen entgegen, denn ihr Schwager Johann III. von Hohenzollern war ohne männlichen Erben gestorben und hatte das Bayreuther Land seinem Bruder Friedrich hinterlassen.

In Franken ereilten dann die Kurfürstin auch Streitigkeiten mit ihrer eigenen Familie, die schon öfters zwischen den feindlich gesonnenen bayerischen Teilherzogtümern München, Landshut und Ingolstadt aufgeflammt waren. Der Nürnberger Vergleich von 1419 zwischen Herzog Heinrich in Landshut und Herzog Ludwig dem Bärtigen in Ingolstadt hatte nicht lange gehalten, nun brachen die Zwistigkeiten wieder aus. Da Elisabeths Gemahl seinen Schwager Heinrich unterstützte, fiel Herzog Ludwigs Sohn – genannt Ludwig der Bucklige – sengend und brennend in die fränkischen Gebiete ein. Kurfürstin Elisabeth schrieb dringende Hilfegesuche unter anderem an ihren Vetter Ludwig von der Pfalz: „Darauf so bitten und ermahnen wir Euch oder die Euren, denen Ihr Eure Gewalt und Macht befohlen habt, dass Ihr unsern lieben Herrn und Gemahl und uns nach Inhalt derselben Einigung thut, in dem nächsten Mond nach Gebung dieses Briefes Euren Entsagebrief und auch 50 mit Spiessen in unsre Stadt gen Swabach schicket, und darin nicht verziehet, dessen wir ganz unzweiflig zu Euch und uns der vorigen Einigung wegen wohl schuldig seid zu thun. Das wollen wir uns Eurer Liebe, wie sich das in solchen und mehren Sachen gebühret, gern mit Willen verschulden."

Mit großer Energie betrieb Elisabeth die Sammlung der Verbündeten und reiste selbst zum Fürstentag nach Regensburg, um eventuell noch Frieden stiften zu können. Aber der Krieg war unausweichlich und die Burggräfin flehte ihren Gemahl schriftlich an, doch nach Franken zu kommen oder zumindest daran zu denken „von des Salpeters wegen, dass Ihr uns den schicket, da es uns des Pulvers wegen gar kümmerlich steht und stehen würde, wo Ihr nicht Salpeter bestellt." Allein Kurfürst Friedrich, der sich damals offiziell auch „des heiligen römischen Reiches Erzkämmerer" titulierte, musste dem Kaiser gegen die Hussiten beistehen und konnte daher erst im Oktober 1422 zur Unterstützung seiner Gemahlin in Franken erscheinen. Die kriegerischen Auseinandersetzungen in und mit Bayern nahmen schließlich ein Ende, als Ludwig der Bucklige seinen Vater, den Ingolstädter Herzog, gefangen nahm und ihn an den Landshuter Herzog Heinrich auslieferte. Dieser hielt ihn in der Festung Burghausen in Haft, wo Ludwig von Bayern-Ingolstadt, der Bruder der französischen Königin Isabeau, am 2. Mai 1447 sein Leben beendete. Durch die Vermählung ihrer früh verwitweten Tochter Margarete am 31. Oktober 1438 mit Ludwig dem Buckligen bekräftigte Elisabeth schließlich das Friedensbündnis zwischen Bayern-Landshut und Bayern-Ingolstadt.

Immer wieder hielt sich Kurfürstin Elisabeth in der Mark Brandenburg auf, zumeist um dort ihren Gemahl zu vertreten, der häufig wegen der Reichsgeschäfte und Kriege gegen die Hussiten abwesend war. Erst als am 13. Januar 1426 der älteste Sohn Johann offiziell zum Stellvertreter seines Vaters in der Mark Brandenburg ernannt wurde, war Elisabeth von dieser drückenden Last befreit und konnte sich nach Franken auf die Cadolzburg zurückziehen. Vierzehn Jahre hindurch hatte die Kurfürstin Brandenburg regiert; wohingegen der Kurfürst alles in allem nur 5 Jahre, 4 Monate und 19 Tage dort anwesend war.

Die nächsten Jahre in Franken flossen ruhig dahin. Allmählich zeigten sich beim kurfürstlichen Paar Gebrechen des Alters. Bereits 1406 hatte es den Papst ersucht, ihnen beiden wegen „schwächlicher Leibesconstitution" Milchspeisen auch an hohen Fasttagen zu erlauben. Sogar das Essen von Fleisch wurde ihnen genehmigt. Dennoch blieben Elisabeth und Friedrich den religiösen Übungen treu, wenn sie auch an ihrer Stelle zwei Söhne auf Pilgerfahrt ins Heilige Land schickten. Gott zu Ehren gründete das Kurfürstenpaar 1435 ein Marienstift in Harlungerberg bei Brandenburg und erwies sich als Wohltäter frommer Einrichtungen. Im Jahre 1402 hatte Elisabeth einen tragbaren Hausaltar erhalten, damit sie jederzeit die heilige Messe hören konnte. Desgleichen sollten die Untertanen des Wortes Gottes teilhaftig werden: Im Juni 1431 wurde ein neuer Prediger ins St. Gumbertus-Stift zu Ansbach berufen, der „ein Meister der Schrift aus einer hohen bestättigten Schule" sein sollte, „damit die Pfaffheit etwas Ursach habe, die Schrift und ihr Verständnis zu lernen, und damit dem Volke desto minder die Speise des Gotteswortes gebreche."

Zum letzten Mal reiste Kurfürst Friedrich 1439 zur Wahl eines neuen römisch-deutschen Königs und geleitete Albrecht II. von Österreich zur Krönung nach Aachen. Ein Jahr später wünschten die Böhmen Kurfürst Friedrich zu ihrem König zu wählen, dieser lehnte jedoch hinsichtlich seines Alters dankend ab. Elisabeths Gemahl starb am 21. September 1440 etwa 68-jährig auf der Cadolzburg. Der spätere Kaiser Maximilian I. aus dem Hause Habsburg rief ihm nach: „Friedrich war ein Spiegel der Sittlichkeit und Rechtschaffenheit, ein Morgenstern unter den ihn umgebenden Nebelwolken; er verbreitete weit um sich die Strahlen seiner frommen Handlungsweise, beichtete jeden Tag, wo er Gott beleidigt zu haben glaubte, ehrte die Geistlichkeit, schützte die Witwen und Waisen, und war ein Wohltäter der Armen." Gemäß seinem Wunsche wurde Friedrich im fränkischen Kloster Heilsbronn beigesetzt. Hier ruhte bereits sein Bruder Johann III. in der burggräflich-zollernschen Grablege. Noch zu Lebzeiten hatte Kurfürst Friedrich bestimmt, dass das Leichenbegängnis „in schlichter, demüthiger Form, in leinenem Tuch, ohne grosse hoffärtige Pompei, die nicht zu göttlicher Ehre dient", zu geschehen habe. Dennoch reisten zur feierlichen Bestattung zahlreiche Trauergäste an, die mit ihren Pferden beherbergt und versorgt werden mussten. Dafür hatten die Mönche des Zisterzienserklosters Tücher und Getreide angeschafft, außerdem kauften sie „1 Tonne und 10 Maß Honig" für 14 900 Lebkuchen.

Elisabeth war nun 55 Jahre alt und Witwe. Laut Testament teilten sich die Mark Brandenburg die beiden Friedriche und die fränkische Erbschaft erhielten Johann mit Bayreuth und Kulmbach sowie Albrecht mit Ansbach und Cadolzburg. Die Kurwürde sollte allein an Friedrich den Älteren fallen. Für Elisabeths Unterhalt war reichlich gesorgt, sogar über ihre Kleinodien durfte sie nach Belieben verfügen. Mit ihren vier Söhnen verabredete sie, dass sie alles aufgeben wolle, dafür aber „ihre Lebtage 5000 rhein(ische) Gulden" erhalten möchte sowie die Residenz Cadolzburg samt Langenzenn, Erlbach und Rossthal. Zusätzlich freies Jagdrecht für ihre Küche, Fronwagen und Fuhren für die Haushaltung sowie Schutz für sich und ihre Leute.

Ab 1442 hielt die Kurfürstinwitwe mit ihrem Sohn Albrecht gemeinsam Hof in Ansbach, zeitweise auch in Cadolzburg, Bayreuth, Kulmbach und auf der Plassenburg. Dennoch ließ sie sich 60 Personen und 32 Pferde samt Jägern, Kost und Futter sowie 1000 rheinische Gulden zusichern. In einem Vertrag wurde genau festgelegt, auf welche Weise die Versorgung ihres Hofstaates zu geschehen habe: „Die Ehrbaren (d. h. die Adeligen) sollten wie die des Markgrafen gehalten werden. Jeder Knecht (Knappe) sollte zu jeder Mahlzeit ein halbes Mass Wein, zwischen den Mahlzeiten ein halbes Seidlein Wein, die Edlen und Ehrbaren aber ein Genüge aus Albrechts Keller erhalten. Für sämtliche Jungfrauen (Hofdamen) der Churfürstin wurden für jede Mahlzeit über Tisch 6 Mass Wein, zwischen den Mahlzeiten 3 Mass und des Nachts zum Schlaftrunk 3 Nürnberger Mass bestimmt. / Zum Voraus und für ihren eigenen Gebrauch wurden ihr der Badweiher, das Fischgrüblein, ein Garten und ein Pferdestall eingeräumt. Dazu hat sie zwei Weinwagen, welche ihr nach Nothdurft Wein anfahren, so viel sie dessen begehren würde. Zu ihren Reisen muss ihr der Vogt Pferde für ihren Wagen nach Nothdurft schicken. Es steht ihr frei, auch in den oberen Garten (den markgräflichen Park, würden wir sagen) zu Cadolzburg zu fahren oder zu gehen." Für Aufenthalte in der Kurmark Brandenburg nutzte die Kurfürstinwitwe ein Haus in Berlin.

Elisabeth kam jedoch nur mehr für kurze Zeit in den Genuss dieser Abmachungen, denn am 13. November 1442 schloss sie in Ansbach im Alter von 57 Jahren für immer die Augen.

Um die Weihnachtszeit fand die „hochgeborne Fürstin" an der Seite ihres Gemahls in der Klosterkirche zu Heilsbronn ihre letzte Ruhestätte.

Der frühe Biograf Göschel umschreibt den Lebensweg der Wittelsbacherin folgendermaßen: „An der Isar ging vor Zeiten der Morgen eines Lebens auf, welches wir, ehe es Mittag geworden, über die Donau an die Rezat und Pegnitz bis zum Farrenbach, und später nach der Elbe und Oder, nach der Spree und Havel ziehen sehen, bis es sich am Abend wieder nach der Rezat zurückneigt, wo bald hernach die Sonne diesseits untergeht, und – an der Schwabach zur Ruhe kommt."

Elisabeth von Bayern-Landshut, Burggräfin von Nürnberg und Kurfürstin von Brandenburg, wurde über ihre Nachkommenschaft von 10 Kindern und etwa 15 Enkeln zur Stammmutter der Hohenzollern in Brandenburg, zur Ahnin der preußischen Könige und deutschen Kaiser. Über ihre Enkelin Dorothea (geb. 1430), die König Christoph III. von Dänemark, Schweden und Norwegen ehelichte, wurde sie zu einer Ahnfrau des königlich-dänischen Hauses. Eine Tochter ihres Sohnes Johann namens Barbara (geb. 1423) soll der Großmutter sehr ähnlich gewesen sein. Der spätere Papst Pius II. sagte von ihr, dass sie „an Schönheit, Anmut und Keuschheit" der Kurfürstin Elisabeth glich. Barbara residierte nach ihrer Verbindung mit dem Markgrafen Ludwig Gonzaga in Mantua, wo sie 1481 starb.

In nachfolgenden Jahrhunderten heirateten erneut Wittelsbacherinnen ins Haus Hohenzollern ein. So ehelichte Elisabeth Charlotte (1597–1660), Tochter des Kurfürsten Friedrich IV. von der Pfalz, Kurfürst Georg Wilhelm von Brandenburg und wurde zur Mutter des sogenannten „Großen Kurfürsten" und zu einer Stammmutter Preußens. Eine andere Elisabeth (1801–1873), Tochter des ersten bayerischen Königs Max I. Joseph, verband sich mit Friedrich Wilhelm IV. von Preußen und avancierte an der Seite ihres Gemahls 1840 zur preußischen Königin.

„Tochter von Holland" –
die letzte Herzogin von
Niederbayern-Straubing-Holland

JAKOBÄA

(1401–1436)

Herkunft und Familie

BAYERN (Wittelsbach)

Kaiser Ludwig d. Bayer (1282–1347)
⚭ (1) Beatrix v. Schlesien-Glogau (1292–1322)
⚭ (2) Margareta Gfin. v. Hennegau-Holland (ca. 1311–1356)

Aus Ehe (1) sechs Kinder, darunter:

Ludwig V. d. Brandenburger (1315–1361)
Stephan II., Hz. v. Niederbayern-Landshut (1319–1375)

Aus Ehe (2) zehn Kinder, darunter:

Wilhelm I. (V.), Hz. v. Niederbayern-Straubing-Holland (1330–1389)
⚭ Mechthild v. Lancaster (1339–1362)

Albrecht I., Hz. v. Niederbayern-Straubing-Holland (1336–1404)
⚭ (1) Margarete v. Liegnitz-Brieg (1342–1386)
⚭ (2) Margarete v. Kleve

Aus Ehe (1) sieben Kinder, darunter:

Margarete (1363–1423)
⚭ Johann Ohnefurcht, Hz. v. Burgund

Albrecht II., Hz. v. Niederbayern-Straubing (1368–1397)

Johann III. (VI.), erw. Bf. v. Lüttich, Hz. v. Niederbayern-Straubing-Holland (1374–1425)
⚭ Elisabeth v. Görlitz

Wilhelm II. (VI.), Hz. v. Niederbayern-Straubing-Holland (1365–1417)
⚭ Margarete v. Burgund (1374–1441)

BURGUND (Valois)

Philipp der Kühne, Hz. v. Burgund (1342–1404), Mitgl. d. frz. Königshauses
⚭ Margarete v. Flandern (1350–1405)

Mehrere Kinder, darunter:

Johann Ohnefurcht, Hz. v. Burgund (1371–1419
⚭ Margarete v. Bayern (Tochter v. Albrecht I.)

Margarete v. Burgund (1374–1441)
⚭ Wilhelm II. (VI.), Hz. v. Niederbayern-Straubing-Holland

Philipp d. Gute, Hz. v. Burgund (1396–1
⚭ (1) Michelle, Tochter v. Kg. Karl V. v. Frankreich u. Isabeau de Bavière
⚭ (2) Bonne v. Artois
⚭ (3) Isabella v. Portugal

(3)

Karl d. Kühne (1433–1477),
Letzter Hz. v. Burgund aus dem Haus Valois

JAKOBÄA (1401–1436)
(1415) ⚭ (1) Johann v. Touraine († 1417), Sohn v. Kg. Karl VI. v. Frankr. u. Isabeau de Bavière
(1418) ⚭ (2) Johann IV., Hz. v. Brabant
(1422) ⚭ (3) Humphrey, Hz. v. Gloucester, Bruder v. Kg. Heinrich VI. v. England
(1432) ⚭ (4) Frank van Borsselen

Keine Nachkommen / Ende der Linie Niederbayern-Straubing-Holland

Ein Herzogtum Niederbayern-Straubing-Holland überrascht. Aber etwa hundert Jahre herrschten die Wittelsbacher aus der Linie Niederbayern-Straubing auch an der Nordsee. Denn Kaiser Ludwig der Bayer vermählte sich in zweiter Ehe mit Margarete von Hennegau-Holland, und die Kaiserin erbte dann 1346 von ihrem kinderlosen Bruder die Grafschaft. Diese ging an Margaretes Söhne Wilhelm I. und danach an Albrecht I. über, der sie wiederum seinem Sohn Wilhelm II. vermachte. Zur Grafschaft Hennegau-Holland gehörten außerdem Seeland und Friesland, die jedoch etwa hundert Kilometer entfernt an der Nordseeküste lagen. Im Hennegau sprach man französisch und in Holland niederländisch; die Bezeichnung Niederlande für Holland gab es damals noch nicht. Nach dem Tod ihres kaiserlichen Vaters erhielten Wilhelm und Albrecht im Erbteilungsvertrag von Regensburg 1353 das bayerische Teilherzogtum Niederbayern-Straubing zugesprochen. Ihr Halbbruder Stefan II., aus der ersten Ehe des Kaisers, bekam Niederbayern-Landshut. Weitere Halbbrüder hatten sich bereits Oberbayern in Bayern-München und Bayern-Ingolstadt aufgeteilt.

Auf diese Weise war also eine Wittelsbacher Linie Straubing-Holland entstanden. Der erste Herrscher in den nördlichen Grafschaften Wilhelm V. (nach bayerischer Zählung der I.) ehelichte im Februar 1352 Mechthild von Lancaster und ging als der „dolle" Graf in die holländische Geschichte ein. Er lebte zurückgezogen bis zu seinem Tod 1389 „met kranken sinne" in einem Gemach des Residenzschlosses Le Quesnoy im Hennegau. Einstweilen residierte sein jüngerer Bruder Albrecht I. in Straubing, ließ dort eine neue Burg erbauen und heiratete 1353 Margarete von Liegnitz-Brieg. Da er aber für den erkrankten Wilhelm die Regentschaft in den nördlichen Grafschaften übernehmen musste, brach er 1358 dorthin auf. Nach dem Tod seines Bruders vereinigte Herzog Albrecht I. seine

Herrschaftsgebiete Straubing-Holland in einer Hand und wählte als Residenz Den Haag, damals „s'Gravenhage" genannt. Nur mehr wenige Male kehrte Herzog Albrecht I. in seine frühere Residenz Straubing zurück.

Mittels der Eheschließungen seiner Kinder wob Herzog Albrecht I. ein beachtliches politisches Familiennetzwerk. So vermählte er in der Doppelhochzeit von Cambrai 1385 seine Tochter Margarete mit Johann (Ohnefurcht) von Burgund und den Thronfolger Wilhelm VI. (nach bayerischer Zählung der II.) mit dessen Schwester Margarete. Zu seinen weiteren Schwiegersöhnen zählte er Herzog Wilhelm von Jülich, den Kaisersohn Wenzel von Böhmen und Herzog Albrecht von Österreich. Den erst sechzehnjährigen Sohn Johann, genannt „Ohnegnad", ließ er zum Bischof von Lüttich wählen, welcher sich nicht nur zu einem Förderer der Künste und der Wissenschaften entwickelte, sondern auch zu einem gnadenlosen Herrscher. Er wurde zum Gegenspieler seiner Nichte Jakobäa, der Gräfin von Hennegau-Holland-Seeland und Herrin von Friesland.

Jakobäa, die letzte Vertreterin des Wittelsbacher Hauses in den Niederlanden – wie man das Herrschaftsgebiet später benannte –, wurde von der jüngeren Geschichtsforschung weitgehend vergessen. Die ältere stilisierte sie zu einer Märtyrerin des politischen Ränkespiels, zu einer Heldin im Kampf um das Heimatland und zur romantischen Gestalt der schönen Literatur. Ihr Biograf Franz Löher schrieb 1862 in seinem zweibändigen Werk: „Jakobäa ist vom Zauber der Romantik umflossen, die Heldin zahlloser Trauerspiele. Noch heute besitzt sie (...) für die Niederlande das unvergängliche Leben einer Iphigenie, Maria Stuart, Jungfrau von Orléans und anderer geheiligter Frauengestalten. Man darf hinzusetzen, daß Jakobäa auch soviel Feuer und stählerne Willenskraft in der Seele hatte, um sich unter den Fürstinnen des Wittelsbacher Hauses auf die Stelle zu heben, welche unter den Männern dieses Stammes der schwedische Karl der Zwölfte einnimmt. Noch einmal trug sie dem alten Ritterthum hochflatternd sein Banner vor. Jakobäa und ihre Ideale gingen unter, weil der staatsrechtliche und soziale Boden, auf welchem sie beharrten, brüchig geworden.

Über Jakobäas Zeitalter weht noch das letzte Schattendunkel, die letzte Waldfrische des Mittelalters. Aber gleichwie im Ausgang eines Waldes, schimmern bereits durch die Stämme und Gezweige die lichten Staaten der Neuzeit."

Wer war nun die dermaßen Gepriesene?

Geboren wurde sie am 15. Juli 1401 in Hennegau-Holland als einziges Kind des Herzogspaares Wilhelm II. (VI.) von Straubing-Holland und der Margarete von Burgund. Da ihr Geburtstag der St. Jakobstag war, erhielt sie den Namen Jakobäa, auf Holländisch Jakoba und im Französischen Jaqueline. Als kleines Mädchen nannte man sie auch die „Dame Jaquet", ihr Titel war aber damals „Tochter von Holland".

Bereits mit fünf Jahren verlobte ihr Vater sie mit dem neunjährigen zweitgeborenen Sohn des französischen Königspaares Karl und Isabeau de Bavière. Beide Kinder – Jakobäa (Jaqueline) und Johann (Jean) – wurden zunächst im Hennegau gemeinsam erzogen. Sie lebten auf Schloss Quesnoy, im Sommer auch im holländischen Den Haag.

Die herzogliche Hofhaltung war glänzend und kostspielig. Es heißt: „Wo Herzog Wilhelms Hof des Weges kam, erschien er wie ein kleiner Heereszug, und wollte man zwei oder drei Tage in einer reichen Abtei anhalten, so geriethen Abt und Mönche in Verzweiflung. Sie ließen in der Eile ein paar hundert Tafelgeschirre mehr machen aus Holz oder Thon, und wußten nicht, wo Speis und Trank hernehmen für so viele Ritter und Leute, so viele Pferde und Hunde." Vor allem die Jagd war ein aristokratisches Vergnügen. Schon der kleine französische Bräutigam unterhielt zu diesem Zweck „vierzig Laufhunde und fünf Windspiele". Auch die Damen des Hofes fanden Gefallen am Jagen; sie erlegten Wachteln, Hühner, Reiher und Kaninchen. Beliebt bei ihnen war die Falkenjagd.

Gleichwohl war auch Ernsthaftes Gegenstand der höfischen Erziehung Jakobäas: In ihrer Muttersprache Französisch musste sie sich vervollkommnen, sie erwarb Lateinkenntnisse, wurde in Religion und der Geschichte ihres Hauses unterwiesen, eingeführt in das Gerichtswesen sowie in der Landwirtschaftslehre unterrichtet. Als Fürstin hatte sie außerdem vom Weben und Sticken, vom Bau der Häuser und deren Ausschmückung etwas zu verstehen. Da die Pflege von Kranken Frauensache war, erlernte sie Wundsalben zuzubereiten und Verbände anzulegen. Das Leben bei Hofe war zeremoniell geregelt. Wie Ritter und Damen sich zu benehmen hatten, bestimmte die jeweilige Etikette, sei es beim Festmahl oder beim Turnier. Jakobäa und ihr Verlobter wurden auch darin gründlich unterwiesen, denn Jakobäa sollte einst ihren Vater beerben und ihr Gemahl in der Grafschaft mitregieren.

Als Jakobäa mit vierzehn Jahren rechtsmündig wurde, vermählte man sie am 6. August 1415 mit Herzog Johann (Jean) von Touraine, ihrem langjährigen Verlobten und Jugendgespielen. Nur wenige Monate nach der Hochzeit starb der Dauphin Ludwig (Louis) und Johann (Jean) rückte zum Thronfolger Frankreichs auf. Nun sollten Jakobäa und Johann an den königlichen Hof nach Paris kommen. Da jedoch die Zeiten in Frankreich wegen der sich bekämpfenden Adelsparteien und der Schrecknisse des Hundertjährigen Krieges mit England recht unsicher und turbulent waren, sondierte zunächst Herzog Wilhelm das Terrain, ehe er das junge Thronfolgerpaar reisen ließ. In Compiègne nahm man einstweilen Wohnung und Jakobäa besuchte im nahe gelegenen Senlis erstmals ihre Schwiegermutter Königin Isabeau de Bavière.

Nur wenig später erkrankte der Dauphin ernstlich. Er „lag da als ein Bild des Jammers", so schreibt der Biograf Löher, „Beulen bedeckten ihn, Zunge und Gaumen waren dick geschwollen und die Augen drangen ihm aus dem Kopfe, daß es zum Erbarmen." Am Palmsonntag, den 4. April 1417, war die sechzehnjährige Jakobäa Witwe.

Nach der Trauerfeier reiste Jakobäa mit ihren Eltern zurück in den heimatlichen Hennegau. Dort traf sie bald ein neuer Schicksalsschlag: Im Mai starb ihr Vater an einem falsch behandelten Hundebiss. Herzog Wilhelm wurde in Den Haag beigesetzt und sein einziges Kind, Tochter Jakobäa, trat die Regierung an. 1419

Allerdings glaubten sich auch andere erbberechtigt: Jakobäas Onkel, der erwählte Bischof von Lüttich, erhob nun Ansprüche auf die Grafschaft. Die politische Lage gestaltete sich ernst: Auf der Huldigungsreise der jungen Fürstin verschloss ihr die holländische Stadt Dortrecht die Tore und ließ verlauten, dass sie erst den kaiserlichen Schiedsspruch in dieser Erbangelegenheit hören wolle. Im Hennegau war die Situation einfacher. Hier gab es eine weibliche Erbfolge, aber in Holland, Seeland und Friesland kannte man nur die männliche.

In dieser angespannten Atmosphäre brachen alte soziale Rivalitäten im Land wieder auf: Die „Hoeks", überwiegend eine Ritter- und Adelsgruppierung, und die „Kabeljaus", unter diesem Namen sammelten sich zumeist aufstrebende Städte, ergriffen nun jeweils Partei für die junge Fürstin Jakobäa bzw. für ihren Onkel Johann „Ohnegnad".

Mit einer neuen Eheschließung Jakobäas gedachte man nun Herr der Lage zu werden. Der Auserwählte war der junge Herzog von Brabant, ein Neffe des mächtigen burgundischen Fürsten. Von ihm erwartete man entscheidende Hilfe im kriegerischen Erbstreit. Denn es standen sich derzeit nicht mehr nur die heimischen Parteien der Hoeks und Kabeljaus gegenüber, sondern daneben auf Jakobäas Seite Burgund und England sowie auf der Seite ihres bischöflichen Onkels Kaiser Sigismund und der Papst.

Da die päpstliche Dispensation noch nicht eingetroffen war – die Verlobten waren nämlich Cousin und Cousine –, musste mit der Heirat noch gewartet werden. Inzwischen hatte Johann „Ohnegnad", der nur der erwählte und nicht der geweihte Bischof von Lüttich war, sein Bischofsamt niedergelegt und die Nichte des Kaisers, Elisabeth von Görlitz, geehelicht. Des Wartens müde, heiratete Jakobäa am 10. März 1418 Herzog Johann IV. von Brabant im Rittersaal von Den Haag „bürgerlich", das heißt zivil, da die päpstliche Erlaubnis immer noch ausstand. Daraufhin erklärte Papst Martin V. die Ehe öffentlich als nichtig, ließ aber heimlich wissen, dass er dieses Verbot aufhebe, sobald Kaiser Sigismund vom Konstanzer Konzil abgereist sei. Nun hatte aber der Kaiser bereits Johann Ohnegnad mit Holland, Seeland und Hennegau belehnt, da er die Grafschaften nach Reichsrecht als heimgefallen ansah. Abermals standen sich somit zwei feindliche Parteien gegenüber. Am 13. Februar 1419 führte Herzog Philipp von Burgund einen Ausgleich zwischen Nichte und Onkel herbei, der eine Art Landesteilung sowie für Johann Ohnegnad die Mitregentschaft auf fünf Jahre beinhaltete.

Trotzdem kehrte keine Ruhe ein, denn Jakobäas zweite Ehe erwies sich bald als Fehlschlag. Ihr Gemahl Johann von Brabant zeigte nämlich, wie der Biograf Löher schrieb, „alle Rohheiten eines Wüstlings, doch keinen Funken von Verstand". Letzteres trat besonders deutlich hervor, als er Johann Ohnegnad die Alleinherrschaft über die Erblande seiner Gemahlin auf zwölf Jahre verpfändete. Jakobäa war nicht gefragt worden, denn damals hatten die Ehemänner die Vogtschaft (eine Art Geschlechts-Vormundschaft) über ihre Ehefrauen inne.

Demzufolge entzweite sich das jugendliche Ehepaar immer mehr. Jakobäa war „voll Leben und Feuer, voll Schönheit, Geist und Verstand, wie man selten ein junges Weib gesehen", meint Löher, dagegen „ihr Gemahl ein weicher gutmüthiger Mensch, von schlechter Haltung, bleich und blöde in seinem ganzen Wesen, der sich von seiner Umgebung wie ein Verstandesschwacher leiten ließ".

Erfolgreich unterband die Brabanter Hofgesellschaft Jakobäas Einfluss auf den Herzog und setzte ihre eigenen Interessen durch. Schließlich fand sich die Herzogin von Brabant mit ihrem Gefolge gänzlich isoliert. Ein Vorfall brachte endlich das Fass zum Überlaufen: Der herzogliche Hofmarschall beschloss, die Herzogin weiterhin kaltzustellen, und ließ Jakobäas Hofdamen, die treu zu ihrer Herrin hielten, aushungern. Löher berichtet: „Nun war am Brüsseler Hofe zweimal große Tafel, zum Frühstück und zum Mittag; dagegen zum Morgen- und Nachttrunke bekam Jeder Wein mit Brod und anderem Imbiß in seine Gemächer. Kurz vor Ostern bemerkten die holländischen Damen, daß man ihnen Morgens und Abends wenig Wein und Speisen in's Zimmer trug, es wurde immer weniger, zuletzt kam gar nichts mehr. (...) So kam Ostern, der 7. April 1420. Am Ostertage war die Hoftafel besonders festlich, glänzend und zahlreich. Jakobäa erschien mit ihren Damen und ließ sich nieder. Da wurde ihr selbst auf das Herrlichste aufgetragen, vor den Holländerinnen aber blieben die Teller und Becher leer. (...) Also saßen die Armen vor leeren Gedecken, und es war zum Gespötte des ganzen Hofes, bis sie fortgingen. Zufällig kam Jakobäas Mutter nach Brüssel und hörte von dem Ärgerniß. Sofort eilte sie zum Herzog und stellte ihn zur Rede; er verschanzte sich wieder hinter seine Räthe, und es gab eine heftige Szene. Empört über so viel Verrätherei und Schmach rief die stolze Burgunderin ihrer Tochter zu, den Palast zu verlassen, ging aus dem Saale, bestieg ihren Zelter und ritt nach ihrem eigen Hofe zum Spiegel in Brüssel. Jakobäa wollte mit ihr, kein Wagen und kein Roß erschien; da ging sie zu Fuße fort (...) nur ein Hennegauer Page, Johann Rasoir, folgte ihr. Laut weinend ging die junge Fürstin durch die Straßen Brüssels, daß es alle Frauen erbarmte, und in den Männern der Zorn kochte über den blutigen Schimpf, welchen man der geliebten schönen Herzogin anthat." Am anderen Tag übersiedelten Jakobäa und ihre Mutter samt Gefolge von der Hauptstadt Brabants in die Grafschaft Hennegau.

Im Februar 1421 wurde Jakobäas Ehe für nichtig erklärt. Dies geschah allerdings einseitig, denn der von Unruhen in Brüssel aufgeschreckte Johann wünschte eine Rückkehr seiner flüchtigen Gemahlin. Jedoch umsonst, da diese Ehe, zu der die junge Herzogin aus politischen Gründen gedrängt worden war, ihre Erblande nicht bewahrt, sondern in andere Hände vergeben hatte. Johann von Brabant starb am 17. April 1427 und hinterließ seinem jüngeren Bruder Philipp das Herzogtum Brabant. Erst im Januar 1428 legitimierte der Papst nachträglich die Ehe zwischen Jakobäa und Johann von Brabant.

Von Neuem flammte der Krieg zwischen Nichte und Onkel auf. Zum zweiten Heereszug gegen Johann Ohnegnad rüstete die Herzogin, um wieder in ihre Rechte als Landesherrin eingesetzt zu werden. Trotz verlustreicher Kämpfe konnte dieses Ziel jedoch nicht erreicht werden. Jakobäas Onkel und dessen Anhängerschaft hatten sich durchgesetzt. Nun musste sich die Wittelsbacherin nach anderer Unterstützung im Krieg um ihr Erbe umsehen. Vetter Pfalzgraf Ludwig hatte eine englische

Prinzessin geheiratet und riet Jakobäa, doch in England Hilfe zu suchen. Ein Schiff brachte sie samt Begleitung insgeheim von Calais nach Dover, wo die Fürstin von Herzog Humphrey, dem Bruder des Königs, empfangen wurde. Offiziell erklärte König Heinrich V. von England, dass er „die gegenwärtige Jakobäa von Bayern, Gräfin von Holland, Seeland und Hennegau, seine Blutsverwandte, (aufnehme) in seinen königlichen Schutz und Schirm, (er) wolle ihr Hülfe und Beistand eines Vaters leisten, nicht blos als ihr Anwalt in Rom, sondern auch gegen alle Diejenigen, die wider Recht sie unterdrücken wollten, und zwar mit all seiner und der Seinigen Macht und Stärke". Dankbar verlobte sich Jakobäa mit dem Bruder des Königs und setzte ihren künftigen Ehemann zum Erben ein.

In England gab es vier königliche Brüder: König Heinrich V., der zugleich Regent von Frankreich war, dann den Herzog von Clarence, den Herzog von Bedford und als vierten Bruder Humphrey, den Herzog von Gloucester, der im Herbst 1422 Jakobäas dritter Gemahl wurde. Nun schöpfte die Herzogin wieder Hoffnung, ihre Erblande zurückzugewinnen, merkte allerdings nicht, dass sie in die Konflikte des Hundertjährigen Krieges zwischen England und Frankreich hineingezogen bzw. zum Spielball der Interessenlagen wurde.

Im Dezember 1424 kehrte Jakobäa mit Herzog Humphrey und dessen englischen Truppen in den Hennegau zurück, wo ihnen freudig gehuldigt wurde. Humphrey von Lancaster galt als die Verkörperung des romantischen Ritterideals. Geboren am 3. Oktober 1390, erhielt er bereits 1399 den Ritterschlag und wurde 1414 zum Herzog von Gloucester erhoben. Wissenschaftlich, künstlerisch und literarisch interessiert, korrespondierte er mit italienischen Gelehrten; seine Büchersammlung wurde Teil der Bodleian Bibliothek in Oxford. Herzog Humphrey war zudem attraktiv und beliebt, mutig und ehrgeizig. Er glich einem frühen Renaissancefürsten. Durch die Vermählung mit Jakobäa erhielt Humphrey zusätzlich die Titel Graf von Hennegau, Holland, Seeland und Herr von Friesland – und diese Territorien wollte Humphrey nun für sich und seine Gemahlin zurückerobern.

Die Ankunft des herzoglichen Paares hatte alle Beteiligten aufgeschreckt: Jakobäas Mutter kam mit großem Gefolge zur Begrüßung, die Hoeks sammelten sich wieder um ihre Fürstin, in Brabant rief man die Stände zur eiligen Beratung zusammen und Johann Ohnegnad rüstete mächtig auf. Da geschah etwas Unerwartetes: Zu Beginn des Jahres 1425 verließ Johann Ohnegnad die irdische Welt für immer. Nicht ganz freiwillig, wie es hieß. Das fleißige Lesen im Gebetbuch soll dem ehemaligen Bischof von Lüttich den Tod gebracht haben. Denn die Seiten seines Gebetbuches waren mit Gift präpariert und Johann hatte die üble Angewohnheit, vor dem Umblättern die Finger mit Speichel zu befeuchten. Nun schloss sich seine Witwe politisch eng an Philipp von Burgund an, der in den folgenden Jahren zum eigentlichen Gegenspieler Jakobäas wurde. Der Vetter aus Burgund war der nächste Erbe, falls Jakobäa kinderlos blieb. Mit Johanns Tod wurde allerdings auch das Straubinger Land herrenlos, das sich die verwandten Herzöge von Bayern teilten. An den nördlichen Landesteilen zeigten sie jedoch kein Interesse.

Inzwischen hatte der Burgunderherzog wie zu einem Kreuzzug gegen Herzog Humphrey und seine Gemahlin mobil gemacht und sammelte sich mit den Brabantern zum Gefecht. Jakobäas Partei, die Hoeks und die Engländer, errangen einige Siege, dann aber wendete sich das Blatt. Herzog Humphrey wurde in sein Heimatland zurückgerufen, denn England war eine Koalition mit Burgund im Hundertjährigen Krieg gegen den französischen Thronfolger eingegangen. Und dieses Abkommen durfte durch die Zwistigkeiten in den Niederlanden nicht gefährdet werden.

Ferner mischte sich der Papst wieder ein und erklärte Jakobäas dritte Ehe für ungültig, da über die vorausgehende Ehe mit dem Herzog von Brabant noch nicht endgültig entschieden worden sei. Bald machte ein Flugblatt die Runde, in dem es über Herzog Humphrey anklagend hieß: „Dein Vater war ein Königsmörder und erhielt seine Strafe. Dein älterer Bruder wollte Frankreich erobern und endete seine Tage unter Schmerzen. Du aber bist noch schlimmer als sie, du schändest das

Weib eines Anderen, und hast noch Laster und Sünden mehr als Vater und Bruder." (Der Inhalt nimmt Bezug auf die Ermordung des abgesetzten Königs Richard II. und die Einsetzung des englischen Königs Heinrich V. zum französischen Thronfolger und Regenten.)

Herzog Humphrey trennte sich von Jakobäa, um seine eigenen Rechte in England zu sichern. Mit sich nahm er Eleanor Cobham, eine englische Hofdame seiner Gemahlin, die seine Mätresse und später – nach der Annullierung der Ehe – seine Gattin wurde. Humphrey starb während der Haft 1447, wahrscheinlich an einem Schlaganfall, eventuell auch an einem Giftanschlag.

Philipp von Burgund versuchte sich nun Jakobäas zu bemächtigen. In der alten Burg von Mons bewohnte diese einige Gemächer: „Die weiße Kammer hatte man mit Burgunder Tuch austapeziert, auf welchem Papageien und Damen, die auf der Harfe spielten, gestickt waren." Ein anderes Gemach – so der Historiker Löher – „zeigte Jagdstücke, und der grüne Saal die Kreuzfahrer, wie sie den Mohren und Aegyptern vor Jerusalem die Schlacht lieferten. Aus den Burgfenstern hatte die Fürstin ringsum eine erfrischende freie Aussicht. Man sah weit über die Stadt weg auf grüne Wiesen, Gärten, Buschwerk und ansteigende Anhöhen. Nichts blieb verborgen, was irgendwo im Weichbilde der Stadt sich begab."

So blieb auch nicht verborgen, dass die Brabanter Reiterei die Stadt umzingelte und ein Belagerungskrieg drohte. Philipp von Burgund ließ Jakobäa und ihre Mutter schriftlich wissen, dass er den Brabanter nicht habe dazu bewegen können, „den landschädlichen Krieg aufzugeben und die Fürstinnen ruhig im Hennegau wohnen zu lassen. Jetzt aber wolle er aus natürlicher und gerechter Liebe für Tante und Base beide unter seinen Schutz nehmen." Nicht sofort gab Jakobäa nach, aber als die Gefechte kein Ende nahmen und die Lebensmittel rar wurden, drängte die Einwohnerschaft von Mons ihre Fürstin, sich zu ergeben. Die siegreichen Herzöge von Brabant und Burgund verlangten, dass Jakobäa sich Herzog Philipp unterstelle und die Regentschaft im Hennegau dem Burgunder überlasse. Als

Jakobäa diese Bedingungen hörte, wähnte sie, gemäß dem Chronisten, „vor Schmerz zu sterben".

Ein Ausweg war nicht in Sicht. Selbst Herzog Humphrey im fernen England reagierte nicht auf die dringlichen Briefe seiner Gemahlin: „Mein gestrenger Herr und Meister! / So demüthig, als ich nur kann und weiß in dieser Welt, empfehle ich mich Eurer gütigen Huld. Mögt Ihr wissen, mein gestrenger Herr und Meister, daß ich jetzt schreibe Eurer ruhmwürdigen Herrlichkeit als die leidvollste Frau, als die Verlorenste und schändlichst Verrathene auf Erden. Denn, mein gestrenger Herr und Meister, am Sonntag, den dritten Tag des Monats Juni, kamen die Boten Eurer Stadt Mons zurück und brachten einen Vertrag, gemacht und geschlossen zwischen dem Vetter von Burgund und dem Vetter von Brabant. (...) Deshalb, mein süßer Herr und Meister, mögt Ihr wissen, daß ich am andern Morgen auf das Rathhaus ging und ihnen vorhalten ließ, wie auf Ihr Verlangen und Bitten Ihr beschlosset, mich in ihrem Schutz und Schirm zu lassen (...). Darauf mein hochgeehrter Herr und Meister, erklärten sie rund heraus: ‚Sie seien nicht mehr stark genug, mich zu beschützen.' Und indem sie gleich ihre Gedanken zur That machten, rebellirten (...) so sehr, mein gestrenger Herr, daß sie mir zum Hohne einen Eurer Unterthanen ergriffen, den Hauptmann Macquard, und in meiner Gegenwart ihm sofort den Kopf herunterschlagen ließen. (...) Auch, mein gestrenger Herr, sagten sie mir rund heraus: ‚Wenn ich keinen Vertrag machte, so lieferten sie mich in die Hände des Vetters von Brabant!' Und ich habe keine Frist mehr, in dieser Stadt zu bleiben, als acht Tage (...). Das ist mir weh und hart, denn ich zweifle, ob ich in meinem ganzen Leben Euch wiedersehen werde, wenn Ihr nicht beschließt, in Eile mir zu helfen. / Ach mein gestrenger Herr und Meister! Alle meine Hoffnung und mein ganzes Denken steht bei Eurer Herrlichkeit, (...) und meine einzige und höchste Liebe, daß alles Dies, was ich leide, geschieht, weil ich Euch liebe. Deshalb demüthigst flehe ich zu Euch, (...), um Gotteswillen möget Ihr Mitleid haben mit mir und meinem Jammer, und mir, Eurem leidvollen Geschöpf, in größter Eile zu Hülfe kommen, wenn Ihr mich nicht verlieren wollt auf immerdar. (...) / Geschrieben in der falschen und verrätherischen Stadt Mons, aus tiefbekümmertem Herzen, (...)."

Da keine Rettung nahte, musste Jakobäa sich in ihr Schicksal ergeben und die Stadt Mons verlassen. Am 13. Juni 1425 reiste sie „eine Stunde nach Mittag" ab. Dazu verlangte sie „achtundzwanzig Gepäckwagen, sowie Pferde für zwei Karossen und ihre Dienerschaft". In einem großen Geleitzug wurde die Fürstin nach Gent gebracht, wo sie auf dem Grafenstein in Arrest kam. Die alte Burg ragte wie eine Festung mitten in der Stadt auf einem Hügel finster empor. In einigen Gemächern nahm Jakobäa nun zwangsweise Wohnung, und Herzog Philipp von Burgund, genannt der Gute, regierte als „Ruhwart und Erbe von Holland, Seeland und Friesland" in ihren Ländern. Der Hennegau wurde Johann von Brabant, Jakobäas verlassenem Gemahl, übergeben, der dort einen Statthalter einsetzte.

Als jedoch Schreiben aus England kamen, mit der Aufforderung „die Herzogin von Gloucester" sofort freizulassen, und sich Unmut im Lande über die schändliche Behandlung der rechten Fürstin regte, schien es geboten, Jakobäa außer Landes zu schaffen und an einem abgelegenen Ort zu verwahren. In dieser prekären Situation gelang es einigen Getreuen, ihre Fürstin aus der Burg zu schmuggeln: Am 31. August 1425 wünschte Jakobäa ein heißes Bad zu nehmen und während man sie noch in den Räumen des Bades glaubte, konnte sie als Page verkleidet fliehen. Per Schiff kam sie schließlich in Schoonhoven am Leck an, wo die Festung in Händen der Hoeks war. Jubelnd huldigte man Jakobäa auch in Gouda und Oudewater; Briefe gingen in alle Städte des Landes, dass die Landesherrin Treue und Gefolgschaft erwarte. Herzog Humphrey in England wurde aufgefordert, eilends zu kommen „mit tüchtigem Heer", denn „gute Städte seien in ihrer Gewalt und die besten und stärksten Burgen, jetzt wolle man das übrige Land bald wieder haben".

Philipp von Burgund war geschockt, schnell sammelten sich die Kabeljaus zum Krieg. Mit feurigen Worten ermutigte auf der anderen Seite Jakobäa die Hoeks: „Endlich komme der Tag der Rettung und Rache. Sie, ein Weib, fürchte keine Ueberzahl der Feinde, ob denn ihre Getreuen zitterten? Siegen müsse man jetzt und auf der Stelle, oder auf immer verderben."

Am 21. Oktober 1425 errang sie einen Sieg bei Alfen. Dieser Tag machte Jakobäa weit über die Landesgrenzen hinaus berühmt. Sogar in London schrie sich das Volk auf den Straßen begeistert zu, dass die „schöne Bayerin" gesiegt habe. Ermutigt verfolgte Herzog Humphrey nun zwei Ziele, für sich selbst die Herrschaft in England und ein Heer für Holland. Beides dauerte jedoch seine Zeit. Inzwischen nahm Jakobäas Macht stetig ab, denn weitere Erfolge und Hilfsgelder blieben aus. Die englische Flotte, die Humphrey geschickt hatte, steckte in den sandigen Untiefen und Sümpfen fest, sodass man sie schließlich aufgeben musste. Philipps Heer errang in Brouwershaven einen großen Sieg und Jakobäas Anhängerschaft schmolz dahin. Aus England konnte sie keine Hilfe mehr erwarten. Allein auf sich gestellt, siegte sie zwar noch einmal glänzend bei Alsen im Mai 1426, jedoch die Erhebung Hoorns und der folgende Kleinkrieg zu Wasser und zu Lande beließen ihr und den Hoeks nur mehr das Gebiet um die Städte Amersfort, Gouda und Sevenbergen. Ein letztes Mal erbat Jakobäa als „arme trostlose Frau" vergebens Hilfe von England, bevor sie sich der Übermacht Philipps nach einem zehn Jahre langen, zähen Kampf beugte.

Im Vertrag von Delft räumte Jakobäa am 3. Juli 1428 dem Herzog von Burgund Mitregierung und Erbrecht ein. Auch durfte sie sich nicht ohne Einwilligung Philipps wieder verheiraten. Jakobäas dritte Ehe mit Herzog Humphrey von Gloucester war inzwischen durch Schiedsspruch der Kirche annulliert worden und dieser schickte sich an, seine Geliebte zur Herzogin zu machen. Da kam es zu einer denkwürdigen Szene im englischen Parlament. Aufgestachelt durch Humphreys Gegner drang eine Gruppe angesehener Damen ins Oberhaus ein und überreichte eine Anklageschrift, in der es hieß: „Es sei die größte Schande von der Welt, daß der Herzog von Gloucester sein eheliches Weib in Kummer und Bedrängniß verderben lasse, während er selbst öffentlich mit einer vornehmen Dirne lebe, was wider Gottes Gebot sei und wider den ehrenwerthen

Stand der Ehe. Wenn die Männer dazu still schweigen, wollten die Frauen reden, auf daß England seinen Protektor, den Herzog, an seine Pflichten erinnere, und seiner heldenmüthigen Gemahlin zu Hilfe komme."

Nach dem Delfter Vertrag blieb Jakobäa zwar Landesherrin, die Regierungsgewalt jedoch besaß nun ihr Vetter Philipp von Burgund. Jakobäa, inzwischen 27 Jahre alt, zog sich nach Den Haag zurück, die Sommermonate verbrachte sie gerne auf der Insel Südbeveland. Hier lebte die Wittelsbacherin mit fürstlichem Glanz, ging zur Jagd, veranstaltete Feste.

Dessen ungeachtet waren ihr kämpferischer Geist, ihr Wille, in ihren Erblanden selbst zu herrschen, nicht gänzlich gebrochen. Noch eine letzte Möglichkeit sah sie: Am 1. Juli 1432 ehelichte Jakobäa heimlich Frank von Borsselen, den Statthalter Herzog Philipps in Holland und Seeland, der zugleich ihr Aufpasser war. Jakobäas neuer Gemahl entstammte einer alten Adelsfamilie und war einer der führenden Köpfe der Kaubeljau-Partei gewesen. Angeblich wurde diese vierte Ehe der 31-jährigen Jakobäa aus Liebe geschlossen. Denn die Fürstin hatte bisher, so meint Löher, „aus der Männerwelt nur glänzende Nieten gezogen." Wohingegen Borsselens gediegener Charakter, seine ruhmvolle Vergangenheit und sein reifes Alter – er war etwa 36 Jahre alt – ihr Vertrauen und Liebe einflößten.

Jedoch ganz so romantisch begründet war diese Vermählung wohl nicht. Denn als Philipp von Burgund von dieser Heirat erfuhr, ließ er kurzerhand den frischgebackenen Ehemann festnehmen. Er fürchtete, dass Jakobäa und ihr Gemahl nun die alleinige Herrschaft über ihre Erblande beanspruchen könnten. Monatelang verhandelte Jakobäa mit Philipp, um das Leben und die Freiheit Borsselens zu retten. Beides gelang durch den Haager Vertrag vom 12. April 1433, in welchem Jakobäa abdankte und ihre Grafschaften offiziell ihrem nächsten männlichen Verwandten, Philipp von Burgund, überantwortete.

Resignierend zog sich Jakobäa mit ihrem vierten Gemahl auf dessen Schloss Teilingen zurück, unterhielt aber mit ihrer Mutter Margarete, die in Quesnoy residierte, weiterhin engen Kontakt. Als Privatfrau füllte Jakobäa ihre Tage mit Schachspielen, erfreute sich am Gesang ihrer drei Hofsänger und ging auf die Jagd. In ihrem Stall standen dreiundzwanzig Pferde, darunter dreizehn Turnier- bzw. Kriegshengste. Die Pferde trugen Namen wie „manke Trude“ und „Kohlmeise“. Ihrem beinahe erblindeten Hengst, dem „fahlen Weysäuser“, gewährte sie das Gnadenbrot.

Nicht lange durfte Jakobäa das müßig-heitere Landleben genießen. Im Sommer 1436 erkrankte sie an der Schwindsucht und starb kurz darauf am 9. Oktober. Jakobäa, die nach ihrem Rückzug aus dem politischen Geschehen den Titel „von Gottes Gnaden Herzogin von Bayern und Holland, Gräfin von Ostervant“ führte, wurde nach dem Willen ihrer Mutter als wahre „Tochter von Holland“ bei ihren Vorfahren in der Kollegiatkirche zu Den Haag beigesetzt. Mit dem Tod der streitbaren Wittelsbacherin fand auch die dynastische Linie der Herzöge von Niederbayern-Straubing-Holland ihr Ende.

Die Protestantin –
Herzogin von Württemberg

SABINA

(1492–1564)

Herkunft und Familie

WITTELSBACH BAYERN

Albrecht III., Hz. v. Bayern-München
ꝏ (1) Agnes Bernauer (erm. 1435)
ꝏ (2) Anna v. Braunschweig-Grubenhagen

↓

(2) zwei Töchter u. vier Söhne:
Johann, Ernst, Sigmund und Albrecht IV., Hz. v. Bayern (1447–1508)
ꝏ Kunigunde v. Österreich (1465–1520)

Schwest v. Max.

↓

- Sidonie (1488–1505)
- Sibylle (1489–1519) ꝏ Ludwig V., Kf. v. d. Pfalz (1478–1544)
- Wilhelm (1493–1550), Hz. v. Bayern ꝏ Jakobäa Maria v. Baden
- Ludwig (1495–1545)
- Susanne (1499–1500)
- Ernst (1500–1560), Administrator d. Fürstbistums Passau u. Salzburg
- Susanne (1502–1543) ꝏ (1) Kasimir, Mgf. v. Brandenburg-Kulmbach ꝏ (2) Ottheinrich, Pfalzgf. u. Hz. v. Pfalz-Neuburg; Kf. v. d. Pfalz (1502–1559)

HABSBURG ÖSTERREICH

Friedrich III., röm.-dt. Kaiser
ꝏ Eleonore, Infantin v. Portugal

↓

Maximilian I., röm.-dt. Kaiser († 1519)

↓

- Karl V., röm-dt. Kaiser
- Ferdinand, röm-dt. Kg.

HAUS WÜRTTEMBERG

Ulrich V. (1413–1480), Gf. v. Württemberg u. Mömpelgard ꝏ (1) Margarethe v. Kleve (1416–144
ꝏ (2) Elisabeth v. Bayern-Landshut (1419–1451)
ꝏ (3) Margarethe v. Savoyen (1420–1479)

→ Eberhard II. (1444–1504), erbt v. seinem Vetter Eberhard im Bart 149 d. Hzgt. Württemberg (abges. 1498)
ꝏ Elisabeth v. Brandenburg (1451–1

↓

Heinrich, Gf. v. Württemberg (1445–1519)
ꝏ (1) Elisabeth v. Zweibrücken-Bitsch (1464–1487
ꝏ (2) Eva v. Salm (1468–1541)

→ (2) Maria (1496–1
ꝏ Heinrich Hz. Braunschweig-Wolfen-büttel

→ (2) Georg, Gf.v. Württemberg (1498–1558)
ꝏ Barbara v. He
(1536–1597)

↓

Friedrich (1557–1608); wird 1593 Hz. v. Württemb
ꝏ Sibylla v. Anh
(1564–1614)
15 Kinder

(1) ↓

SABINA v. Bayern (1492–1564) ꝏ (1511) ULRICH (1487–1550), seit 1498 Hz. v. Württemberg (Württemberg ab 1495 Hzgt.)

→ Anna (1513–1530)

↓

Christoph, Hz. v. Württemberg (1515–1568) ꝏ Anna Maria v. Brandenburg-Ansbach (1526–1589)

↓

12 Kinder: 8 Töchter u. 4 Söhne darunter:
Ludwig, Hz. v. Württemberg (1554–1593) ꝏ (1) Dorothea Ursula v. Baden-Durlach (1559–1583) ꝏ (2) Ursula v. Pfalz-Veldenz-Lützelstein (1572–1635)

↓

Keine männlichen Nachkommen; das Herzogtum geht an Hz. Christophs Vetter Friedrich.

Sie galt als die „ewige Braut“ im Wartestand. Bereits als Sechsjährige hatte Kaiser Maximilian 1498 seine Nichte mit dem neuen Herzog Ulrich von Württemberg, der gerade elf Jahre alt war, verlobt. Die zukünftige Ehe sollte den Einfluss Habsburgs im Reich mehren. Erst 1511 konnte die Hochzeit gefeiert werden, denn Herzog Ulrich hatte es nicht eilig und sein Herz bereits an eine andere Dame vergeben.

Die Pracht des Hochzeitsfestes in Stuttgart war so immens, dass die Zeitgenossen meinten, niemals Ähnliches gesehen zu haben. Es sah aus, als müsse der Stuttgarter Hof sich ganz besonders präsentieren zu dieser ersten Vermählung im Haus Württemberg, seitdem es die Herzogswürde erhalten hatte. Zudem wollte Herzog Ulrich, der seit seinem 16. Lebensjahr regierte, sich würdig einer Nichte des Kaisers erweisen. Böse Zungen meinten allerdings, das wäre die Festivität eines Emporkömmlings gewesen.

Gleich mehrere zeitgenössische Berichte erzählen von der Vermählungsfeier der bayerischen Herzogstochter mit dem jungen Herzog von Württemberg: Die Aristokratie erschien so zahlreich, dass an die 7000 Pferde versorgt werden mussten. Über 350 Damen sah man bei Hofe. Die Wände der Gemächer des Stuttgarter Schlosses waren extra frisch mit Sinnbildern bemalt worden. „Eines derselben war ein großer junger Mann, in bloßem Haupte, mit einem rauhen Gewande, an dessen Saume die Worte standen: Leben und Tod. Auf seiner Stirne las man: Winter – Sommer, an der Seite war das Gewand bis zum Herzen offen, wo die goldenen Worte: Nahe – Ferne.“ Aus Tübingen kam das herzogliche Silbergeschirr, das reich verziert war. Ein Becher zeigte „alle Wappen, so zum Fürstenthum Württemberg gehören, auf dem Lid ein gewapneter Mann in einem Sessel, ein Scepter in der Hand“. Neben der eigentlichen Hofküche mussten noch drei große Küchen errichtet werden, ferner vierzehn weitere bei den Unterkünften der hohen Hochzeitsgesellschaft. Aus einem „schönen Bronnen mit acht Röhren" floss weißer und roter Wein für alle. Allerdings durfte nichts abgezapft werden; man konnte nur nehmen, „denn was einer im Kropf davon getragen". Überall traten Trommler, Pfeifer und Sänger auf, die das Volk zum mitfeiern einluden.

Für die Festtafel waren gekauft worden: „136 Ochsen, 1800 Kälber, 130 Schweine; ferner 570 Kapaune, 1200 alte, 4000 junge Hühner, 2759 Krametsvögel, so wie Pfauen, Gänse, Enten, Feldhühner, Auerhahnen, Tauben. 500 Stücke rothes und schwarzes Wildpret, 450 Hasen lieferten die Wälder; an Fischen waren da: Salmen und Lachs 11 Tonnen, Rheinfische 5 Tonnen, Hechte 150 Eimer, Karpfen 650 Centner, Häringe 90 Tonnen, Forellen, Aale, Grundeln, Krebse usw.; Gewürz 36 Pf(und) Ingwer, 120 Pf. Nägelein (Nelken), 40 Pf. Safran, 35 Pf. Süßholz; Confekt, getrocknete Früchte u. dgl. besorgte der Apotheker Bensel von Tübingen. Man verwendete zu Kerzen 3600 Pf. Wachs und 4000 Pf. Unschlitt. Der Kastkeller hatte für die Pferde, neben einer unzähligen Menge von Heu und Stroh, 6000 Scheffel Haber aufgehäuft."

Überall im Land waren junge Männer zur Bewachung, Bedienung und Versorgung von Mensch und Tier angeworben worden. Allein 800 Knechte wurden mit roten Tuch-Hosen und Wämsern ausgestattet. Die zahlreichen Gäste konnten nicht im Schloss untergebracht werden. So logierte der Bruder der Braut, Herzog Wilhelm von Bayern, beim herzoglichen Rath Sebastian Welling, andere im Gasthaus „Maulbronner Hof", Kurfürst Friedrich von Sachsen stieg beim Apotheker Cyriacus ab, auch das Haus des Landschreibers und die anderer Amtsinhaber und Bürger beherbergten hohe Gäste und die Geistlichkeit.

Herzog Ulrich ritt seiner Braut entgegen, gekleidet in ein rotes Gewand und rote bestickte Beinkleider, gegürtet mit einem kostbar besetzten Degen in einer vergoldeten Scheide; er trug einen breitrandigen roten Hut samt Federbusch auf dem Kopf und silberne Halbstiefel mit Sporen „vom feinsten Golde". So traf er, umgeben von einer stattlichen Begleitung zu 1000

Pferden und 13 adeligen Jünglingen in weißen Damast-Gewändern, auf der Brag zwischen Feuerbach und Zuffenhausen mit seiner Braut zusammen, die ebenfalls in Rot gekleidet war. Der Bräutigam konnte der Braut gefallen: Sein stattliches Aussehen, der starke Körperbau, die grauen dennoch feurigen Augen und sein krauses Blondhaar, das hie und da ins Rötliche ging, unterstützen seine Attraktivität. Sabina, die Braut, war – wie der Chronist vermerkt – „ein schöne grade Frau". Mit ihrem hohen Wuchs überragte sie gar manchen Mann. Unter Musik und Freudenjubel umarmte sich nun das Brautpaar, setzte dann seinen Weg über den Stuttgarter Marktplatz zur Kirche fort. Hier gaben sie sich das Ja-Wort. Anschließend zog die Festgesellschaft zum Schloss. Unter Zeugen bestiegen die Neuvermählten nun das Prachtbett, „um der Feierlichkeit der Beschlagung der Decke Genüge zu leisten", wie dies Ulrichs Biograf Heyd 1841 formulierte. Beide erhoben sich danach wieder und luden zu Tisch. Mit Musik, Gesang und Tanz wurde der Hochzeitstag beendet.

Tags darauf überreichte der frischgebackene Ehemann seiner Frau, im Beisein ihrer Brüder, die Morgengabe. Ulrich schenkte ihr Schmuck und Edelsteine im Wert von 2000 Kronen, zudem erhielt Sabina die Städte Waiblingen und Winnenden. Nach dem Kirchgang – drei Grafen mussten dabei die Schleppe der neuen Herzogin tragen – kehrte der Hochzeitszug unter Trompetenschall ins Schloss zurück und widmete sich einem üppigen Mahl, das von 50 Künstlern mit Musik und Gesang begleitet wurde. Den fürstlichen Gästen wurde serviert: „Erstlich Kapaunen mit ganzem Imber in einer Brühe, dazu Rettig. 2. Gesotten heiß Hecht. 3. Ein Vorgebratenes von Spanferkeln. 4. Ein grün Kraut darin verguldt Vögel. 5. Schweinen Wildprett in einer Rosinbrühe. 6. Eingemacht Grundeln. 7. Ganz gebratene Rehe, dazu ein weiß und braun Sauce. 8. Gebrennte Kuchen und Pasteten von Mandel gemacht. 9. Ein Wildprett von einem Reh in einem Pfeffer. 10. Eine Sulz von jungen Spanferkeln. 11. Krebs. 12. Sulz von Fischen. 13. Ein Gebratenes von Kapaunen, Vögeln und Anderem." Für die weiteren adeligen Gäste, wie Ritter und Grafen, gab es eine eigene Speisenfolge mit elf Gängen.

Am Nachmittag überreichte die Hochzeitsgesellschaft dem Brautpaar ihre Geschenke; die Vertreter des Landes, d. h. der Städte und Ämter, sowie die Köster und Stifte gaben ein reich ausgestattetes Silbergeschirr im Wert von 8527 fl. Im Gegenzug wurden die Schenkenden mit Blumenkränzen und -sträußen geschmückt. Ein Morgenkonzert von zwanzig Trompetern lud am nächsten Tag zum Mittagessen, und den Tag darauf begann das Turnier. Jeden Abend beschloss man mit Musik und Tanz, wozu Konfekt und Wein gereicht wurden. Nach einem Ruhetag traten die Hochzeitsgäste die Heimreise an.

„Man hatte hoch gelebet und herzoglich geglänzt", meint der Historiker Heyd. Aber nicht überall fand dieser Aufwand Gefallen, wie man folgendem Urteil entnehmen kann: „Der überaus köstliche Geschmuck bei'm Tanz, Rennen und Stechen, Tag und Nacht, das übermäßig Silbergeschirr, die mehr dann stattliche Tractation, auch in allen Häusern der ganzen Stadt, ist männiglich eine Verwunderung gewesen, indem auch mehr überblieben, denn etwa anderer Orten, da Banqueten gehalten, dergleichen gebraucht worden; also daß viele dafür gehalten, daß man diesen unmenschlichen Kosten ein ganzes Land sollte verthun haben." In Stuttgart mit seinen damals etwa 6000 Einwohnern waren tagelang 7000 Pferde versorgt und 16 000 Menschen untergebracht und verpflegt worden. Und das zu Zeiten immenser Teuerungen in einem bereits verschuldeten Land.

Die Not der Bevölkerung fand denn auch ihren Ausdruck im Aufstand des „Armen Konrad". 1514 erhoben sich die Bauern im Remstal. Sie protestierten gegen Steuererhöhungen, Verschlechterung der Maßeinheiten und Einschränkungen der allgemeinen Feld- und Waldbenutzung. Unterstützung fanden sie bei Taglöhnern und einigen Städten, sodass es bald in weiten Teilen des Landes unter dem Zeichen des „Bundschuh" rumorte. Ihr unblutiger Protest wurde blutig niedergeschlagen. Herzog Ulrich zeigte sich von seiner gnadenlosen Seite. Etwa 1700 Menschen wurden gefangengesetzt, gefoltert und zahlreiche hingerichtet.

Prächtig gefeiert, trat Sabina in die Ehe, welche jedoch trotz dieses anfänglichen Glanzes bald ein unrühmliches Ende finden sollte. Denn nunmehr stießen zwei Menschen aufeinander, deren Eigensinn und Temperament sich nicht vereinbaren ließen.

Der junge Ehemann, ursprünglich auf die Namen Eitel Heinrich getauft, hatte bei seiner Firmung 1493 den Namen Ulrich erhalten. Geboren im elsässischen Reichenweier am 8. Februar 1487 als Sohn des Grafen Heinrich von Württemberg und dessen Gattin Elisabeth von Zweibrücken-Bitsch, wurde er als Halbwaise von Eberhard im Bart in die Residenz nach Stuttgart geholt und wuchs dort bei seinem Onkel auf. Ulrichs Mutter war bei seiner Geburt gestorben und der geistig gestörte Vater auf Hohenaurach weggesperrt. 1498 setzten der Kaiser und die württembergischen Stände Herzog Eberhard II. ab und den erst 11-jährigen Ulrich an dessen Stelle ein. Die Regierungsgeschäfte übernahmen ständische Vertreter, bis 1503 Kaiser Maximilian I. den 16-Jährigen frühzeitig für volljährig erklärte. Die Erziehung des jungen Herzogs hatte unter diesen tragischen familiären Umständen stark gelitten, seine Ausbildung war sträflich vernachlässigt worden. Er liebte die Jagd und die Prachtentfaltung, neigte zu einem rücksichtslosen Egoismus, begegnete den Menschen mit Misstrauen, Trotz und Starrsinn sowie ungehobeltem Benehmen und zügellosen Temperamentsausbrüchen. Davor war Sabina bereits als Verlobte gewarnt worden, wie sie selbst später (1515) zugab: „Wiewol wir von treffenlichen personen treulich gewarnet, uns vor dem handtstreich und beyliegen seiner Lieb ungeschickten wesens halb zu verhueten."

Die bayerische Herzogstochter hatte in ihren Kinderjahren die vorbildliche Ehe ihrer Eltern erlebt. Herzog Albrecht hatte sich im Alter von 40 Jahren mit der 22-jährigen Kaisertochter Kunigunde vermählt. Aus dieser Verbindung waren acht Kinder hervorgegangen, fünf Töchter und drei Söhne. Als Drittgeborene kam Sabina am 24. April 1492 in München zur Welt. Danach ihr Bruder Wilhelm (1493), der auch nach dem Vater das Herzogtum regierte, allerdings zunächst unter Vormundschaft. Denn Herzog Albrecht IV. starb bereits am 18. März 1508 und seine Witwe zog sich zu den Klarissinnen ins Münchner Pütrichkloster zurück. Sabinas Mutter wird vom Chronisten wegen „irer schonhait" und ihrem „hochen verstand" gepriesen, ebenso wegen ihrer Frömmigkeit: „sy was (...) gar andächtig und des gebeths ain liebhaberin." In manchem soll Sabina ihr geglichen haben.

Nur vier Jahre währte das Zusammenleben des herzoglich-württembergischen Paares, denn ihre Ehe gestaltete sich schwierig bis katastrophal. Ulrich behandelte seine fürstliche Gemahlin rüde, wurde sogar handgreiflich. Sabina gab in heftigen Wortgefechten nicht klein bei. Sie war keine Dulderin, nicht sanftmütig und nachgiebig, wie es dem damaligen Frauenbild entsprach, sondern selbst- und standesbewusst. Schuldzuweisend meint der Historiker Heyd in seiner Biografie von 1841 dazu: „Aber Sabina, körperlich größer, als mancher Mann, war unweiblich, stolz und zu eigensinnig, um nachgeben zu können, aufbrausend und scharf mit der Rede, auch gegen Männer. (...) Wie sollte es einer Gattin ohne einnehmendes Wesen mit einem Charakter von Ulrichs Art gelingen, und wie ihm in der Ehe erst Zuneigung zu einer solchen Gemahlin entstehen!"

Aber Herzog Ulrich tat nicht nur seiner Gemahlin Gewalt an, sondern auch seinen Freunden. So ermordete er den Stallmeister Hans von Hutten, da er selbst Gefallen an dessen junger Frau gefunden hatte. Der Streitigkeiten müde, setzte sich Sabina schließlich aus der Stuttgarter Residenz nach Urach ab, zumal auch sie um ihr Leben fürchtete. Nun stand sie unter dem Schutz des bayerischen wie kaiserlichen Rates Dietrich Spät (Speth), dem reichsten Adeligen in Württemberg. Er war der Familie Hutten verwandtschaftlich verbunden, was ihn zu einem Gegner Ulrichs machte.

Mit der Zeit wurde das Ehedrama öffentlich, denn die Herzogin suchte Unterstützung bei ihrer Mutter, ihrem kaiserlichen Onkel und bei ihren Brüdern in Bayern. Kaiser Maximilian ermahnte Herzog Ulrich zunächst noch väterlich und hielt ihm vor, dass er Sabina „mit Drohen und Scheltworten, auch einmal oder zweimal mit Streichen hart und übel gehalten". Ein anderer Chronist übermittelt sogar, „dass er (Ulrich) das Schwert, mit dem er Hutten erstochen, an dem Schlafbett gehabt, und ihr

(Sabina) damit gedroht habe." Dies verneinte der Herzog jedoch 1519 in einem Brief entschieden und gab zu bedenken: „(...) wiewol sie uns zum dickermaln durch ir überschwengklich, yppig, zornig, heiß reden und reitzungen vilfaltiglich verursacht hat, und etwan so gar, das wir fernern unlust zwischen uns zuverhütten soe treuwlich, freuntlich und tugentlich dafür gewarnet und gepetten, das sie aber alles verachtet und uns darüber noch mer gereitzt sovil das wir uns zu enthalten vilmal von ir vom bett müssen uffstehn und hingehn, das wir dannocht abermals one streich, fluch, und scheltung gethon, dann allein ein einigs mall, sie uns so übermessig bewegt, das wir sie mit der hant geschlagen, und dannecht nit zu hart."

Gegen diese Aussage standen die Klagen der Herzogin, die sie sowohl vor der Landschaft wie auch 1516 vor dem Kaiser führte: Ihr Gemahl habe sie jämmerlich geschlagen und gestoßen „unter anderer grausamer Erzeigung zu der Erden, in mein Angesicht, zu meinem Herzen und sonst auch, auf einen Arm, daß ich etlich Zeit in einer Schlinge hab tragen müssen, mit den und dergleichen grausamen Worten: es muß geschlagen seyn, und das seye nur Vorbott; so er mich hernach mehr schlage, wolle er mich zu tod schlagen" – und damit ohnmächtig auf der Erden liegen lassen. Auch habe er mehrmals, „so er Nachts bey mir gelegen, ein blos Schwert neben sich gelegt und viel andere mehr Grausamkeit erzeigt", worüber sie aus „fräulicher fürstlicher Zucht willen" nicht sprechen könne. Der Kaiser verhängte über Herzog Ulrich die Reichsacht wegen des Mordes an Hutten und ermahnte ihn, seine Gemahlin standesgemäß zu behandeln. Allerdings ohne Wirkung.

Trotz dieser Ehehändel brachte Herzogin Sabina zwei Kinder zur Welt: Zunächst im Alten Schloss zu Stuttgart am 30. Januar 1513 die Tochter Anna und am 12. Mai 1515 im Stadtschloss zu Urach den Sohn und Erben Christoph. Anna wird unverheiratet 1530 sterben, „an der pestilentz" oder, wie auch vermutet wurde, „an Gifft so ihr in einem Rebhuhn solle beygebracht worden seyn". Allerdings wütete 1530 die Pest dermaßen, dass allein in Stuttgart 1500 Menschen daran zugrunde gingen. Man nannte die Pest von 1530 daher auch „den grossen Sterbet". Annas Leichnam wurde in Güterstein beigesetzt und 1554 in die Stiftskirche St. Georg nach Tübingen überführt. Dabei öffnete man ihren Sarg und fand „hochlobliche Fürstin und freulin onverwesen und nach gelegenheit noch gantz in ein schwartz wullen Duch gewickelt" vor.

Herzogin Sabina trug sich schon lange mit dem Gedanken, ihren Gemahl und das Herzogtum gänzlich und auf immer zu verlassen. Als nun Herzog Ulrich ihr befahl, mit den Kindern wieder von Urach nach Stuttgart zu kommen, bangte Sabina um ihr Leben, zumal sie sich inzwischen mit oppositionellen Kräften zusammengetan und die Ablösung des Herzogs durch ihren Sohn Christoph unter einer vormundschaftlichen Regierung gefördert hatte. So floh sie mit Hilfe Späts Nächtens aus Nürtingen, wo sie die Herzoginwitwe (Elisabeth von Brandenburg) besucht hatte. Ihr heimliches Entkommen beschreibt die Historikerin Sauter: „So konnte die mit Billigung des Kaisers geplante Flucht zur Ausführung kommen. Am 24. November 1515, abends 9 Uhr, schlich die Herzogin mit ihrer Hofmeisterin und einer ‚Jungfrau' (Jungfer) zum Schloß hinaus. Ihre beiden Kinder und ihre jugendliche Schwester Susanne ließ sie zurück. Vor den Toren der Stadt hielt Dietrich Spät mit andern Rittern (...), die alle erbitterte Gegner des Herzogs waren. Ihr Weg führte sie über Ehingen a. d. Donau, wo sie bei dem Schwager und Vetter Späts, dem kaiserlichen Rat Renner, einkehrten." Als Herzog Ulrich von der Flucht seiner Frau hörte, ließ er auf allen Straßen „seine Knechte nach der Entflohenen Ausschau halten". Ein Brief Sabinas wurde abgefangen, in dem sie die Herzoginwitwe bat, für ihre Kinder und ihre Schwester zu sorgen. Auf des Kaisers Befehl wurde Herzogin Sabina von Ehingen nach München zu ihrer Mutter und ihren Brüdern geleitet; ihre Schwester Susanne sollte nachkommen, die Kinder allerdings blieben von der Mutter vorerst getrennt.

Über die Flucht seiner Gemahlin gerieten Herzog Ulrich und Kaiser Maximilian, der seine Mithilfe immer bestritt, aneinander. Als der Kaiser 1519 starb und ein momentanes Machtvakuum hinterließ, überfiel Ulrich die kaiserliche Reichsstadt Reutlingen, um diese Württemberg einzuverleiben. Das rief den „Schwäbischen Bund“, in dem sich schwäbische Reichsstädte wie auch die Kurfürsten von der Pfalz, Mainz und Trier sowie Bayern zusammengeschlossen hatten, auf den Plan. Sie besiegten Ulrich, der damit sein Herzogtum verlor. Die herzoglichen Kinder gerieten in die Hände des Schwäbischen Bundes. Württemberg kam nun an die Habsburger (bis 1534), sehr zum Leidwesen der Brüder Sabinas, die dort gerne ihren Neffen Christoph unter ihrer Vormundschaft zum Regenten gemacht hätten. Vor allem der bayerische Kanzler Leonhard von Eck wünschte, über den unmündigen Christoph die Machtposition seines Herzogs, Wilhelm von Bayern, auszubauen. Mehrmals versuchte der vertriebene Ulrich, der sich in seiner Grafschaft Mömpelgard aufhielt, Württemberg zurückzugewinnen. Er wollte sich sogar 1525 mit den sich erhebenden Bauern verbinden – jedoch ohne Erfolg. In diesen Jahren bis 1534 hielt sich Ulrich in Mömpelgard, in der Schweiz und in Hessen bei Landgraf Philipp auf.

Inzwischen lebte Sabina in München im Familienkreis und kämpfte um den ihr zustehenden Unterhalt. Obwohl Kaiser Maximilian noch bestimmt hatte, dass Ulrich ihr eine angemessene Summe zahlen sowie Kleider, Schmuck, Silbergeschirr und alles was ihr zugehörig zukommen lassen solle, blieben die Zahlungen aus. So setzten sich Streitigkeiten und Anschuldigungen über Jahre hinweg fort. Die Vormundschaft über Sabinas und Ulrichs Kinder hatten inzwischen Herzog Wilhelm von Bayern und der Enkel des verstorbenen Kaisers, der zukünftige Kaiser Karl V., übernommen. Anna und Christoph waren jetzt bei ihrer Mutter Sabina in München untergebracht.

Herzogin Sabina kehrte, nachdem Ulrich des Landes vertrieben war, 1519 wieder nach Württemberg zurück. Am 15. April residierte sie in Stuttgart, im Juni bis August besuchte die Herzogin Tübingen und im September Ulm. Dann nahm Sabina Wohnung in Urach, wo auch ihr treu ergebener Dietrich Spät lebte. Diese Freundschaft gab zu Gerüchten Anlass, so dass die Parteigänger Ulrichs schmähten: „Sie wollen nicht von Huren und Buben regiert sein.“

Herzogin Sabina versuchte jedoch alles, das Herzogtum für ihren Sohn Christoph zu erhalten. So setzte sie sich persönlich dafür auf den Bundestagen zu Eßlingen (24. Mai 1519) und zu Nördlingen (12. Juli 1519) sowie auf dem Landtag zu Stuttgart ein. Auch schrieb sie an die Fürsten des Reiches, dass es doch rechtmäßig sei, wenn der Erbe des Landes mit Württemberg belehnt werde. Allerdings kam Württemberg im Februar 1520 an den Habsburger Kaiser Karl V., der dem Schwäbischen Bund die Erstattung der Kriegskosten von 220 000 Gulden versprochen hatte. Herzogin Sabina erhielt ihr Wittum zugesprochen, Anna durfte bei der Mutter in Urach verbleiben und Christoph kam nach Innsbruck an den Hof von Erzherzog Ferdinand, den kaiserlichen Bruder und späteren römisch-deutschen König. Ferdinand wurde 1522 zum Statthalter von Württemberg ernannt und 1530 mit dem Herzogtum belehnt.

Gerne hätte der neue Herzog die ehemalige Herzogin aus Württemberg entfernt, zumal Sabina nicht müde wurde, für ihren Sohn Christoph zu werben, mit dem sie in regem Briefkontakt stand. 1530 konnte Christoph seine Mutter sogar in Urach auf der Durchreise zur Königskrönung Ferdinands in Köln besuchen. Kaiser Karl V. fand Gefallen an Christoph und behielt ihn zwei Jahre lang in seinem Gefolge. 1532 zog er mit Karl und Ferdinand nach Wien, um den Türken entgegenzutreten. Christoph war immer in Geldnöten, wie die Briefe an seine Mutter beweisen. Als Kaiser Karl V. über Italien nach Spanien reiste und Christoph mit sollte, fürchtete dieser, dort hinter Klostermauern für immer zu verschwinden. Auf diese Weise wäre der legitime Erbe des Herzogtums Württemberg ausgeschaltet gewesen. Deshalb floh er in Begleitung seines Lehrers und Vertrauten Michael Tiffernus, Professor der Philosophie und der griechischen Sprache, zu seinen Onkeln nach Bayern, die ihn versteckt hielten. 1534 suchte Christoph sich mit seinem Vater Ulrich zu verständigen. Dieser jedoch schickte ihn an den französischen Hof, da er seinem Sohn nicht traute. Erst im Mai 1542 schloss Herzog Ulrich mit ihm einen Vertrag in Reichenweier, in dem er Christoph die linksrheinische Grafschaft Mömpelgard übertrug und ihn als Erben Württembergs einsetzte.

Als Sabinas Gemahl, Herzog Ulrich, durch seinen Sieg bei Lauffen am 13. Mai 1534 wieder das Herzogtum Württemberg in Besitz nahm, musste Sabina neuerlich flüchten. Zunächst nach Weingarten, dann wohnte sie drei Jahre in Bregenz (1534–1537) und schließlich begab sie sich 1538 zu ihren Brüdern nach Bayern. Nun war Sabina wieder eine Herzogin im Exil und 16 Jahre lang gänzlich auf die Unterstützung ihrer Brüder Wilhelm, Ernst und Ludwig angewiesen. Zuerst sollte sie im Alten Hof zu München wohnen. Am 25. April 1538 kaufte die Herzogin jedoch für 300 Gulden, die sie von ihrem Bruder Ernst erhielt, das „Schwarzenbergsche Haus", im Juli 1539 baute sie neu, ehe sie nach Landshut zu ihrem Bruder Ludwig zog.

Herzog Ludwig war unverheiratet und krank. Seine Schwester Sabina umsorgte ihn in seinen letzten Lebensjahren als Ärztin, Apothekerin und Köchin, wie der Historiker Riezler in seiner „Bayerischen Geschichte" anführt. Sabina hatte mit Ludwig, ihrem Lieblingsbruder, schon immer in vertrauter Weise korrespondiert. Sie besprachen in ihren Briefen politische und gesundheitliche Probleme. Wie auch später während ihres Witwenaufenthaltes in Nürtingen überliefert wird, kannte sich Sabina in der Herstellung und Anwendung von Medizinen aus. Zahlreiche Rezepte mit Heilkräutern und Beeren, von Pülverchen und „prentenwein" (Branntwein) notierte sie.

Als Herzog Ludwig am 21. April 1545 starb, kam es zum Streit um das Erbe zwischen Sabina und ihrem Münchner Bruder Herzog Wilhelm. Denn Sabina wähnte sich im Recht, einen Teil der Hinterlassenschaft zu beanspruchen. Inzwischen 53 Jahre alt und in ungesicherten Verhältnissen lebend, sah Sabina darin eine Chance, sich wieder auf eigene Beine zu stellen. Als ihr die herzoglichen Kommissare das Erbe entzogen, soll sie außer sich vor Wut und Enttäuschung ausgerufen haben, „es sey ein hund bis in 30 jar schlafen gelegen", den sie nun aufwecken wolle. Jetzt strebte sie die Nichtigkeitserklärung des Vertrags von 1511 an, den sie vor ihrer Heirat unterzeichnet hatte. Darin verzichtete sie auf alle Erbansprüche aus dem Nachlass ihres Vaters.

Immer schärfere Formen nahmen die folgenden Auseinandersetzungen an, sodass Sohn Christoph seiner Mutter riet, doch nach Überlingen, Konstanz oder Lindau zu ziehen. Schließlich ließ Herzog Wilhelm seine Schwester ergreifen und in der Neuen Residenz zu München „im stiblin bey der stiegen" einsperren. Sechzehn lange Wochen musste Herzogin Sabina in Beugehaft zubringen. Krank und schwach „vom gestank und unlust" bekräftigte sie letztendlich am 16. September 1545 mit Unterschrift und Siegel ihren Verzicht aus dem Jahre 1511. Erst dann wurde sie aus ihrem Gefängnis entlassen, worum auch ihr Sohn Christoph schriftlich gebeten hatte.

Am 6. November 1550 starb Herzog Ulrich in Tübingen und Christoph folgte ihm in Württemberg nach. Erst Tage später erfuhr Sabina vom Tod ihres Gemahls; nun war sie Witwe und hatte ihren Ehemann seit 35 Jahren nicht mehr gesehen.

Als Mutter des neuen Herzogs kehrte Sabina nach Württemberg zurück und nahm ihren Wohnsitz in Nürtingen. Dort unterhielt sie einen kleinen Hofstaat und lebte – wie berichtet wird – recht bescheiden, obwohl ihr Sohn sie ausreichend mit Geld und allem Nötigen versorgte. Dreiviertel ihrer Einnahmen soll Sabina an Arme und Bedürftigen gegeben haben. Sie war bis zu ihrem Ableben „mit Religionsübungen und Werken der Wohltätigkeit beschäftigt". So wandelte sie 1555 zwei Kaplaneistiftungen der Klöster Zwiefalten und Marchtal in Almosen zugunsten der Armen um. 1554 kaufte sie den letzten zwei Beginen von Waiblingen das Haus mit Garten und Zubehör ab, ließ sie weiter darin wohnen und übergab ein Jahr später das Schwesternhaus sowie Bargeld der Stadt Waiblingen zur Unterstützung der armen Leute.

In Nürtingen besaß Sabina eine eigene Kapelle. Im Jahre 1552 trat die bayerische Wittelsbacherin öffentlich zum Protestantismus über. Schon Jahre vorher war sie mit dem Luthertum und dem Zwinglianismus in Berührung gekommen. Ein Chronist überliefert, dass sie nun ihre evangelischen Schriften und Bücher nicht mehr verstecken müsse. Sabina neigte zunächst der Lehre Zwinglis und Calvins zu, bis Herzog Christoph ihren Pfarrer Hagen zwang, das lutherische Bekenntnis zu unterschreiben, wie überhaupt im Herzogtum Württemberg die lutherische Reformation durchgesetzt wurde.

Im Nachlass Sabinas fand sich ein zwinglianisches Büchlein, in dem sie eigenhändig über das Abendmahl bemerkte: „Wer nun den leyb Chrysty im nachtmal essen und sein pluet warhaftig tryncken wyll, der mueß gelauben, das Chrystus seinen leyb und pluet für in gegeben hab zu vergebung seiner synden, damit nun ein yeder solchs dester stercker gelauben myg, so hat Crystus brot und wein zu dem wort gestyftet und geordnet und die seinen leyb und pluet genemet, nemlich das er einem yeden sych damit und alle seine guetthaten ybergebe und versygle." In diesen Worten zeigt sich Sabinas zwinglianisches Verständnis des Abendmahls, das im Gegensatz zum lutherischen Brot und Wein als Erinnerungszeichen für Leib und Blut Christi auffasst und nicht wie im lutherischen Glauben als persönliche Anwesenheit Christi in Brot und Wein. Sabina besaß eine umfangreiche Bibliothek; das erst 1635 erstellte Verzeichnis ihrer „liberei" enthält 90 Titel, darunter einige Schriften der Reformatoren.

Herzog Christoph war 1544 die Ehe mit der lutherischen Anna Maria von Brandenburg-Ansbach eingegangen. Zwölf Kinder gingen aus dieser Verbindung hervor. Sabina erlebte noch die Geburt von acht Enkelinnen und vier Enkeln. Allerdings kam diese Linie des Hauses Württemberg bald an ihr Ende. Bereits Sabinas Enkel Ludwig (1554–1593), der seinem Vater im Herzogtum nachfolgte, hatte keinen männlichen Erben mehr, und so ging Württemberg an den noch lebenden Vetter seines Vaters namens Friedrich und dessen Nachkommen über.

Noch einmal stritt Sabina um ein Erbe: Als ihr jüngster und letzter Bruder Ernst im Dezember 1560 starb, war sie allein von allen Geschwistern noch am Leben. Wieder erhob sie als nächste Blutsverwandte Anspruch auf die Hinterlassenschaft, die ihr Neffe Herzog Albrecht V., der Sohn ihres Bruders Wilhelm, ebenfalls forderte. Der Erbschaftsprozess zog sich in die Länge, so dass Sabina eine Woche vor ihrem Tod wegen ihres „hoch alter, große und täglichs wachsende leibs blödigkait" ein beschleunigtes Ende anmahnte.

Am 30. August 1564 wurde Sabina um 9 Uhr „von der Gewalt Gottes getroffen", das heißt von einem Schlaganfall. Man brachte sie zu Bett und rief den Pfarrer. Noch war sie bei vollem Bewusstsein und konnte sprechen. Um 1 Uhr mittags entschlummerte Sabina, Herzogin von Württemberg, geborene Prinzessin von Bayern, so leicht und leise, dass die Anwesenden ihr Hinscheiden kaum bemerkten. In der Stiftskirche zu Tübingen fand sie neben ihrem Gemahl Ulrich wenn schon nicht den irdischen, so doch den himmlischen Frieden. Sohn Christoph starb nur vier Jahre nach seiner Mutter 1568 im Alten Schloss zu Stuttgart. Er wurde als milder, friedliebender Fürst betrauert, als gütiger und genialer Regent sowie als Verteidiger des Protestantismus gerühmt. Seine Büste fand Aufnahme in der Walhalla bei Regensburg und die deutschen Patrioten feierten ihn als „Deutscher Fürsten Muster", als „Vater, Freund, Hirt und Erleuchter seines Volkes".

Die Töchter des Winterkönigs

ELISABETH
Fürstäbtissin von Herford

(1618–1680)

LOUISE HOLLANDINE
Äbtissin von Maubuisson

(1622–1709)

HENRIETTE MARIE
Fürstin von Siebenbürgen

(1626–1651)

SOPHIE
Kurfürstin von Hannover

(1630–1714)

Herkunft und Familie

PFALZ-SIMMERN

Ludwig VI. (1539–1583)
ꝏ Elisabeth v. Hessen
(1539–1582)

(2) Friedrich IV., Kf. v.
d. Pfalz (1574–1610)
ꝏ Louise Juliane v.
Oranien (1576–1644)

ORANIEN

Wilhelm v. Oranien (1533–1584)
ꝏ (1) Anna v. Sachsen ꝏ (2)
Charlotte v. Bourbon-Montpensier (1547–1582) ꝏ (3) Louise v.
Coligny (1555–1620)

(2)

(1) Moritz (1567–1625)
(3) Friedrich Heinrich
(1584–1647)
ꝏ Amalia v. Solms

STUART

Maria Stuart, Kgin. v. Schottla

Jakob I. Kg. v. England u.
Schottland (1566–1625) ꝏ Anr
v. Dänemark (1574–1619)

Heinrich Stuart
(1594–1612)
Karl. I., Kg. v. Engla
(1600–1649)

FRIEDRICH V., Kf. v. d. Pfalz, Kg. v. Böhmen (1596–1632) ꝏ Elisabeth Stuart (1596–1662)

- Heinrich Friedrich (1614–1629), bei einem Schiffsunglück ertrunken
- Karl I. Ludwig, Kf. v. d. Pfalz (1617–1680) ꝏ Charlotte v. Hessen-Kassel (1627–1686)
  zwei Kinder: Karl II., Kf. v. d. Pfalz (1651–1685) ꝏ Wilhelmine Ernestine v. Dänemark (1650–1706); keine Kinder (Ende der zweiten pfälz. Kurlinie (Simmern) im Mannesstamm), und Elisabeth Charlotte, gen. Liselotte v. d. Pfalz (1652–1722) ꝏ Philipp, Hz. v. Orléans (1640–1701)
- **ELISABETH** (1618–1680), Fürstäbtissin v. Herford, Gelehrte
- Rupert/Ruprecht (1619–1682), hohe militär. Ämter in England, 1646 enthoben u. verbannt; Freibeuterei 1651/52; erneut engl. Seekommando 1665–67/ 1672–74; erster Gouverneur der Hudson Bay Company; Mitglied der Royal Society ꝏ (morganatisch) Franziska v. Bellamont († 1708), *beider Sohn:* Dudley Bard († 1686); natürl. Tochter: Ruperta Howe (1673–1740)
- Moritz (1621–1654), militär. Laufbahn, 1654 auf See verschollen
- **LOUISE HOLLANDINE** (1622–1709), Äbtissin v. Maubuisson (kath. 1658), Malerin
- Ludwig (1624–1625)
- Eduard (1625–1663), kath. 1645 ꝏ Anna Gonzaga (1616–1684), T. v. Hz. Karl I. von Nevers; *drei Töchter:* Luise-Marie, Fstin. v. Salm-Wild; Anne-Henriette-Juliette, Hzin. v. Enghien; Benedicte-Henriette, Hzin. v. Braunschweig-Lüneburg (ihre Tochter Wilhelmine Amalie ehel. 1699 den späteren Kaiser Joseph I.)
- **HENRIETTE MARIE** (1626–1651) ꝏ Sigismund Ragoczi, Fst. v. Siebenbürgen († 1652)
- Philipp (1627–1650), militär. Laufbahn, gefallen in lothring. Diensten 1650 bei Rethel
- Charlotte (1628–1631)
- **SOPHIE** (1630–1714), die Erbin v. England ꝏ Ernst August, Kf. v. Hannover (1629–1698)
- Gustav (1632–1641)

sieben Kinder, darunter:

Georg I., Kg. v. England (1660–1729)
ꝏ Sophie Dorothea (1666–1726)

Sophie Charlotte (1668–1705)
ꝏ Friedrich I., Kg. v. Preußen
(1657–1713)

Georg II., Kg. v. England
(1683–1760)

Sophie Dorothea (1687–1757) ꝏ Friedrich Wilhelm I.,
Kg. v. Preußen (1688–1740)

Friedrich II., der Große,
Kg. v. Preußen (1712–1786)

Die Töchter des Winterkönigs

Ihr Vater war eine tragische Figur. Im November 1619 zum König von Böhmen im Prager Veitsdom gekrönt, verlor er bereits im November 1620 seinen Thron. Man nannte ihn daher den „Winterkönig". Es war der Beginn des Dreißigjährigen Krieges in Europa. Ausgelöst 1618 mit einem Skandal: Eine Versammlung evangelischer Stände stürzte die königlichen Räte aus einem Fenster der Burg zu Prag, erhob sich gegen ihren katholischen König Ferdinand von Habsburg und wählte den protestantischen Kurfürsten von der Pfalz zum neuen König von Böhmen.

Kurfürst Friedrich V. von der Pfalz war gerade 23 Jahre alt und bereits das Haupt der protestantischen Union. In der Schlacht am Weißen Berg entschied sich sein Schicksal. Der bayerische Vetter Herzog Maximilian und die katholische Liga trugen den Sieg davon. Samt Gemahlin Elisabeth Stuart musste der Winterkönig aus Böhmen fliehen und ins Exil nach Den Haag gehen, wo sie schließlich von Friedrichs mütterlicher Verwandtschaft freundlich aufgenommen wurden. Herzog Maximilian erhielt zum Dank für seine militärische Unterstützung die Kurwürde zuerkannt, auch fiel die Oberpfalz an Bayern und verblieb dort.

Eltern und Brüder

Im niederländischen Exil erweiterte das böhmische Ex-Königspaar seine Familie, bald zählte der Nachwuchs dreizehn Köpfe: Insgesamt kamen acht Söhne und fünf Töchter zur Welt. Vier Kinder starben früh: Der erstgeborene Heinrich Friedrich erreichte das fünfzehnte Lebensjahr und ertrank 1629 bei einem Schiffsunglück, Ludwig wurde ein Jahr, Charlotte gerade zwei und Gustav neun Jahre alt. Übrig blieben: der Erbprinz Karl Ludwig sowie seine Brüder Rupert, Moritz, Eduard und Philipp, zudem die Schwestern Elisabeth, Louise Hollandine, Henriette Marie und Sophie.

Wie damals üblich, wurden die Kinder getrennt vom Haager Hof der Eltern im sogenannten Prinzenhof zu Leiden kalvinistisch und „ganz nach deutscher Art" erzogen. Für die Prinzen gab es eigene Lehrer und für die Prinzessinnen Gouvernanten, von der Oberhofmeisterin Frau von Pleß dirigiert. Der streng geregelte Tagesablauf wurde nur unterbrochen von einfachen Mahlzeiten, die jedoch straff zeremoniell abliefen. Sophie, die jüngste der Schwestern, erinnerte sich später in ihren Memoiren schaudernd daran: „Dies war die Stunde des Diners. Es wurde immer feierlich an einer sehr langen Tafel eingenommen. Wenn ich in den Saal trat, fand ich alle meine Brüder nebeneinander aufgestellt und hinter ihnen ihren Gouverneur mit ihren Hofkavalieren zur Seite in derselben Reihenfolge. Auf Befehl mußte ich erst eine sehr tiefe Verbeugung vor den Prinzen machen und eine kleine vor den übrigen, darauf noch eine sehr tiefe, wobei ich mich ihnen gegenüberstellte, dann noch eine kleine vor meiner Gouvernante, die, wenn sie mit ihren Damen in den Saal trat, mir sehr tiefe machten. Ich mußte ihnen auch noch eine machen, wenn ich ihnen meine Handschuhe zum Aufheben gab, und darauf noch eine, wenn ich mich wieder meinen Brüdern gegenüberstellte; noch eine, wenn die Hofkavaliere mir ein großes Becken zum Händewaschen brachten, noch eine nach dem Gebet, und endlich die letzte, wenn ich mich an den Tisch setzte, was wohl gezählte neun ausmacht. Alles war so genau geregelt, daß man an allen Tagen der Woche wußte, was man essen würde, wie in einem Kloster. Sonntags und Mittwochs wurden immer zwei Diener des Wortes Gottes oder zwei Professoren zum Diner bei uns eingeladen (...) Nach der Mahlzeit hatte ich eine Ruhepause bis um zwei Uhr nachmittags, worauf meine Lehrer wieder ihre Angriffe auf mich begannen."

Nach der Ausbildung kamen die jugendlichen Prinzen und Prinzessinnen von Leiden an den Exilhof in Den Haag. Für die heiratsfähigen Töchter hielt man jetzt nach einer passenden Partie Ausschau und die Söhne begannen ihre Kavaliersreisen bzw. ihre militärische Laufbahn.

Im Oktober 1612 hatten sich die Eltern der dreizehn Kinder in London am englischen Hof kennengelernt. Der erst sechzehnjährige Kurfürst Friedrich V. von der Pfalz gefiel mit seinen dunklen Locken der hellblonden Prinzessin Elisabeth recht gut. Ein schottischer Augenzeuge berichtet, Elisabeth sei „eine Prinzessin von anmutiger Erscheinung, in der schon auf den ersten Blick königliche Würde spürbar wird, auch wenn diese von ihrer Sittsamkeit überdeckt scheint ... Sie verfügt über einen scharfsinnigen Verstand, ein ausgeprägtes Erinnerungsvermögen und eine trotz ihrer jungen Jahre erstaunlich einsichtsvolle Urteilskraft." Der Volksmund nannte sie die „Perle Britanniens".

Kurfürst und Königstochter verliebten sich ineinander, was für ihren Stand und die damaligen Heiratsgewohnheiten völlig unüblich war und daher auch erstaunt von der Hofgesellschaft wahrgenommen wurde. Sie schlossen im Februar 1613 in der königlichen Kapelle zu Whitehall die Ehe und brachen dann nach Heidelberg zur kurfürstlichen Residenz auf. Nach der Königswahl Friedrichs zog das Paar im Oktober 1619 in Prag ein, wo sie im November zum König und zur Königin von Böhmen gekrönt wurden. Ein Jahr später befanden sie sich auf der Flucht durch Europa. Die hochschwangere Königin brachte in Küstrin, im Schloss des Kurfürsten von Brandenburg, ihr fünftes Kind zur Welt, ehe sie endlich in Den Haag Asyl fand. Die Prinzen von Oranien behandelten die Familie ihres Neffen Friedrich mit Respekt und großzügiger Unterstützung. Sogar eine eigene Hofhaltung konnte eingerichtet werden, deren Prachtentfaltung durchaus Kritik hervorrief.

Als der Winterkönig am 29. November 1632 in Mainz wohl an der Pest starb, ließ er seine Gemahlin und noch zehn Kinder in der Obhut des Prinzen von Oranien und des englischen Königs zurück. Die Winterkönigin entschied sich für ein Verbleiben in den Niederlanden, da sie ihren Sohn Karl Ludwig so besser bei der Rückgewinnung der Pfalz unterstützen konnte. Erst im Jahr 1660 kehrte sie nach London zurück, wo ihr Neffe aus dem Hause Stuart als Karl II. wieder den Thron bestiegen hatte. Der französische Botschafter beschrieb sie als „ein gütiges Geschöpf, von gleich bleibend höflichem Naturell, eine Person, die niemals jemanden verletzt hat und die deshalb in der Lage ist, allein aufgrund ihrer Persönlichkeit, der ganzen königlichen Familie die Zuneigung des Volks zu erhalten".

Elisabeth starb am 13./23. Februar 1662 in Anwesenheit ihres Sohnes Rupert und wurde in Westminster Abbey in der Gruft ihrer Großmutter Maria Stuart, der Königin von Schottland, beigesetzt. Die letzte Ruhestätte von Elisabeths Gemahl blieb bis heute verschollen. Jedoch das Herz des Winterkönigs und Kurfürsten von der Pfalz wurde in der Katharinenkirche zu Oppenheim bestattet.

Beider Sohn Karl Ludwig erhielt am Ende des Dreißigjährigen Krieges 1648, in den Friedensschlüssen zu Münster und Osnabrück, einen Teil des väterlichen Landes mit der Residenz Heidelberg zurück und 1649 die neu geschaffene achte Kurwürde. Er ehelichte Charlotte von Hessen-Kassel und hatte mit ihr zwei Kinder: den Kurprinzen Karl (1651–1685) und Elisabeth Charlotte (1652–1722), die unter dem Namen Liselotte von der Pfalz berühmt werden sollte. Kurfürst Karl I. Ludwig von der Pfalz baute zielstrebig sein Land wieder auf, eröffnete die Universität in Heidelberg neu und hieß Einwanderer willkommen, welche das durch die Wirren des Dreißigjährigen Kriegs entvölkerte Land wieder besiedelten. In seiner Residenz Heidelberg schuf er auch eine Zuflucht für seine Schwestern Elisabeth und Sophie.

Der schöne Rupert (Ruprecht), genannt der „Cavalier", ging nach England zu seinem Onkel König Karl I., der ihm das Kavallerie-Kommando übertrug. Wegen seiner militärischen Erfolge 1643/44 im englischen Bürgerkrieg erhob ihn der König zum „Duke of Cumberland". Schließlich stieg Rupert auf zum Oberkommandierenden der königlichen Armee, fiel allerdings bald in Ungnade und musste England verlassen. Als Freibeuter machte er die Küsten vor Afrika, den Azoren und die westindischen Gewässer unsicher. Hierbei verscholl 1652 auf See sein Bruder Moritz, der dem älteren Rupert immer wie ein Schatten gefolgt war und in dessen Diensten stand. Nach Zwischenaufenthalten in Frankreich und Heidelberg kam Rupert wieder nach England, wo inzwischen sein Vetter Karl II. zum König avanciert war. Als erster Gouverneur der Hudson Bay Company und als Erfinder einer Messinglegierung (Prince's metal) machte er sich einen Namen. Aus zwei morganatischen Ehen hatte er einen Sohn und eine Tochter. 1662 starb Prinz Rupert (Ruprecht) und fand neben seiner Mutter in der Westminster Abbey zu London seine letzte Ruhestätte.

Eduard, der sechstgeborene Sohn des Winterkönigspaares, ging nach Frankreich und trat dort zum Katholizismus über. Er ehelichte die um einige Jahre ältere, jedoch reiche Prinzessin Anna Gonzaga (de Gonzague), die der französischen Aristokratie angehörte. Mit ihr hatte er drei Töchter, die alle standesgemäß verheiratet wurden. Seine Enkelin Wilhelmine Amalie aus der Ehe seiner dritten Tochter mit dem Herzog von Braunschweig-Lüneburg vermählte sich 1699 mit dem Habsburger Kaiser Joseph I.

Das zehnte Kind, Prinz Philipp, befehligte bereits als Neunzehnjähriger eine niederländische Kavallerie-Kompanie. Er war sehr bedacht darauf, das Ansehen und die Ehre seiner Familie zu wahren. Als ein französischer Edelmann seiner Mutter Elisabeth und seiner Schwester Louise Hollandine zu nahe trat und seine Handlungsweise gegenüber der königlichen Familie „zu frei" wurde, wie die französischen Diplomaten berichteten, ließ er diesen überfallen und töten. Daraufhin musste Philipp aus den Niederlanden fliehen und fand schließlich im Dienste des Herzogs von Lothringen als Oberst im Dezember 1650 bei Rethel in Frankreich den Soldatentod.

Aber nicht nur die Söhne führten ein bewegtes Leben, sondern mehr noch die Töchter des Winterkönigspaares.

Elisabeth – die Philosophin

Die älteste der Töchter war Elisabeth. Sie erblickte das Licht der Welt als einzige der Schwestern nicht im Exil, sondern am 26. Dezember 1618 in der kurfürstlichen Residenz Heidelberg. In eine kriegerische Zeit hineingeboren, musste sie in den Armen ihrer Großmutter, der Kurfürstin Luise Juliane, eine geborene Oranierin, 1622 vor den feindlichen Truppen des Feldherrn Tilly fliehen. Sie gelangten zunächst nach Berlin, wo der Schwiegersohn Luise Julianes, Kurfürst Georg Wilhelm von Brandenburg, sie aufnahm. Mit der Vertreibung ihrer königlichen Eltern aus Böhmen begann für Elisabeth eine ungewisse Zukunft. Die nächsten Jahre verbrachte sie mit ihrem Bruder Karl Ludwig bei der Großmutter auf Schloss Crossen in der Neumark, in Cölln an der Spree oder in Brandenburg, immer auf der Flucht vor dem Kriegsgeschehen. Kurfürstin Luise Juliane war eine gebildete Frau, die wohl bei ihrer Enkelin Elisabeth Verstand und Frömmigkeit grundlegte.

Um 1626 holte das Winterkönigspaar ihre älteste Tochter zu sich an den Exilhof in Den Haag. Prinzessin Elisabeth genoss eine ausgezeichnete Ausbildung und Erziehung, denn sie sollte auf eine hochadelige Ehe vorbereitet werden, vorzugsweise auf eine königlich-englische. Neben Tanzen, Reiten, Jagen, Musik sowie Unterweisung im calvinistischen Bekenntnis standen vier Sprachen auf dem Stundenplan: Deutsch, Englisch, Französisch und Niederländisch. Dazu erlernte Elisabeth später noch Latein, Griechisch, Italienisch und Spanisch. Ihre Geschwister nannten sie wegen dieser Gelehrsamkeit spöttisch „la Grecque" (die Griechin) oder „Signora Antica". Den Wissenschaften zugeneigt, machte Elisabeth in Den Haag Bekanntschaft mit der kenntnisreichen Anna Maria von Schürmann und dem berühmten Philosophen René Descartes. Dieser lebte damals gleichfalls im Exil und fand in der Prinzessin eine kluge Gesprächspartnerin. Die jüngste Schwester Sophie erinnerte sich später: „Sie verstand alle Sprachen und alle Wissenschaften und stand in regelmäßigem Verkehr mit Herrn Descartes; aber dies große Wissen machte sie ein wenig zerstreut und gab uns oft Gelegenheit zu lachen."

Trotz ihrer Schönheit und Bildung fand sich um Elisabeths Hand kein Bewerber, den man ernsthaft in Erwägung hätte ziehen können. Sophie notierte in ihren Memoiren: „Meine Schwester Elisabeth ... hatte schwarze Haare, einen frischen Teint, braune strahlende Augen, schwarze, breite Augenbrauen, einen schönen roten Mund, wunderschöne Zähne und eine feine Adlernase, die jedoch leicht rot wurde; (...).“

1646, nach einem Zerwürfnis mit ihrer Mutter, verließ Elisabeth den Hof in Den Haag, um von nun an mehr als zwanzig Jahre als Gast bei der Verwandtschaft herumgereicht zu werden. Heidelberg, ihren Geburtsort, sah sie 1650 wieder. Inzwischen war dort ihr Bruder Karl Ludwig wieder als Kurfürst von der Pfalz inthronisiert. Dieser kümmerte sich in dieser Zeit nochmals um einen passenden Heiratskandidaten für seine Schwester. Auf dem Regensburger Reichstag 1653 soll Elisabeth ausgelassen getanzt und Aufmerksamkeit erregt haben. Allerdings hatten sich die Heiratschancen für die inzwischen 35-Jährige nicht verbessert und ein lediges Dasein im Dienste der Gelehrsamkeit zeichnete sich ab.

Zahlreiche Gelehrte suchten Elisabeths Nähe: Descartes widmete ihr seine „Principia philosophiae“, Gedichte wurden zu ihren Ehren verfasst und sogar ein Mondkrater nach ihr benannt. Angeblich soll Elisabeth auch den Wiederaufbau der Universität Heidelberg beeinflusst haben. Das Geistige wurde ihr Lebenselixier.

Gewiss, damit konnte ihr Lebensunterhalt nicht standesgemäß bestritten werden. Da aber keine Eheschließung mehr zu erwarten war, musste man eine andere Lösung finden. 1658 bewarb sich Elisabeth beim Reichsstift Herford um Aufnahme. Mit Unterstützung ihres Vetters, des Kurfürsten Friedrich Wilhelm von Brandenburg, der auch Herr über die Stadt Herford war, erhielt sie die Würde der Koadjutorin. Am 30. April/10. Mai 1667 wurde sie schließlich als neue Äbtissin eingeführt. Auf dieser Position konnte die inzwischen 48-Jährige endlich ein gesichertes und unabhängiges Leben führen. Als Herrin des Reichsstifts zu Herford war Elisabeth eine souveräne Reichsfürstin mit einem – wenn auch kleinen – reichsunmittelbaren

Territorium samt Untertanen sowie Sitz und Stimme auf dem Reichstag. Sie führte jetzt den offiziellen Titel: „Von Gottes gnaden Elisabet gebohrene aus dem Churfürstlichen Stamme der Pfalzgraffen bey Rhein, Hertzogin in Beyern, gräfin zu Veldenz und Spanheimb, des Kayserlichen frey Weltlichen Stiffts Herforden Äbtissin."

Das westfälische Reichsstift Herford war ein evangelisches Damenstift, also weltlich, welches jedoch infolge des Dreißigjährigen Krieges verschuldet war und Elisabeth daher das „bettelhafftig außsehen" der Abtei beklagte. Trotz des Geldmangels ließ die neue Äbtissin nach und nach die Gebäude des Stiftes ausbessern und verschönern, aus den Niederlanden wurden Möbel und andere Dekorationen herbeigeschafft, darunter auch eine vergoldete Ledertapete. Später konnte Elisabeth sagen: „Ich lasse die Abtei in weit besserem Stande (...), als ich sie gefunden."

Wenn auch Äbtissin Elisabeth in Herford keine philosophische Akademie einrichtete, wie allerdings der erste Biograf von Descartes behauptete, so suchten doch Literaten, Gelehrte und Theologen weiterhin Kontakt zu ihr. Im Kreis ihrer Gesprächs- und Briefpartner finden sich neben den Philosophen Descartes und Leibniz auch der Gelehrte, Arzt und Diplomat Franciscus Mercurius van Helmont sowie der katholische Ordensgeistliche Nicolas Malebranche. Die feministische Wissenschaft sieht in Elisabeths intellektuellem Wirken den Ausdruck einer frühen modernen Philosophin; die traditionelle Geschichtsschreibung dagegen wertet Elisabeths Denken nicht als eigenständig, sondern eher als Reaktion einer gescheiten Freundin von gelehrten Männern.

Der umfangreiche Briefwechsel zwischen Elisabeth und Descartes wurde erstmals im 19. Jahrhundert veröffentlicht. Diesem kann man entnehmen, dass Elisabeth zunehmend Zweifel am Dualismus von Leib und Seele – wie Descartes dies vertrat – hegte. Sie entfernte sich mehr und mehr von dessen rationalem Denken („Ich denke, also bin ich") und wandte sich religiös-mystischen Fragen sowie einem spirituellen Christentum zu. Dabei leitete sie eine geistige Neugier und eine gesunde Skepsis gegenüber Wahrheitsverkündern. Aufgeschlossenheit und Toleranz waren maßgeblich für Elisabeths Denken und Handeln, machen sie somit zu einer Vorläuferin der Aufklärung. Das Reichsstift Herford entwickelte sich unter der Regentschaft der Äbtissin Elisabeth nicht nur zu einem Refugium für ledige Aristokratinnen, sondern ebenso zu einer Fluchtburg für freidenkende Menschen.

Zwischen den calvinistischen Stiftsdamen und der lutherischen Stadt Herford, innerhalb deren Mauern die Abtei lag, blieben Zwistigkeiten nicht aus. Vor allem als Elisabeth auf dem Gebiet des Stiftes 1670 für einige Monate Labadisten aufnahm, schlugen die Wogen der Empörung hoch. Diese etwa fünfzig Personen umfassende Glaubensgemeinschaft war von Amsterdam ausgewiesen worden und auf Elisabeths Einladung hin nach Herford gekommen. Jean de Labadie, ihr Prediger, lebte mit seiner Gemeinde nach dem Vorbild des Urchristentums ohne Standesunterschiede, ohne Liturgie und Kirchenverfassung, in Vermögens- und auch manchmal in vorehelicher Gemeinschaft. Das stieß bei den bürgerlichen Herfordern auf ängstliche Ablehnung. Ein Prozess wurde beim Reichsgericht angestrengt und ein kaiserliches Mandat erwirkt, um die Labadisten loszuwerden. Schließlich begaben diese sich 1672 ins dänische Altona.

Äbtissin Elisabeth befand sich außerdem mit Spiritualisten wie Friedrich Breckling und Johan Georg Gichtel in brieflichem Kontakt. Die Frage des wahren Christentums, einer spirituellen Frömmigkeit und inneren Erweckung trieb sie um. Daher ist es kaum verwunderlich, dass Elisabeth auch führende Quäker in Herford empfing. Die Quäker (als Glaubensgemeinschaft zwischen 1642 und 1649 in England entstanden) waren wegen ihrer Eides- und Kriegsdienst-Verweigerung in ganz Europa unerwünscht. Nun besuchte 1671 und 1677 William Penn, einer der führenden Quäker, Elisabeth, da er von der Aufnahme der Labadisten, denen er sich verbunden fühlte, im Reichsstift Herford gehört hatte. Elisabeth empfing die Quäker gastfreundlich, man hatte Gelegenheit zu Gesprächen und religiösen Zusammenkünften. In seinem Reisebericht schrieb William Penn, dass

Äbtissin Elisabeth ihnen sehr wohlwollend gegenüberstand und beim Abschied gerufen haben soll: „Ich kann nicht sprechen – mein Herz ist voll." Dabei habe sie mit ihren Händen auf die Brust geschlagen. Penn würdigte Elisabeth als gelehrte Prinzessin und tolerante Humanistin, die nach der Erkenntnis des wahren Glaubens gestrebt habe.

Im Sommer 1678 fühlte Elisabeth den Tod nahen. Sophie, Elisabeths Schwester, hielt in ihren Memoiren fest: Alsbald „erfuhr ich, daß meine Schwester, die Frau Äbtissin von Herford, sehr krank sei und mich zu sehen wünsche. So schnell wie möglich begab ich mich zu ihr. (...) Sie war von Leuten umgeben gewesen, deren trübsinnige Frömmigkeit ein Martyrium für sie gewesen war und sie sehr gelangweilt und an jeder Art Erholung gehindert hatte, sogar an Musik, obgleich sie diese nötig hatte, um ihr Leiden zu vergessen, das in einer unheilbaren Wassersucht bestand. Beim Beginn ihrer Krankheit war sie nicht sehr darum besorgt gewesen, obwohl sie viel litt, und sagte, man müsse Gott dafür danken, einem sechzig Jahre lang Gesundheit geschenkt zu haben; sterben müsse man einmal und durch Krankheiten zum Tode gelangen. Sie hatte schon ihr Testament gemacht und mit großer Kaltblütigkeit ihren Sarg anfertigen lassen."

Am 29. Januar/8. Februar 1680 starb dic Äbtissin von Herford. Sie fand ihre letzte Ruhestätte in der Herforder Münsterkirche vor dem Hochaltar. Der seiner Cousine stets zugetane Kurfürst Friedrich Wilhelm von Brandenburg ließ dort 1682 eine Tafel zur Erinnerung an die ältcste Tochter des Winterkönigs anbringen.

Louise Hollandine – die Malerin

Die erste im niederländischen Exil am 18. April 1622 geborene Tochter erhielt den Namen Louise (Luise) und als zweiten Vornamen Hollandine, da die Generalstaaten Hollands die Patenschaft übernahmen und lebenslang ein Gnadengehalt auszahlten.

Louises Leben kann in zwei Abschnitte unterteilt werden: zunächst ihre Jahre am heiteren Hof der Mutter Elisabeth in Den Haag und dann ihre Zeit in Frankreich.

Bei gleicher Erziehung und Ausbildung am Prinzenhof zu Leiden zeigte die Prinzessin früh ein großes Talent für die Malerei. Unterrichtet vom niederländischen Meister des Helldunkel, Gerrit van Honthorst, der sich seit 1637 mit seinem Bruder als Hofmaler in Den Haag niedergelassen hatte, entstanden im Laufe ihres Lebens zahlreiche Familien-Porträts und religiöse Darstellungen. Manche ihrer Werke sind verschollen oder wurden zerstört. Der künstlerische Wert ihrer noch erhaltenen Gemälde wurde erst seit den 1980er-Jahren wieder entdeckt und anerkannt. Sophie, die jüngste Schwester, erinnerte sich allerdings noch Jahre später an Louises Kunstfertigkeit: „Sie widmete sich ganz der Malerei, und ihre Begabung dafür war so groß, daß sie die Leute treffen konnte, ohne sie vor sich zu sehen." Nach dem Tod der Malerin bewahrten die Nonnen von Maubuisson Staffelei und Malwerkzeug ehrfurchtsvoll auf, bis diese 1793 für „einige Sous" verkauft wurden, wie der Historiker Pillorget herausfand.

Prinzessin Louise besaß einen lebhaften Verstand, hatte meistens gute Laune und war „ein wenig geradezu". Sie frönte wohl einem eher bohèmehaften Leben, was nicht ohne Konsequenzen am „Hof der Grazien", wie der Exilhof ihrer Mutter genannt wurde, blieb. Sophie bemerkte dazu: „Aber während sie andere malte, vernachlässigte sie sich selbst sehr stark. Man hätte sagen können, daß man ihr die Kleider auf den Leib geworfen hätte, was Herrn Herington Veranlassung gab, sie in seinen Versen mit dem Maler zu vergleichen, dem es nicht gelingen wollte, den Schaum eines Pferdes zu malen, und er zornig seinen Pinsel gegen das Gemälde warf, wobei es ihm zufällig ausgezeichnet gelang." Louise erhielt wegen ihrer Schlampigkeit denn auch den Spitznamen „Mademoiselle sans façon".

Nicht gerade schön, gewann Prinzessin Louise durch Originalität, Humor und Liebenswürdigkeit. Später lobte Saint-Simon ihre Bescheidenheit: „Sie war von Natur aus sehr geistreich und bildete sich dabei nicht ein, daß sie Geist und auch Wissenschaft hätte."

An Bewerbern fehlte es der Prinzessin nicht, dennoch kam es wohl wegen ihrer Mittellosigkeit zu keiner Heirat. Allerdings könnte auch ein Skandal, der die Gesellschaft 1645 erschütterte, mit ein Grund für ihre Ehelosigkeit gewesen sein. Man verdächtigte Louise nämlich einer Liebesbeziehung zu einem französischen Edelmann, der sich seines engen Verhältnisses zur königlichen Tochter und ihrer Mutter brüstete. Dieses Gerede beendete Prinz Philipp gewaltsam mit der Ermordung des bewussten Marquis d' Espinay. Damit wähnte er die Ehre der Familie wieder hergestellt, musste sich aber durch Flucht einer Bestrafung entziehen. Angeblich wäre das intime Verhältnis seiner Schwester nicht ohne Folgen geblieben und Prinzessin Louise hätte heimlich ein Kind zur Welt gebracht. Als ihre Nichte Liselotte von der Pfalz sie einmal Jahre später auf dieses Gerücht ansprach, soll die betagte Prinzessin nur gelacht haben.

Noch aufsehenerregender war allerdings der zweite Skandal 1657: Am 19. Dezember schlich sich Prinzessin Louise Hollandine früh morgens heimlich aus der mütterlichen Residenz in Den Haag und machte sich in einem Mietwagen auf den Weg über Antwerpen nach Frankreich – ohne weibliche Begleitung, jedoch gut vorbereitet. Später erzählte sie, dass sie sich ohne Hilfe nicht hätte anständig ankleiden können und daher mit dem Korsett über dem Arm das Haus verlassen habe. Ähnlich einer Kammerfrau, die sich wegen einiger Näharbeiten zum Schneider begebe.

Das erste Ziel der inzwischen 35-Jährigen war Antwerpen. Dort begab sie sich zu den englischen Karmeliterinnen und trat am 25. Januar 1658 zum katholischen Glauben über.

Danach reiste Louise weiter nach Paris, um bei den Visitandinnen von Chaillot ein Jahr zu bleiben. Am 25. März 1659 nahm sie im Kloster der Zisterzienserinnen von Maubuisson (bei Pontoise) den Schleier und legte dort am 19. September 1660 die Ewigen Gelübde ab. Fünf Jahre lebte sie in Maubuisson als einfache Nonne, bis sie am 20. August 1664 zur Äbtissin des Klosters ernannt wurde. Damit war aus der calvinistischen Pfalzgräfin und böhmischen Königstochter Louise Hollandine die katholische Madame de Maubuisson mit dem Nonnennamen Louise-Marie geworden.

Insgesamt verbrachte die Wittelsbacherin fünfzig Jahre im Kloster Maubuisson, das sie erfolgreich durch schwierige Zeiten dirigierte. Sie verbesserte die Finanzlage, erweiterte die Anlage durch neue Bauten, verteilte Almosen, nahm Frauen auch ohne Mitgift als Nonnen auf, achtete auf strenge Befolgung der Klosterregeln und bemühte sich 1680 um den begonnenen ökumenischen Dialog. Neben ihrer Arbeit als Äbtissin malte Louise religiöse und mythologische Werke. Ihre Allegorie der Gerechtigkeit verbrannte – laut Pillorget – im Mai 1871 mit dem Pariser Rechnungshof.

In Frankreich wusste sich die Äbtissin nicht allein. Hier lebte ihr Bruder Eduard mit seiner Familie sowie ihre Tante Henriette, die Ex-Königin von England. Wohl auf deren Fürsprache und die ihrer Nichte, der Herzogin von Orléans, erhielt Louise von König Ludwig XIV. eine jährliche Pension von 6000 Livres zugestanden.

Angeblich verließ die Äbtissin nur dreimal das Kloster, empfing aber zahlreiche Besuche, beispielsweise von ihrer Schwester Sophie und ihrer Nichte Liselotte von der Pfalz, die dort angenehme Stunden und Tage verbrachten. Liselotte, die Herzogin von Orléans, berichtet: „Ich kam gleich mehr bei ihr in Gnaden, als alle ihre andere Niecen, denn ich konnte mit ihr reden von allem, was sie in ihrem Leben gekannt hatte; das konnten die andern nicht. Sie sprach oft teutsch mit mir, konnte es gar wohl. Sie hat mir ihre Comedie erzählt; ich sagte wie sie sich an das alberne Klosterleben hätte gewöhnen können? Sie lachte und antwortete: Ich spreche nicht mit den Nonnen als nur um meine Ordres auszutheilen. Sie hatte eine taube Nonne in ihrer Kammer, um nicht sprechen zu müssen. Sie sagte: sie hätte allezeit das Landleben geliebt; sie bilde sich ein, daß sie wie eine Landjungfer lebe. Ich sagte: aber Nachts aufstehen und in die Kirche gehen … Sie antwortete im Lachen: ich wüßte nicht wie Maler wären; sie sähen gerne finstere Örter, und den Schatten so die Lichter machten, das gäbe ihr alle Tage neue Künste zur Malerei; alles konnte sie drehen, daß es nicht mehr albern schien."

Viele beschäftigte die Frage, warum Louise Hollandine zum Katholizismus übertrat. Einmal wohl aus Versorgungsgründen: Denn für eine protestantische Prinzessin gab es nur wenige Heirats- und Existenzmöglichkeiten. Auch die 1650 verschaffte Position als Kanonisse im evangelischen Damenstift Herford und ihr dortiges Amt als Küsterin kamen Louise nicht zukunftsträchtig vor. Zum anderen war ja bereits ihr Bruder Eduard katholisch geworden und zum dritten gab es damals eine modische Welle des Bekenntniswechsels vom Protestantismus zum Katholizismus. So bewegte womöglich die aufsehenerregende Konversion der schwedischen Königin Christine auch Louise Hollandine zu diesem Schritt.

Am 11. Februar 1709 starb Pfalzgräfin Louise Hollandine, Äbtissin von Maubuisson, deren „große Vivacität" ihre Nichte Liselotte von der Pfalz oftmals rühmte. Die 87-jährige Wittelsbacherin entschlief sanft „wie ein jung Mensch" an einem Fieber, so teilt es uns die Herzogin von Orléans in ihren Briefen mit.

Henriette Marie – die Braut

Henriette Marie, neuntes Kind und dritte Tochter, erblickte am 7. Juli 1626 das Licht der Welt. Sie war äußerlich ihrer Mutter am ähnlichsten und glich ihren beiden älteren Schwestern „gar nicht", wie Kurfürstin Sophie in ihren Erinnerungen schreibt: „Sie hatte aschblonde Haare, ihr Teint war ohne Übertreibung wie Lilien und Rosen, ihre wohlgeformte weiße Nase wurde auch bei Kälte nicht rot, sie hatte sanfte Augen, schwarze, sehr schön gezeichnete Augenbrauen, eine wunderschöne Stirn und Gesichtsform, einen hübschen Mund, Hände und Arme wie gedrechselt, von ihren Beinen und Füßen will ich nicht sprechen, es ist ein genügendes Lob, wenn ich sage, daß sie solche wie alle andern unseres Hauses hatte."

Obwohl Henriette Marie dieselbe Erziehung und Ausbildung wie ihre Schwestern genossen hatte, hören wir von keiner ausgesprochenen Begabung. Sophie bemerkt aber: „Die Arbeit liebte sie nur, wenn sie Zuckerwerk machte, wovon ich am meisten profitierte." Offenbar war Henriette Marie eine talentierte Zuckerbäckerin.

Bald fand sich für die sanfte Henriette Marie auch ein reicher Bräutigam. Ermutigt durch die brandenburgische Verwandtschaft (allen voran die Tante der zukünftigen Braut, Kurfürstin Elisabeth Charlotte, Gemahlin des Kurfürsten Georg Wilhelm von Brandenburg und Mutter des späteren Großen Kurfürsten) sowie ihre ältere Schwester Elisabeth hielt Sigismund II. Rákóczy, der etwa drei Jahre älter als die Umworbene war, um die Hand dieser schönen Tochter des Winterkönigs an. Sigismund entstammte einer ungarischen Adelsfamilie und war der Bruder des regierenden Fürsten Georg II. von Siebenbürgen. Henriettes Bruder Karl Ludwig sah diese Verbindung nicht gerne, da er mit seiner Schwester wohl politisch vorteilhaftere Pläne hatte. Da der Bräutigam aber standesgemäß, reich und protestantisch war, stimmte Karl Ludwig schließlich als Chef des Hauses der Heirat zu. Allerdings gab die zukünftige Braut zu bedenken: „(...), daß mich der weg ein bissgen zu weit (dünkt), umb vor die lust hinzuziehen; undt ob ich schon ein bissgen mehr gelt würd haben, so lieb ich selbiges nicht so sehr, das ich deswegen so weit von alle meine verwanten solt ziehen; auch bin ich nuhn schon gekant, mich mit wenig zu behelfen."

In Krossen bei der Brandenburger Verwandtschaft fand trotz Henriettes Klage die Trauung in Abwesenheit des Bräutigams, also per Prokuration, im Mai 1651 statt. Dann reiste die 25-Jährige ihrem Eheleben in einem fremden Land entgegen, ehrerbietig begleitet von den Kavalieren ihres Bräutigams. In Sárospatak (Patak), der fürstlichen Residenz, wurde nochmals Hochzeit gefeiert; drei Tage lang dauerten die Festlichkeiten. Henriette berichtete noch ihrem Bruder brieflich, dass sie liebevoll sowohl von ihrer Schwiegermutter als auch von ihrer Schwägerin aufgenommen worden war und sich ihr Gemahl als ein „guter Herr" erwiesen habe. Heiter beschrieb sie die Landestracht, welche ihr so gut stand, wenn sie auch ein wenig „bürgerlich" aussah. Nur wenige Monate konnte Henriette Marie ihre neue Heimat genießen: Sie starb im Herbst des Jahres 1651 an einem Fieber. Ihre letzte Ruhe fand die Fürstin in der Kathedrale St. Michael zu Karlsburg (ehemals Siebenbürgisch-Weißenburg). Ihr Gemahl, der sie innig geliebt haben soll, folgte ihr bereits am 4. Februar 1652 ins Grab nach.

Sophie – die Erbin von England

„Man hat mir gesagt, daß ich am 14ten Oktober des Jahres 1630 geboren bin, und da ich die zwölfte Frucht aus der Ehe des Königs, meines Vaters, und der Königin, meiner Mutter, war, so glaube ich, daß meine Geburt ihnen weiter keine Freude bereitete (...)", schreibt Sophie, die spätere Kurfürstin von Hannover, in ihren Memoiren. Bald kam die jüngste Tochter des Ex-Königspaares nach Leiden zur üblichen Prinzessinnenerziehung, wurde jedoch bereits mit neun Jahren an den Hof ihrer Mutter nach Den Haag geholt. Dort befanden sich auch ihre drei älteren Schwestern, „die viel schöner und gebildeter" waren. Dennoch galt Prinzessin Sophie als vielversprechend mit den hellbraunen, natürlich gewellten Haaren und der „wohlgeformten, aber nicht sehr großen Figur". Ihr munteres Wesen, das vor keinem Streich zurückschreckte, zeigte „die Haltung einer Prinzessin".

Schon früh beschäftigte sich der königliche Exilhof mit der Frage einer passenden Partie für Sophie. Lord William Craven, ein treuer Anhänger der Stuarts und ihrer Mutter freundschaftlich verbunden, brachte den Prinzen von Wales ins Gespräch. Der spätere Karl II. von England war nur ein Jahr älter als Sophie und besaß die gleiche Konfession. Außerdem gab „es damals keine von höherer Geburt zu wählen" als sie, meinte Sophie selbstbewusst. Aber König Karl (Charles) II. heiratete 1661 Katharina von Portugal und Sophie, inzwischen am Heidelberger Hof ihres Bruders Karl Ludwig heimisch, vermählte sich 1658 mit Herzog Ernst August (1629–1698) von Braunschweig-Lüneburg. Zuerst war allerdings ein geheimes Eheversprechen mit dessen älterem Bruder Georg Wilhelm aufgesetzt worden. Dieser trat dann aber aus gesundheitlichen Gründen zugunsten seines jüngeren Bruders zurück, dem er nicht nur die Hand seiner Braut bot, sondern ihm auch sein Land mit Hannover, Kalenberg und Göttingen versprach.

Sophies Zukünftiger war der jüngste von vier Brüdern: Als dann der älteste Bruder Christian Ludwig 1665 starb, fiel der Landesteil mit der Hauptstadt Celle an Georg Wilhelm und der drittgeborene Bruder Johann Friedrich bekam das Gebiet mit der Hauptstadt Hannover, das wiederum nach dessen Tod 1679 an Sophies Gemahl Ernst August fiel. Im Augenblick der Heirat aber war Ernst August nur mit einer Apanage ausgestattet und dem Versprechen, einmal seinem Bruder nachzufolgen. Sophie selbst legte nach ihren eigenen Worten allerdings nur Wert auf „eine gute Versorgung" und so nahte der Tag der Hochzeit. „Am Tage der Feier kleidete man mich nach deutscher Mode in ganz weißen Silberbrokat", berichtete Sophie später, „die aufgelösten Haare geschmückt mit einer großen Diamantkrone des Hauses. Meine vier Hofdamen trugen meine Schleppe, die von einer fürchterlichen Länge war (...) Der Kurfürst (= Sophies Bruder Karl Ludwig von der Pfalz) und mein Bruder, der Prinz Eduard, führten mich (...) Vierundzwanzig Edelleute gingen vor uns her mit Fackeln in der Hand, die mit Taffet in den Farben unserer Wappen geschmückt waren, die meinigen blau und weiß und die des Herzogs rot und gelb. Zahlreiche Kanonen wurden in dem Augenblick, als der Geistliche uns miteinander verbunden hatte, abgefeuert, und man setzte uns unter verschiedene Thronhimmel einander gegenüber (...) während man das Tedeum sang. Darauf führte man uns in unsere Gemächer, wo ich auf die Pfalz Verzicht leisten mußte (...) Inzwischen war das Souper angerichtet; man aß an einer ovalen Tafel (...) Nach dem Souper wurde nach deutscher Weise getanzt, die Prinzen tanzten mit Fackeln in der Hand vor und hinter uns, wie gewöhnlich."

Die Ehe Sophies mit Ernst August wurde glücklich trotz der Mätressen ihres Gemahls. Sophie stand über diesen Unvermeidbarkeiten und schrieb in ihren Memoiren: „Das heilige Band der Ehe hatte den galanten Sinn des Herzogs nicht geändert; es langweilte ihn, immer eine und dieselbe Sache zu besitzen, und das zurückgezogene Leben war ihm lästig.“ So war Ernst August häufig unterwegs auf Reisen, zumeist allein. Manchmal auch von Sophie begleitet, wie 1664 auf einer Italienreise, die fast ein Jahr dauerte. Sophie, die immer loyal zu ihrem Ehemann hielt, brachte sechs Söhne und eine Tochter zur Welt: 1660 Georg Ludwig, 1661 Friedrich August, 1666 Zwillinge, von denen nur Maximilian Wilhelm überlebte, 1668 Sophie Charlotte, 1669 Karl Philipp, 1671 Christian Heinrich und zum Schluss 1674 Ernst August. Das waren mit den zwei Fehlgeburten insgesamt neun Schwangerschaften in 14 Jahren.

1661 wurde Sophies Gemahl als Protestant Bischof von Osnabrück. Durch den Westfälischen Frieden 1648 war beschlossen worden, dass dieses Amt ein katholischer Bischof und alternierend ein welfischer Prinz innehaben soll. Nun zog also Sophie mit ihren Kindern von Hannover in die neue Residenz Iburg. Fast zwei Jahrzehnte lebte sie dort als „Frau Bischofin“, während Ernst August als souveräner Herr im Bistum regierte. 1679 beerbte er seinen Bruder Johann Friedrich. Als ihn die Nachricht von dessen Ableben erreichte, meinte Sophics Gemahl nur lakonisch: „Ich bin froh, daß ich es nicht bin, der gestorben ist.“ Jetzt zog die gesamte fürstliche Familie ins Leineschloss und aus der Frau Bischöfin wurde die Herzogin von Hannover. Die glückliche Zeit auf der Iburg, wo sie nach ihren eigenen Worten „wie eine Königin“ gelebt hatte, war vorüber. Der steile Aufstieg des Welfenhauses in Hannover begann: 1692 erhob der Kaiser Herzog Ernst August zum neunten Kurfürsten im Reich. Damit avancierte Sophie zur Kurfürstin von Hannover.

Sophies Schwager, der einst ihre Hand verschmähte, hatte doch noch den Hafen der Ehe angesteuert und 1676 Eleonore d’Olbreuse geheiratet. Obwohl diese aus einem hugenottischen Adelsgeschlecht stammte, war sie nicht ebenbürtig und lebte zunächst als Frau von Harburg an der Seite Georg Wilhelms. Als aus dieser Verbindung jedoch 1666 Sophie Dorothea das Licht der Welt erblickte, legalisierte der Herzog Mutter und Tochter.

Prinzessin Sophie Dorothea von Celle vermählte sich 1682 mit Sophies Sohn Georg Ludwig. Die Ehe geriet zur Katastrophe, obwohl aus ihr ein Sohn und eine Tochter hervorgingen. Einer Liebschaft verdächtigt, wurde Sophie Dorothea nach Ahlden verbannt und dort bis zu ihrem Lebensende festgehalten. Als „Prinzessin von Ahlden" ging sie in die Geschichte ein.

Sophies geliebte und talentierte Tochter Sophie Charlotte heiratete 1684 den Kurprinzen Friedrich III. von Brandenburg, der 1688 Kurfürst und 1701 König in Preußen wurde.

Sophie unterhielt umfangreiche Korrespondenzen, vor allem mit ihrem Bruder Kurfürst Karl Ludwig von der Pfalz, ihren Schwestern sowie mit Liselotte von der Pfalz, die als Kind einige Zeit bei Sophie aufgewachsen war. In Hannover begegnete Sophie dem Philosophen Leibniz. Selbst hochgebildet, geistreich und an philosophischen wie religiösen Fragen interessiert, entwickelte sich zwischen der Kurfürstin und dem Philosophen eine lebenslange Freundschaft. In Schloss Herrenhausen mit seinen wunderbaren Gärten sammelte sich um Sophie ein erlesener Kreis von Gelehrten und Literaten. Verehrend wurde sie als „Sonne unter den Sternen" bezeichnet.

Nach längerem Siechtum starb am 21. Januar 1698 Ernst August an einem Schlaganfall. Nun wurde Sophies Erstgeborener Kurfürst von Hannover und Sophie Kurfürstinwitwe. Dennoch blieb sie die Erste Dame am Hofe, da Georg Ludwig inzwischen von seiner Gattin getrennt lebte.

Ein großes politisches Ereignis bestimmte Sophies letzte Lebensjahre: Das englische Parlament hatte sich im Juni 1701 mit der Frage der Thronnachfolge beschäftigt. Königin Anne brachte trotz 18 Schwangerschaften keinen überlebenden leiblichen Erben hervor. Ihr elfjähriger Sohn war im August des Jahres 1700 gestorben und weiterer Nachwuchs war nicht mehr zu erwarten. Daher bestimmte das englische Parlament in der „Act of Settlement" die Tochter der Elisabeth Stuart, der Winterkönigin, zur Erbin Großbritanniens. Denn Sophie von Hannover war die letzte noch lebende Protestantin aus der

Mutter: Elisabeth Stuart † 16

königlichen Linie der Stuarts. Etwaige katholische Erben wurden ausgeschlossen. Ihre ältere Schwester Elisabeth, die Äbtissin von Herford, war bereits 1680 gestorben, im gleichen Jahr ihr Bruder Kurfürst Karl Ludwig von der Pfalz, und dessen Sohn Karl II. war dem Vater nur fünf Jahre später ins Jenseits gefolgt. Von Sophies Geschwisterschar lebte nur mehr Louise Hollandine, die als katholische Äbtissin von Maubuisson nicht in Frage kam. Desgleichen schloss man Sophies Nichte Liselotte von der Pfalz aus, die vor ihrer Heirat mit dem Bruder des französischen Königs ebenfalls zum katholischen Glauben konvertieren musste. So blieb nur mehr Sophie, die betagte Kurfürstin von Hannover, als Erbin des englischen Thrones übrig. Am 15. August 1705 überreichte ihr Lord Macclesfield im Thronsaal des Leineschlosses mit königlichem Zeremoniell das Dokument der Nachfolgebestimmungen.

Allerdings starb Sophie 1714 nur wenige Monate vor Königin Anne und so erbte ihr Sohn als König Georg I. die englische Krone. Damit war das Haus Hannover als königliche Linie in England begründet und Hannover mit Großbritannien bis 1837 in Personalunion verbunden. Noch ein weiterer Erfolg war Sophies Weitsicht beschieden: Sie verband ihren Enkel Georg August mit der umschwärmten Prinzessin Karoline von Ansbach, die an dessen Seite zur englischen Königin aufstieg. Und über eine weitere Eheschließung freute sich Sophie besonders: Enkelin Sophie Dorothea, das „gute Kind", vermählte sich 1706 mit ihrem Cousin Friedrich Wilhelm, dem zukünftigen König von Preußen. Sophies Enkel und Enkelin gingen also den Bund fürs Leben ein. In jenen Jahren bezeichnete sich die Kurfürstin selbst gerne als das „alte Mütterchen" oder „die alte Großmutter".

Am 8. Juni 1714 traf die 84-Jährige auf einem Abendspaziergang im Park von Herrenhausen ein Herzschlag. Eine Augenzeugin meinte: „Nie habe man einen sanfteren und glücklicheren Tod gesehen." Ihr Freund und Vertrauter, der Philosoph Leibniz, widmete Sophie einen dichterischen Nachruf:

„Die sich schon auf der Welt geschwungen himmelan,
Gott ohne Falsch geliebt, dem Nächsten gut getan,
Im Unglück nicht verzagt, im Glück sich nicht erhoben,
Und alles angesehn, als käm es ir von oben;
Die mit der Hoheit Glanz die Demut vergesellt,
Verstand und Tugend sich als Richtschnur vorgestellt,
Die kann, wenn Gott befiehlt, ohn alles Vorbereiten,
Beherzt, Sophien gleich, zum besseren Leben schreiten."

Mit Sophie, der Kurfürstin von Hannover und Erbin Großbritanniens, war die letzte der Töchter des Winterkönigs hochbetagt aus der Welt geschieden.

Die Briefeschreiberin –
„Madame“ und
Herzogin von Orléans

LISELOTTE
von der Pfalz

(1652–1722)

Herkunft und Familie

WITTELSBACH

Friedrich V. (1596–1632), Kf. v. d. Pfalz, Kg. v. Böhmen, gen. Winterkönig
⚭ Elisabeth Stuart (1596–1662), Tochter v. Kg. Jakob I. v. England u. Schottland († 1625) u. Anna v. Dänemark († 1619)

Karl Ludwig (1618–1680), Kf. v. d. Pfalz
⚭ (1) Charlotte v. Hessen-Kassel (1627–1689)
⚭ (2) morg. Luise v. Degenfeld († 1677); Kinder: 13 Raugrafen u. Raugräfinnen (s. rechts unten)

BOURBON

Ludwig XIII. (1601–1643), Kg. v. Frankreich
⚭ Anna, Tochter v. Kg. Philipp III. v. Spanier

Ludwig XIV., Kg.v. Frankreich († 1715)
⚭ Marie Therese (1638–1683), Infantin v. Spanien;
Sohn: Ludwig (1661–1711) ⚭ Maria Anna (1660–1690), Tochter d. Kf. Ferdinand v. Baye
drei Söhne:
Charles, Hz. v. Berry († 1714), Philipp, Hz. v. Anjou († 1746), wird als Philipp V. Kg. v. Spanien; Ludwig, Hz. v. Burgund († 1712) ⚭ Mar Adelaide v. Savoyen († 1712); Sohn: Ludwig X Kg. v. Frankreich († 1774)

(1)

Karl II., Kf. v. d. Pfalz (1651–1685) ⚭ Wilhelmine Ernestine v. Dänemark (1650–1706)

ELISABETH CHARLOTTE (1652–1722), gen. Liselotte v. d. Pfalz (2) ⚭ (1671) Philipp, Hz. v. Orléans (1640–1701) ⚭ (1) Henriette v. England (1644–1670)

- Heinr. Friedrich († 1629)
- Elisabeth, Äbtissin v. Herford († 1680)
- Ruprecht († 1682)
- Moritz († 1654)
- Louise Hollandine, Äbtissin v. Maubuisson († 1709)
- Eduard († 1663) ⚭ Anna Gonzaga
- Ludwig († 1625)
- Henriette Marie ⚭ Sigismund Rakoczi
- Philipp († 1650)
- Charlotte († 1631)
- Sophie, Kfin. v. Hannover († 1714) ⚭ Ernst August v. Hannover
- Gustav († 1641)

(2)

- Alexander Ludwig, Hz. v. Valois (1673–1676)

- - - - - - - - - - - - -

- Philipp II., Hz. v. Orléans, Regent v. Frankreich, seit 1715 (1674–1723) ⚭ Franziska Marie (1677–1749), natürl. Tochter v. Kg. Ludwig XIV. v. Frankreich
  Sohn: Ludwig v. Orléans (1703–1752) ⚭ Auguste († 1726) v. Baden-Baden
  Tochter: Louise Elisabeth (1709–1742) ⚭ Ludwig I., Kg. v. Spanien (1707–1724)

- - - - - - - - - - - - -

- Elisabeth Charlotte (1676–1744) ⚭ Leopold, Hz. v. Lothringen (1679–1729)
  Sohn: Franz Stephan (1708–1765), dt. Kaiser 1745 ⚭ Maria Theresia, Kgin. von Österreich (1717–1780)

(1)

- Marie Louise († 1689) ⚭ Karl II., Kg. v. Spanien

- - - - - - - - - - - - - - - - -

- Anne-Marie († 1728) ⚭ Viktor Amadeus Kg. v. Sardinien

* *

13 Raugrafen u. -gräfinnen :

- Karl Ludwig (1658–1688), gen. Karllutz
- Karoline Elisabeth (1659–1696 ⚭ Meinhard, Hz. v. Schomber Hz. v. Leinster († 1719)
- Luise (1661–1733), Briefpartne d. Liselotte v. d. Pfalz
- Ludwig (*† 1662)
- Amalie Elisabeth (1663–1709)
- Georg Ludwig (1664–1665)
- Friederike (1665–1674)
- Friedrich Wilhelm (1666–1667
- Karl Eduard (1668–1690)
- Sophie (*† 1669)
- Karl Moritz (1671–1702)
- Karl August (1672–1691)
- Karl Kasimir (1675–1691)

Etwa 6000 Briefe sind noch erhalten, etwa 60 000 soll Madame geschrieben haben: Briefe an ihre Halbgeschwister, die Raugräfinnen und -grafen, Briefe an ihre Tante Sophie, die Kurfürstin von Hannover, Briefe an Caroline von Ansbach, die spätere Prinzessin von Wales und Königin von England, Briefe an ihre Tochter und Stieftochter, Briefe an unterschiedliche Adressaten in Deutschland, wie den Philosophen Leibniz, in Frankreich und anderen Ländern Europas. Die Herzogin von Orléans unterhielt eine florierende Korrespondenz. Jeder Tag der Woche war einem bestimmten Briefwechsel zugeordnet: Sonntag, Dienstag und Freitag schrieb sie ihrer Tochter nach Lothringen, ebenfalls Dienstag und an einem weiteren Tag an die Prinzessin von Wales nach England; am Montag widmete sie sich der Korrespondenz mit Spanien; der Mittwoch und ein weiterer Tag waren reserviert für Hannover und donnerstags sowie samstags für die Halbgeschwister in der Pfalz. Auf diese Weise kam im Laufe ihres Lebens eine für uns heutzutage kaum fassbare Anzahl an Briefen zusammen. Der erste überlieferte Brief datiert vom 23. November 1659, der letzte ist vom 3. Dezember 1722.

Die fleißige Briefeschreiberin wurde am 27. Mai 1652 in Heidelberg als Tochter des Pfälzer Kurfürsten Karl Ludwig und seiner Gemahlin Charlotte von Hessen-Kassel geboren. Man gab ihr den Namen Elisabeth Charlotte, nach ihrer Großmutter Elisabeth Stuart, der böhmischen Winterkönigin, und nach ihrer Mutter. Berühmt aber und bis heute bekannt wurde sie als Liselotte von der Pfalz. Die kleine Prinzessin hatte einen älteren Bruder, den am 31. März 1651 geborenen Karl, mit dem sie zunächst gemeinsam in der Heidelberger Residenz aufwuchs.

Nach den Friedensschlüssen von Münster und Osnabrück, die den verheerenden Dreißigjährigen Krieg beendeten, durfte Liselottes Vater als Erbe des vertriebenen Kurfürsten in die

Kurpfalz zurückkehren, die allerdings um die Obere Pfalz verkleinert war. Nun galt es, die verwüstete Pfalz wieder aufzubauen. Kurfürst Karl Ludwig holte daher Siedler ins Land, gewährte Steuererleichterungen, eröffnete erneut die Universität in Heidelberg und zwang seiner Familie eine sparsam bis geizige Hofhaltung auf.

Seine anfänglich gute Ehe mit der schönen Charlotte von Hessen-Kassel gestaltete sich nach dem Tod des dritten Kindes 1653 immer schwieriger. Es kam vor allem im Zusammenhang mit der Geliebten des Kurfürsten, Marie Luise von Degenfeld, die zunächst eine Hofdame der Kurfürstin war, zu unerfreulichen, ja tätlichen Auseinandersetzungen. Liselottes Vater ließ sich schließlich mit Fräulein von Degenfeld morganatisch verbinden und heiratete sie am 6. Januar 1658 zudem noch kirchlich nach lutherischem Ritus. Allerdings erst nachdem er sich als Landesherr selbst von seiner Gemahlin geschieden hatte, weil sie sich „ungehorsam, halsstarrig, verdrießlich und widerspenstig“ zeigte. Viele Zeitgenossen, die diese Scheidung als ungültig erachteten, sahen in seinem Vorgehen Bigamie, was jedoch Liselottes Vater als absolutistischen Fürsten in seiner Lebensgestaltung nicht störte. Liselottes verlassener Mutter wurde ein Flügel des Heidelberger Schlosses zugestanden sowie ein gewisser Unterhalt, während die Raugräfin Luisc – zu diesem Titel war die Gattin zur Linken erhoben worden – mit ihren Kindern zumeist in Frankenthal oder Schwetzingen residierte. Insgesamt erhielt Liselotte dreizehn Halbgeschwister, von denen allerdings nur neun das Erwachsenenalter erreichten. Zu den sogenannten Raugräfinnen und Raugrafen hatte Liselotte ein gutes Verhältnis, eine von ihnen, Raugräfin Luise, wurde eine bevorzugte Briefpartnerin.

Als die Situation in Heidelberg immer unerträglicher wurde, kam Kurfürst Karl Ludwig auf die Idee, Liselotte dem Einflussbereich ihrer Mutter zu entziehen. Offenbar wollte er seine Gemahlin dadurch gefügiger machen. Die temperamentvolle Liselotte schien unter der Trennung von ihrer Mutter nicht sehr zu leiden, die sie erst als Erwachsene 1681 wiedersah. Später meinte Liselotte in einem ihrer Briefe einmal: „In meiner Jugend bin ich sehr lustig gewesen, davon ist mir der Name Rauschenplatten Knecht überkommen."

So kam die quicklebendige und übermütige Liselotte – „ich war ein vorwitzig, muthwillig kind" – im Alter von sieben Jahren 1659 zur Schwester ihres Vaters, die mit Herzog Ernst August von Braunschweig-Lüneburg, dem zukünftigen Kurfürsten von Hannover, verehelicht war. Bei Tante Sophie, die ihr zur Ersatzmutter wurde, verbrachte sie vier Jahre – „die besten Jahre meines Lebens", wie Liselotte urteilte.

Im Gegensatz zu ihrem verschüchterten und von Erziehern gegängelten Bruder Karl, entwickelte sich Liselotte zu einem ungezwungenen, freimütigen Charakter. Sie schrieb: „Ich bin mein Lebtage lieber mit Degen und Flinten umgegangen als mit Puppen; wäre gar zu gern ein Junge gewesen (...)."

An den Höfen von Hannover und in der Residenz Iburg nahe Osnabrück, wo Tante Sophie an der Seite ihres Gemahls zur „Bischöfin" avanciert war, gab es kein übertriebenes Zeremoniell. Liselotte wuchs hier mit ihren Hunden Türk, Solimann und Fidel, mit Papageien und einem Pferdchen in großer Freiheit auf. Einmal (im Winter 1659) besuchte sie mit Tante Sophie ihre Großmutter in Den Haag. Elisabeth Stuart, Ex-Königin von Böhmen und als Winterkönigin bekannt, war von der Lebhaftigkeit und dem Aussehen ihrer Enkelin hingerissen. Obwohl sich Liselotte selbst nie schön fand – „denn ich bin all mein Leben heßlich geweßen, drumb habe ich keinen Lust nehmen können, mein Bärenkatzenaffengesicht im Spiegel zu betrachten" –, lobte ihre Großmutter die Attraktivität der eigenwilligen Enkelin. Ein weiterer Besuch im Mai 1663 ist bei der Großmutter verbürgt. Damals verpasste man Liselotte ein Fischbeinkorsett, um ihr eine elegantere Haltung anzugewöhnen.

Die Kurfürstentochter erhielt eine sorgfältige Erziehung. Sie quälte sich bei Schönschreibübungen, erhielt Gitarrenunterricht, las die Bibel in Deutsch und Französisch, auch Englisch und Italienisch sollte sie erlernen, sie bekam Zeichen-, Gesangs- und Tanzunterricht, musste feine Handarbeiten herstellen, studierte ausgewählte Bücher historischen und moralischen Inhalts und durfte nicht zu viel Fleisch essen. In der Freizeit beschäftigte sie sich mit Tanz, spielte Spinett, Federball oder Billard; dabei sollte sie auf eine gute Körperhaltung achten und keine Grimassen schneiden. Oft traten Schauspieltruppen mit Tragödien von Shakespeare und Komödien von Molière im Heidelberger Schloss auf; auch Liselotte spielte bei manchen Laiendarbietungen und Scharaden mit. Nur eines durfte sie nicht erlernen: Reiten und Jagen.

1663 war Liselotte nach Heidelberg zurückgekehrt. Ihre Mutter Charlotte hatte 1662 die Residenzstadt verlassen und war in ihre Heimat nach Kassel übersiedelt, ohne jedoch der seitens des Kurfürsten ausgesprochenen Scheidung zugestimmt zu haben. Selbst als Luise von Degenfeld 1677 starb, kurz vor der Geburt ihres vierzehnten Kindes, willigte die Kurfürstin nicht in eine offizielle Scheidung ein.

Acht Jahre lebte Liselotte am Hof ihres Vaters in Heidelberg und bereiste mit ihm gemeinsam die gesamte Pfalz. Gerne weilte sie im Schwetzinger Schloss mit seinen idyllischen Gartenanlagen. Zeit ihres Lebens wird Liselotte sich nach ihrer Heimat sehnen, denn sie schrieb: „Die Pfalz ist das gelobte Land gegen andere Länder zu rechnen, denn alles ist ja gut in unserem lieben Vaterland, Luft, Wasser, Wein, Brot, Fleisch und Fisch."

Bereits seit einiger Zeit hielt man Ausschau nach einem passenden Heiratskandidaten. Im Gespräch waren Wilhelm von Oranien, der Kurprinz von Brandenburg, der Herzog von Curland und der Markgraf von Baden-Durlach. Aber dann geschah ein Ereignis, das die große Wende in Liselottes Leben brachte: Nach zehnjähriger Ehe starb die Gemahlin des Herzogs von Orléans, dem Bruder des französischen Königs Ludwig XIV. Die heimgegangene Henriette Anna war die Schwester des englischen Königs Karl II. und somit entfernt mit Liselotte verwandt. Bald suchte man nach einer neuen Ehefrau für den verwitweten Herzog Philipp. „Monsieur", wie man den Bruder des Sonnenkönigs nannte, wurde dabei ebenso wenig nach seiner Neigung gefragt – die allerdings eher den Jünglingen zugewandt war – wie Liselotte. Ihre Tante Anna Gonzaga,

Elisabeth, Mutter des letzten Staufers Konradin, und ihr zweiter Gemahl Meinhard II., Graf von Görz und Tirol, mit einem Modell des Stiftes Stams, das von ihnen gegründet wurde. (Hinterglasbild von Conversus Johannes Fuchs, um 1630/1648)

Die berühmte Schriftstellerin Christine de Pisan (Pizan) überreicht der französischen Königin *Isabeau de Bavière* zum Jahresbeginn 1414 eine illuminierte Ausgabe ihrer Werke. (Buchmalerei, Frankreich, British Library, London)

Elisabeth von Bayern-Landshut, genannt die „schöne Els“, und ihr Gemahl Friedrich VI., Burggraf von Nürnberg und erster Kurfürst von Brandenburg aus dem Hause Hohenzollern. (Tafelgemälde in der Stadtkirche zu Cadolzburg)

Jakobäa, die letzte Herzogin von Niederbayern-Straubing-Holland, führte vergebens Kriege um den Erhalt ihres Herzogtums. (Holzstich aus Michiel Vosmeer, Principes Hollandiae et Zelandiae, Antwerpen 1578)

Sabina von Bayern, streitbare Herzogin von Württemberg, trat später zum Protestantismus über. (Gemälde von Bartel Beham, 1502–1540, Alte Pinakothek, München)

Die Familie des Winterkönigs. Hintere Reihe (v. l. n. r.): Elisabeth, Karl I. Ludwig, Elisabeth Stuart (Gemahlin Friedrichs V.), Heinrich Friedrich, Friedrich V. (Kurfürst von der Pfalz, König von Böhmen); vordere Reihe (v.l.n.r.): Henriette Marie, Louise Hollandine, Eduard, Philipp, Moritz, Rupert/Ruprecht, Sophie. (Gemälde, Nachfolger des Gerhard van Honthorst. Kunsthandel London, Sotheby's)

Elisabeth von der Pfalz, Philosophin und Fürstäbtissin von Herford. (Kupferstich, Wilhelm Hondius d. J. zu geschrieben, mit Widmungsgedicht von Caspar Barläus, um 1640)

Louise Hollandine von der Pfalz, Malerin und Äbtissin von Maubuisson. (Gemälde von Gerard van Honthorst, Ashdown House, The Craven Collection)

Sophie von der Pfalz, Kurfürstin von Hannover und Erbin von England. (Gemälde von Gerard van Honthorst, um 1648, Kurpfälzisches Museum, Heidelberg)

Liselotte von der Pfalz, Herzogin von Alençon-Orléans, war eine leidenschaftliche Briefeschreiberin. (Gemälde nach Pierre Mignard, um 1680, Museo del Prado, Madrid)

Ulrika Eleonore, eine vergessene Königin von Schweden aus dem Hause Wittelsbach. (Zeitgenössischer Kupferstich)

Maria Antonia, Kurfürstin von Sachsen, gerühmte Dichterin und Komponistin. (Gemälde von Pietro Rotari, 1707–1762, Gemäldegalerie Alte Meister, Dresden)

Auguste, Schwiegertochter Napoleons und spätere Herzogin von Leuchtenberg. (Gemälde von François Pascal Simon Gérard, 1770, Châteaux de Versailles et de Trianon)

Helene, Herzogin in Bayern, verschmähte Kaiserbraut und spätere „Erbfürstin" von Thurn und Taxis. (Fürst Thurn und Taxis Zentralarchiv und Hofbibliothek)

Elisabeth, genannt Sisi, geb. Herzogin in Bayern, Kaiserin von Österreich und Königin von Ungarn, mit ihrem Lieblingshund Shadow. (Fotografie von Rabending & Münckhoven, Wien, 1869)

Marie, Herzogin in Bayern, spätere Königin von Neapel-Sizilien und berühmte „Heldin von Gaeta". (Fotografie von F. Hanfstaengl, 1857)

Mathilde, Herzogin in Bayern und spätere Gräfin von Trani. (Fotografie von F. Hanfstaengl, ca. 1870)

Sophie, Herzogin in Bayern, Braut König Ludwigs II. von Bayern und spätere Herzogin von Alençon. (Fotografie von F. Hanfstaengl, ca. 1870)

Therese, Tochter des bayerischen Prinzregenten Luitpold, Naturforscherin, Schriftstellerin und Ehrendoktorin. (Fotografie von A. Baumann, 1904)

die inzwischen verwitwete Gemahlin ihres Onkels Eduard, hatte die Kurprinzessin ins Gespräch gebracht und bereits am 7. August 1671 kam die offizielle Werbung um Liselottes Hand in Heidelberg beim Kurfürsten an.

Ein Problem war bei dieser politisch-dynastischen Verbindung noch zu lösen: Die Braut musste ihre Konfession wechseln und katholisch werden, was dann am 15. November 1671 kurz vor der Vermählung in der Kathedrale von Metz geschah. Einen Tag später heiratete Liselotte den Herzog von Orléans, der sich durch den Herzog von Plessis-Praslin vertreten ließ. Erst vier Tage darauf trafen die Neuvermählten in Châlons zusammen und konnten sich erstmals in Augenschein nehmen.

Ein Zeitgenosse Liselottes, Ezechiel Spanheim, beschrieb die junge Herzogin von Orléans dergestalt: „Was die Person Madames angeht, so zeichnet sie sich in Frankreich durch ihr Alter von neunzehn Jahren, eine schöne und freie Gestalt, eine ungezwungene Haltung, ein offenes und unbefangenes Wesen, ein Gesicht, das zwar nicht die Züge einer ebenmäßigen Schönheit trug, an Liebreiz aber nichts zu wünschen übrig ließ, durch Noblesse und Sanftmut aus." Liselottes Ehemann hatte „pechschwarzes Haar, dichte braune Augenbrauen, große braune Augen, ein sehr langes und ziemlich schmales Gesicht, eine große Nase, einen sehr kleinen Mund und häßliche Zähne (...). Er hatte eher die Verhaltensweisen einer Frau als die eines Mannes." Philipp von Orléans war homosexuell orientiert. Dies veranlasste auch den französischen Schriftsteller Proust, Liselotte respektlos als die „Frau einer Tunte" zu bezeichnen.

Madame teilte ihrer Tante Sophie 1696 freimütig mit: „Monsieur hatt nichts in der welt im kopff alß seine junge kerls, umb da gantze nächte mitt zu freßen, zu sauffen, undt gibt ihnen unerhörte summen gelts, nichts kost ihm noch ist zu thewer vor die bursch; (...)." Und später bekannte sie, „daß ich den buben kein leydt thun will, daß ich freündtlich undt höfflich mitt ihnen rede (...)."

Die junge Herzogin erduldete die homosexuellen Begierden ihres Ehemannes, wie auch seine seltsamen Bettgebräuche, wie sie nach dem Tode ihres Gemahls in einem Brief an Caroline von Wales gestand: „Mons. Seel. (Monsieur Seelig) machte mich einmal von Herzen lachen. Er brachte immer ein Chapelet (= Rosenkranz) ins Bette mit vielen Medaillen behängt, das betete er an, ehe er einschlief. Nachdem das aus war, hörte ich ein gross Gerassel von den Medaillen, als wenn er sie unter der Decke herum führe. Ich sagte: Gott möge mir verzeihen, aber ich glaube, Ihr führt Eure Reliquien und Marienbildchen in einem Land spazieren, das ihnen unbekannt ist. Mons. antwortete: Schweigt und schlaft; Ihr wißt nicht, was Ihr da redet. Einstmals stund ich allgemach auf, das Nachtlicht stellte ich so, daß es ins Bett leuchten konnte; wie er seine Medaillen unter der Decke spazierte, nahm ich ihn vest bei dem Arm, lachte und sagte: Diesmal müßt Ihr es mir sagen. Mons. lachte auch, und sagte: Ihr als ehemalige Hugenottin wißt nichts von der Macht der Reliquien und Marienbildchen. Sie bewahren die Körperteile, über die man damit reibt, vor allem Übel. Ich antwortete: Verzeiht mir Monsieur, aber Ihr könnt mir nicht weismachen, daß man die Jungfrau dadurch ehrt, daß man mit ihrem Bild über die Körperteile streicht, die dazu bestimmt sind, die Jungfräulichkeit zu rauben. Mons. lachte doch und sagte: ich bitte Euch, erzählt niemandem etwas davon."

Immerhin setzten Madame und Monsieur drei Kinder in die Welt: die Söhne Alexander und Philipp sowie zuletzt Elisabeth Charlotte. Nachdem das Herzogspaar seine dynastische Pflicht erfüllt hatte, bezog es getrennte Schlafzimmer. Worüber Liselotte recht froh war, wie sie selbst gestand, da sie „das Handwerk, Kinder zu bekommen, gar nicht geliebt" habe.

Aus der ersten Ehe ihres Gemahls hatte Liselotte zwei Stiefkinder: Marie-Louise war etwa zehn Jahre alt und die jüngere Anne-Marie, geb. 1669, erst zwei, als Liselotte zur neuen Madame wurde. Zur Älteren, der nachmaligen Königin von Spanien, entwickelte sich bald ein eher schwesterliches Verhältnis und für die Jüngere, die später zur Königin von Sardinien avancierte, empfand sie bald eine tiefe mütterliche Zuneigung.

Am 2. Juni 1673 kam Liselotte mit ihrem ersten eigenen Kind in Saint-Cloud, dem Schloss ihres Gemahls, nieder. Alexander Ludwig erhielt sogleich den Titel eines Herzogs von

Valois. Die glückliche Mutter teilte ihrer Tante Sophie in Hannover mit: „Waß aber meinen kleinen ahnbelangt, so ist er schrecklich groß und starck, daß er met verlöff met verlöff eher einem teutschen undt Westfällinger gleich sicht, alß einen Frantzoßen (...)." Ein Jahr später kam der zweite Sohn, nach dem Vater Philipp genannt, zur Welt. Mit mütterlichem Stolz schrieb sie Tante Sophie: „Ich hab zwey dolle heyligen, welche den gantzen tag ein gerass mit trummeln machen, daß man weder hören noch sehen kann (...)."

Mitte März 1676 raubte der Tod Liselottes Erstgeborenen. Noch in einem Brief aus dem Jahre 1719 erinnerte sich Madame: „Ich habe meinen sohn 6 Monat beweint, meinte narisch drüber zu werden; den schmertzen kann niemandts wißen, so kein kindt gehabt hatt."

Am 13. September 1676 wurde Liselotte von einer Tochter entbunden, die „so fett wie eine gemeste gans undt sehr groß vor ihr alter" war, wie sie die großen Schmerzen der Geburt vergessend erfreut berichtete. 1684 wurde die kleine Elisabeth Charlotte zur „Mademoiselle de Chartres" ernannt. Standesgemäß vermählte sie sich 1697 mit Herzog Leopold von Lothringen und wurde über ihren Sohn, den späteren Kaiser Franz Stephan, zur Schwiegermutter Kaiserin Maria Theresias von Österreich und damit zur Stammmutter des Hauses Habsburg-Lothringen.

Der Versailler Hof König Ludwigs XIV. von Frankreich war zur Zeiten Liselottes das wichtigste Machtzentrum in Europa und zugleich der Mittelpunkt der höfischen Gesellschaft Frankreichs. Die Aristokratie buhlte um die Gunst des Herrschers, von seinem Wohlwollen hingen Prestige und Stellung ab. Auch Liselotte musste sich in diesen Zwängen bewähren, was ihr einige Jahre recht gut gelang. Die neue Madame wurde sogar zur Stilikone und ihre Gewohnheiten waren en vogue. Am 5. Februar 1672 schrieb Liselotte an ihre Tante Sophie verwundert über die immobile Hofgesellschaft: „Es ist nicht, daß ich hier mehr spaziere oder stärker, als ich bei uns pflegte, aber die Leute hier sein so lahm wie die Gänse, und ohne den König, Madame de Chevreuse und ich ist kein Seel, so zwanzig Schritt tun kann ohne schwitzen und schnaufen." Allerdings kam jetzt das Spazierengehen in den weitläufigen Gärten und Parkanlagen am Hof unter Liselottes Einfluss in Mode.

Madames Unbefangenheit gefiel dem königlichen Schwager Ludwig XIV. Als Liselotte zudem noch in kurzer Zeit ausgezeichnet reiten lernte sowie die Parforce- und Falkenjagd schätzte, stand Madame in huldvoller Gnade des Sonnenkönigs, der ihre Passion für Pferde, Hunde und die Jagd teilte. Im Juni 1680 berichtete die Zeitschrift „Mercure galant" ihren Lesern über die Herzogin von Orléans: „Sie wissen, daß sie eine Amazone zu Pferde ist und daß es nur wenige Männer gibt, die sie in dieser Sportart übertreffen." Aber Liselotte liebte auch andere Vergnügungen, sodass Madame de Sévigné 1672 erstaunt an ihre Tochter weitergab: „Jeden Abend gibt es Bälle, Komödien und Maskeraden in Saint-Germain. Der König legt einen Eifer an den Tag, die neue Madame zu unterhalten, wie er ihn bei der anderen nie gezeigt hat." Über Liselottes Auftreten in Versailles urteilte der Diplomat und Gelehrte Spanheim folgendermaßen: „Sie verbindet damit ein offenes, freies, ehrliches Wesen, weit entfernt von aller Affektiertheit und Künstelei und (ist) im Übrigen wenig darauf bedacht, durch ihre Erscheinung oder großen Aufwand für ihre Aufmachung gefallen zu wollen. Ihr Denken entspricht dem: rasch, prompt, fröhlich, praktisch, Feind vor allem des Zwanges und der Verstellung."

Die beiden ranghöchsten Damen nach der Königin waren damals am Hofe des Sonnenkönigs also zwei Wittelsbacher Prinzessinnen: einmal die Pfälzerin Liselotte, als Gemahlin des königlichen Bruders „Madame" genannt, und zum anderen ihre entfernte Cousine aus Bayern. Maria Anna, Tochter des Kurfürsten Ferdinand Maria, war als Gemahlin des Thronfolgers die „Dauphine" und damit die Schwiegertochter Ludwigs XIV. Acht Jahre jünger als Liselotte hatte Maria Anna am 17. November 1660 in München das Licht der Welt erblickt. Ihr Bruder Max Emanuel folgte 1679 seinem Vater als Kurfürst in Bayern nach, Bruder Joseph Clemens wurde 1688 Kurfürst von Köln und Schwester Violanta Beatrix vermählte sich 1689 mit dem Medici-Fürsten Ferdinand III. von Toskana und wurde als Gouverneurin von Siena berühmt.

Maria Annas Hochzeit mit dem Dauphin entsprang der französischen Allianz-Politik mit Bayern. Obwohl die bayerische Kurfürstentochter äußerlich als hässlich galt, gewann sie durch ihr Auftreten und ihren Esprit, wie Colbert nach Frankreich berichtete: „Je öfter man die Prinzessin sieht, desto angenehmer findet man sie. Ihr mildes Gemüt verbindet sich mit einer Leichtigkeit im Ausdruck. Sie besitzt Güte, Redlichkeit und Gewandtheit, ist sehr fromm, erfüllt von Nächstenliebe und sie hat Tugenden, die vom ganzen Hof ehrend anerkannt werden." Am 28. Januar 1680 wurde die Eheschließung in Abwesenheit des Bräutigams, der durch Max Emanuel, den Bruder der Braut, vertreten wurde, in der Münchner Residenz gefeiert. Anfang Februar brach Maria Anna mit einem Gefolge von etwa 500 Personen in ihre neue Heimat auf. Als die französische Königin Marie Therese am 30. Juli 1683 starb, wurde die bayerische Wittelsbacherin Maria Anna zur ersten Dame in Frankreich und die Pfälzer Wittelsbacherin Liselotte nahm den zweiten Rang ein.

Beide Frauen mochten sich, wie Liselotte berichtete: „Was Madame la Dauphine ahnbelangt, so bin ich über die maßen content von I.L., denn sie ist recht gutt und erweist mir alle Freundschafft, wo es ihr immer möglich ist; (...)."

Maria Anna brachte drei Kinder zur Welt. Seit 1689 verschlechterte sich allerdings ihr Gesundheitszustand, immer häufiger musste sie das Bett hüten und konnte am höfischen Leben nicht mehr teilnehmen. Liselotte schrieb an Tante Sophie: „Unsere Mad. La Dauphine ist woll nicht vergifft, aber sie wirdt je länger je baufälliger und es ist mir todtbang, daß es nicht lang wehren wirdt." Mit kaum 30 Jahren starb Maria Anna im März 1690. Nun war Liselotte offiziell die Erste Dame in Frankreich. Allerdings hatte dies geringe Auswirkungen, denn das vormals gute Verhältnis zu Ludwig XIV. hatte sich nach und nach verschlechtert, wozu vor allem dessen Maitresse Madame de Maintenon beitrug.

Seit 1685 lebte Liselotte im Dauerkonflikt mit dem Sonnenkönig, was zu ihrer zunehmenden Isolierung am Hof führte. An ihre Halbschwester, die Raugräfin Amelise (Amalie Elisabeth), schrieb Liselotte 1706: Mein Verhängnis „hat mich in Frankreich geführt da habe ich gelebt da muß ich auch woll sterben, Teutschlandt ist mir noch allezeit lieb undt ich bin so wenig propre vor Franckreich daß ich mein gantz leben mitten im hoff, in einer großen Einsamkeit zu bringe (…).“ Aufseufzend meinte sie einmal: „Madame sein ist ein ellendes Handwerck.“

1680 war Liselottes Vater gestorben und hatte die Pfalz samt Kurwürde seinem Sohn Karl hinterlassen. Als dieser 1685 das Zeitliche segnete, kam die Kurlinie Simmern-Sponheim an ihr Ende, da keine leiblichen Erben vorhanden waren. Gemäß dem Erbvertrag vom 22. Mai 1685 folgte nun Philipp Wilhelm aus der Wittelsbacher Linie Pfalz-Neuburg als Kurfürst nach. Allerdings beanspruchte auch König Ludwig XIV. im Namen seiner Schwägerin die Pfalz, obwohl Liselotte vor ihrer Heirat auf ihr Pfälzer Erbe verzichtet hatte. Der sich über Jahre hinweg ziehende Krieg zwischen Frankreich auf der einen und der kaiserlichen Allianz auf der anderen Seite verwüstete die Pfalz in weiten Teilen. Erst 1697 konnte Frieden geschlossen werden, in welchem Frankreich die besetzten linksrheinischen Gebiete wieder an die Kurpfalz zurückgeben musste. Allerdings blieb das Elsass mit Straßburg bei Frankreich. Liselotte, die dem Wüten in ihrer Heimat ohnmächtig zusehen musste, schrieb an Tante Sophie: „Unterdeßen ist unßer dauphin nun ein krigsman worden und gestern nach der armee verreist, Philippsburg wolle er Manheim und Franckenthal einnehmen undt vor mein interesse den krieg führen; ich antwortete aber (die folgenden Zeilen im Original in französischer Sprache, hier übersetzt wiedergegeben): Wenn Ihr meinen Rat befolgt, werdet Ihr nicht aufbrechen, denn ich gestehe Euch, daß ich nichts anderes als Schmerz und keineswegs Freude darüber empfinden kann, daß man sich meines Namens bedient, um mein armes Vaterland zu zerstören.“

Am 1. September 1715 starb Ludwig XIV., nachdem er 72 Jahre über Frankreich geherrscht hatte. Liselottes Sohn, Herzog Philipp II. von Orléans, übernahm für den erst 5-jährigen Enkel des Sonnenkönigs, der ihm als Ludwig XV. nachfolgte, die Regentschaft. Damit wurde Madame zur Regenten-Mutter, mit dem offiziellen Titel „Madame Mère du Regent". Sie nahm diese Rangerhöhung wohl mit Genugtuung zur Kenntnis, denn die zwangsweise Verehelichung ihres Sohnes, des jetzigen Regenten Frankreichs, mit der natürlichen Tochter Ludwigs XIV. von seiner Maitresse Madame de Montespan hatte Liselotte tief in ihrer Standeswürde gekränkt. Derartige Mesalliancen bezeichnete sie derb als „Mausdreck mit Pfeffer vermischen".

Madame nahm nicht aktiv am politischen Geschäft teil. Allerdings verfolgte sie die Geschehnisse mit wachem Verstand. Am 22. September 1716 schrieb sie mit gewissem Understatement an Prinzessin Caroline von Wales, die spätere englische Königin: „Warum ich mich in nichts mischen will, das will ich offenherzig heraussagen: ich bin alt, habe mehr Ruhe von nöthen, als geplagt zu seyn; ich mag nichts anfangen, was ich nicht wohl zu Ende bringen könnte; regieren habe ich nie gelernt; ich verstehe mich weder auf Politik noch auf Staatssachen und bin viel zu alt, was so schweres zu lernen. Mein Sohn hat Gottlob! Verstand, die Sache ohne mich auszuführen; (...)." Allerdings bekannte sie 1701 in einem Brief, dass „es mir all mein leben leydt gewesen, ein weibsmensch zu sein, undt churfürst zu sein, wehre mir, die wahrheit zu sagen, beßer angestanden, alß Madame zu sein." Auch der Sonnenkönig war von ihrer Urteilskraft beeindruckt, denn er hatte daran gedacht, Liselotte als Regentin einzusetzen. Dazu meinte Madame 1717: „Der König hatte bessere Opinion von meinem Hirnkasten, als er werth ist, wie ich erst gestern erfahren. Denn er hat mich mit aller Gewalt mit meinem Sohn wollen zur Regentin machen. Gott sey Dank! Daß er es nicht gethan, ich wäre sonst zum Narren darüber geworden." Dass dies nicht der Fall gewesen wäre, beweisen Liselottes Briefe und die darin zum Ausdruck kommende Urteilskraft, ihr gesunder Menschenverstand sowie die Fähigkeit zur humorvoll-kritischen Distanz.

Liselottes Sohn musste nun ein Frankreich voller Probleme regieren: hohe Steuern und Missernten belasteten die Bevölkerung, und die Kriege der letzten Jahre bewirkten eine ökonomische wie diplomatische Krise. Frankreichs Vorherrschaft in Europa war zu Ende. An den Philosophen Leibniz schrieb Madame in jener Zeit: „Man hat ihm das Königreich in einem bedauerlichen Zustand überlassen, schlimmer als man sich es vorstellen kann, und obwohl er Tag und Nacht arbeitet, glaubt er selbst nicht, daß er vor neun oder zehn Jahren etwas Nützliches zustande bringen wird."

Ein Lichtblick in diesen Zeiten war die Salbung und Krönung des jungen französischen Königs, die am 25. Oktober 1722 in Reims stattfand. Liselotte ließ es sich, trotz ihrer angeschlagenen Gesundheit, nicht nehmen dabei zu sein. Zum einen sah sie bei dieser Gelegenheit auch ihre Tochter wieder und zum anderen lernte sie ihre lothringischen Enkelkinder kennen, darunter Franz Stephan, den nachmaligen Kaiser und Gemahl der Kaisertochter Maria Theresia von Österreich.

Bereits seit zehn Jahren litt Liselotte unter Migräne- und Erstickungsanfällen, unter Beklemmungen und geschwollenen Beinen. Der kleinste Schritt brachte sie in Atemnot.

Kurz vor ihrem Tod schrieb Liselotte am 3. Dezember 1722 den letzten Brief an ihre Halbschwester: „Herzallerliebste Luise, die Zeitung, so ich Euch heut von meiner Gesundheit zu sagen habe, wird Euch wohl gar nicht gefallen. Ich werde täglich elender, möchte wohl ein schlimm End nehmen, aber ich bin gottlob zu allem bereit, bitte nur den Allmächtigen, mir Geduld zu verleihen in meinen großen Schmerzen, so ich Nacht und Tag ausstehen muß, sowohl durch meine erschreckliche Schwachheit, als auch sonst durch mein elendes Leben (...) Nimmt mich Gott zu sich, müßt Ihr Euch in dem getrösten, daß ich ohne Reu noch Leid sterb, die Welt gern verlasse (...)."

Unter dem 4. Dezember 1722 berichtet Matthieu Marais, ein Zeitgenosse, in seinen Memoiren: „Madame, die Mutter des Regenten, ist sehr krank und ist (es) seit der Krönung immer gewesen. Man weiß sich nicht zu helfen. Die Ärzte kommen von allen Seiten und machen ihr große Hoffnungen. Sie sagt ihnen aber alle, sie seien Scharlatane, und sie würde daran sterben. Sie besitzt sehr viel Mut und Geistesstärke. Sie hat ihre lothringische Familie in Rheims gesehen und sich vor der Reise nicht gescheut, denn der Tod, sagte sie, könne einen überall treffen. Der Regent bezeigte ihr immer Liebe und Verehrung. Warum weinst du? Muß man nicht sterben? Sagte sie zu ihrem Sohn, und zu einer Hofdame, die ihr die Hand küssen wollte, sagte sie: Küssen Sie mich auf den Mund, ich gehe in ein Land, wo es keine Standesunterschiede gibt."

Liselotte von der Pfalz, Madame und Herzogin von Orléans, starb am 8. Dezember 1722 in Saint-Cloud. „Ohne jeden Trauerpomp" wünschte sie in Saint-Denis beigesetzt zu werden. Mathieu Marais hielt in seinem Tagebuch fest: „Wir verlieren eine gute Fürstin, und das ist eine Seltenheit."

Eine Wittelsbacherin auf Schwedens Thron

ULRIKA ELEONORA

(1688–1741)

Familie und schwedische Königskrone

Haus WITTELSBACH
Linie Pfalz-Zweibrücken

Johann I., d. Historiker, v. Zweibrücken, Pfalzgf. u. Hz. (1550–1604) ꝏ Magdalena v. Jülich-Kleve-Berg (1553–1633)

Johann II. v. Zweibrücken († 1635)
Linie erlischt 1661

Friedrich Kasimir v. Zweibrücken-Landsberg († 1645)
Linie erlischt 1681

Johann Kasimir v. Zweibrücken-Kleeburg (1589–1652) ꝏ Katharina v. Schweden (1584–1638)

Haus WASA

Karl IX., Kg. v. Schweden (1550–16
ꝏ (1) Maria v. d. Pf
(1561–1589)
ꝏ (2) Christine v. Holstein-Gottorp (1573–1625)

(1) → Katharina v. Schweden

(2) → Gustav II. Adolf, Kg. v. Schweden (1
1632) ꝏ Maria Ele
Brandenburg (1599–

Christine, Kgin. v. Schweden (1626–1689) dankt ab 1654
Krone geht an ihre
Vetter Karl Gustav
Haus Wasa erlischt

Adolf Johann v. Kleeburg (1629–1689)

Linie erlischt 1731 mit Gustav Samuel Leopold, seit 1718 Hz. v. Zweibrücken

Karl X. Gustav, Pfalzgf. u. Hz. (1622–1660), Kg. v. Schweden ꝏ Hedwig Eleonore v. Holstein-Gottorp (1636–1715)

Karl XI., Kg. v. Schweden, (1655–1697) ꝏ Ulrika Eleonora v. Dänemark (1656–1693)

Haus OLDENBURG
Linie HOLSTEIN-GOTTORP

Hedwig Sofia (1681–1708) ꝏ Friedrich IV., Hz. v. Holstein-Gottorp (1671–1702) → Sohn: Karl Friedrich (1700–1739) ꝏ Anna Petrowa → Sohn: Karl Peter Ulrich wird Zar Peter III. v. Russland

ULRIKA ELEONORA (1688–1741), Kgin. v. Schweden ꝏ Friedrich, Landgf. v. Hessen-Kassel, Kg. v. Schweden (1676–1751)

Keine Kinder; Thronfolger (1743 gewählt): Neffe v. Hedwig Sofia v. Schweden und Friedrich IV. v. Holstein-Gottorp

Karl XII, Kg. v. Schweden (1682–1718)
Keine Kinder
Krone geht an sein
jüngere Schwester

– Adolf Friedrich v. Holstein-Gottorp (1710–1771), Kg. v. Schweden (Eltern: Christian v. Holstein-Gottorp ꝏ Albertine von Baden-Durlach; ihre väterl. Großmutter Christina Magdalena v. Zweibrücken war eine Schwester v. Kg. Karl X. v. Schweden)

– Gustav III. (1746–1792), Kg. v. Schweden

– Gustav IV. Adolf (1778–1837), Kg. v. Schweden, abgesetzt 1809; Krone geht an seinen Onkel

– Karl XIII. (1748–1818), Kg. v. Schweden u. seit 1814 Kg. v. Norwegen

Die kgl. Linie erlischt – Krone geht an den Adoptivsohn

Haus BERNADOTTE

Karl XIV. Johann (1763–1844), Adoptivsohn v. Kg. Karl XIII., frz. Marschall, Kg. v. Schweden

Linie Bernadotte bis zur Gegen

Ulrika Eleonora war nicht die erste Wittelsbacherin auf Schwedens Thron. Ihr weit voraus ging Beatrix, Tochter Kaiser Ludwigs IV., genannt der Bayer. Sie ehelichte Erik Magnusson und wurde an dessen Seite von 1356 bis 1359 Königin von Schweden sowie Herrin von Schonen. Damals waren die Zeiten unruhig. Die schwedische Aristokratie unterstützte den Aufstand Erik Magnussons gegen seinen regierenden Vater Magnus II. Eriksson. Deshalb nahm Erik Magnusson 1356 den Königstitel an, beendete ein Jahr später die Streitigkeiten mit seinem Vater und beide teilten sich das Reich. Allerdings währte dieses Arrangement nicht lange. 1359 starb der erst 20-jährige König Erik (XII. von Schweden) und nur wenig später folgte ihm seine schwangere Königin ins Jenseits nach. Nach Beatrix Tod dauerte es einige Jahrhunderte, bis wieder eine Wittelsbacherin auf Schwedens Thron Platz nahm.

Dazwischen aber regierten einige Männer aus dem Hause Wittelsbach in Schweden: Zunächst als eine Art Intermezzo Herzog Christoph aus der Linie Pfalz-Neumarkt. Er wurde 1440 als Nachfolger seines Onkels König Erik VII., einem Bruder seiner Mutter, zum König von Dänemark, Schweden und 1441 von Norwegen berufen. Mit seinem Tode 1448 erlosch allerdings die Linie Pfalz-Neumarkt. Die nächste wittelsbachische Epoche begann mit Karl X. Gustav aus der Linie Pfalz-Zweibrücken-Kleeburg. Sein Vater, Pfalzgraf Johann Kasimir, hatte die Tochter des schwedischen Königs Karl IX. aus dem Hause Wasa geheiratet, die zugleich die Halbschwester von König Gustav Adolf war. Als dieser 1632 in der Schlacht bei Lützen fiel, erbte seine erst fünfjährige Tochter Christine die schwedische Krone. Königin Christine dankte jedoch 1654 ab, reiste nach Rom und trat zum Katholizismus über. Den schwedischen Thron hinterließ sie ihrem Vetter Karl Gustav, der durch seine schwedische Mutter Katharina als nächster männlicher Verwandter galt.

Damit war die schwedische Krone wieder beim Haus Wittelsbach angekommen. Nunmehr sollten drei Wittelsbacher Könige aus der Pfälzer Linie die Geschichte Schwedens bestimmen: Karl X. Gustav (1622–1660), Karl XI. (1655–1697) – der 1681 auch das Herzogtum Pfalz-Zweibrücken erbte – und Karl XII. Als Letzterer unverheiratet und ohne leiblichen Erben starb, gab es nur mehr eine Wittelsbacherin – seine jüngere Schwester, die den Thron beanspruchte.

Ulrika Eleonora war am 23. Januar 1688 als letztes Kind ihrer Eltern – Karl XI. und seiner dänischen Gemahlin – in Stockholm geboren worden. Von den sieben Kindern überlebten nur drei das Kleinkindalter: Hedwig Sophia (geb. 1681), Karl (geb. 1682) und Ulrika Eleonora, die nach ihrer Mutter benannt worden war. Im Alter von fünf Jahren verlor die kleine Prinzessin ihre hochgebildete, künstlerisch talentierte und sozial engagierte Mutter. Daraufhin übernahm Königinwitwe Hedwig Eleonore (geborene von Holstein-Gottorp) die Erziehung ihrer Enkelin.

Bereits 1697 war König Karl XI. von Schweden gestorben und Ulrikas Bruder Karl XII. hatte als 15-Jähriger den schwedischen Thron bestiegen. Im März des Jahres 1700 griffen Dänemark, Russland und Sachsen überraschend Schweden an und eröffneten damit den Großen Nordischen Krieg. Nach Siegen über Dänemark (Frieden von Traventhal 1700) und Russland (Schlacht von Narva 1700) wandte sich König Karl XII. Sachsen und Polen zu, die in Personalunion verbunden waren. Der Friedensschluss 1706 beinhaltete den endgültigen Verzicht Sachsens auf die polnische Krone. Nunmehr begann Karl XII. den unglücklichen russischen Feldzug (1708/09), der für ihn mit der Niederlage von Poltawa und seiner Flucht ins Osmanische Reich vorläufig endete. Von dort aus versuchte Ulrikas Bruder mit Unterstützung des türkischen Sultans Ahmed III. die Russen zu attackieren. Bald der Misserfolge müde, nahmen die Türken den kämpferischen Karl gefangen. In der Zwischenzeit besetzte Russland das unter schwedischer Herrschaft stehende Finnland und der sächsische König August II. gewann die polnische Königskrone von Neuem für seine Dynastie.

Nach fünf Jahren bei den Türken kehrte Karl XII. in einem nur 15 Tage dauernden Gewaltritt quer durch Europa 1714 ins schwedische Stralsund zurück. Immer noch gab Karl nicht auf: 1715–1718 versuchte er die alten Machtverhältnisse wieder herzustellen. Im Ringen um die Vorherrschaft über die Ostsee unterlag er Russland, das nun die schwedische Großmacht im Norden ablöste. Karl XII. fiel, von einem vermutlich verirrten „Cartätschen-Schuß" in den Kopf getroffen, bei der Belagerung der Festung Fredriksten 1718. Sogleich kamen Gerüchte in Umlauf, dass sein Tod ein Mordanschlag war. Sogar seine Schwester Ulrika Eleonora geriet unter Verdacht, zumal König Karl – der „rauhe Kriegsfürst" – unverheiratet und ohne Erben geblieben war und sie ihm in diesem Fall auf Schwedens Thron nachfolgte.

Diese Karriere war allerdings 1715, als die Königstochter Friedrich von Hessen-Kassel in Stockholm ehelichte, nicht vorauszusehen gewesen. Ihr Bruder König Karl XII. hatte damals sogar gemeint: „Heute tanzt meine Schwester Schwedens Krone hinweg." Denn bei strenger Auslegung der schwedischen Thronfolgeregelungen erbte nach dem kinderlosen Sohn zunächst die älteste noch ledige Königstochter. Eine spätere Eheschließung sollte nur mit Zustimmung der Stände möglich sein. Nun war aber die ältere Schwester Hedwig Sofia, die mit Herzog Friedrich IV. von Holstein-Gottorp verheiratet war, bereits 1708 gestorben. Indes ihr Sohn Karl Friedrich machte sich Hoffnungen auf den schwedischen Thron. Da aber der gefallene König Karl der Hochzeit seiner jüngeren Schwester mit Friedrich von Hessen-Kassel zugestimmt hatte, sah vor allem die hessische Partei darin auch eine Zustimmung zur Thron-Nachfolge. Zumal Ulrika Eleonora bereits während der Abwesenheit ihres königlichen Bruders in Schweden als dessen Stellvertreterin fungiert und im Rat der Stände den Sitz eingenommen hatte.

Drei Jahre vor König Karls Tod hatte die damalige Kronprinzessin an ihrem Geburtstag, dem 23. Januar, ihre Verlobung gefeiert. Ulrika Eleonora, eine nicht hübsche, aber aparte Erscheinung mit charaktervoller Nase, geistreich und charmant, schenkte dabei ihrem Verlobten acht prächtig aufgezäumte Reitpferde. Friedrich, der mit seiner „hohen stattlichen Gestalt, den schönen Zügen und dem leutseligen Wesen" seine Zukünftige bezauberte, verehrte ihr ein Diamantenbukett im Wert von 30000 Reichstalern. Bereits im März vermählte sich das Paar in einer einfachen Zeremonie. In den Gemächern der Braut-Großmutter weihte am 24. des Monats um zehn Uhr abends der Erzbischof das Brautpaar im Beisein weniger Zeugen, darunter der Neffe der Braut, der junge Herzog Karl Friedrich von Holstein-Gottorp (Gottorf).

Als Oberbefehlshaber und höchster Offizier musste der frischvermählte Friedrich viel im Königreich umherreisen und das Land im Innern militärisch stärken. Hierin unterstützte ihn seine Gemahlin und besorgte die nötigen Gelder im Königlichen Rat. Freilich lag Schweden aufgrund der zahlreichen Kriege ausgeblutet und fast bankrott darnieder. Im ganzen Königreich war Finanzminister Georg Heinrich von Görtz verhasst, da er die Bevölkerung immer stärker belastete. Geldverschlechterung und Menschenverluste führten das Land an den Abgrund. Ein reisender Holländer berichtete, dass er 1719 in Schweden nur mehr Greise und Kinder gesehen habe, aber „keinen einzigen jungen Kerl zwischen 20 und 40, außer den Soldaten." 1697 lebten 1.363.000 Menschen in Schweden und 1718 nach König Karls Tod nur mehr 1.205.000. In 21 Jahren waren also 158.000 Menschen, das ist jeder Achte, im Krieg oder an seinen Folgen gestorben. Andere sprechen von 200.000 bis einer Million gefallener Schweden und Finnen. Einmal wurde Friedrich bei Kampfhandlungen in Norwegen schwer verwundet zu seiner Frau zurücktransportiert. Dem Tode nahe, genas er dank ihrer Pflege wieder und riet dem König in einer Denkschrift vom 21. Dezember 1716 zu Friedensverhandlungen mit Dänemark, damit sich das Land wieder erholen könne.

Zwei Jahre später traf die Nachricht vom Tode Karls XII., des „Löwen von Mitternacht", in Stockholm ein. Daraufhin ließ sich Ulrika Eleonora vom Reichsrat am 6. Dezember 1718 umgehend als Königin ausrufen, ohne dass die Frage der legitimen Erbfolge nochmals diskutiert wurde. Bereits im Mai 1711 hatte Karl seiner Schwester geschrieben: „Beunruhigen Sie sich nicht, was auch da kommen mag, denn unser Herr wird Alles zum Guten wenden; nur ist es an uns, den Muth aufrecht zu halten. Wenn neues Unglück uns überraschte, so würde sich doch bald wieder Alles zum Bessern wenden, und wenn mir selbst etwas Unvorhergesehenes zustossen sollte, so bitte ich dennoch meine Herzensschwester, nicht den Muth zu verlieren, sondern im Gegentheil sich fest und entschlossen zu zeigen."

Dies beherzigte Ulrika Eleonora nun. Sogleich ließ sie Baron von Görtz und andere Holsteiner gefangen nehmen und dem Landeshauptmann übergeben. Finanzminister Görtz wurde hingerichtet, ein „politischer Mord", wie manche urteilten. Friedrich, der Gemahl der Königin, meinte jedoch: „Die Rage der Stände hat dominirt." Denn dieses Todesurteil war auch Ausdruck des Hasses der Stände gegen die absolutistische Herrschaft des Königs und Baron von Görtz war dessen Sündenbock.

Die Ständeversammlung huldigte der neuen Königin von Schweden, die zugesagt hatte, auf die Alleinherrschaft zu verzichten und „auf die althergebrachte Weise mit dem Ratschlag des Rates" zu regieren. Damit war der Absolutismus im Königreich Schweden, den Ulrika Eleonoras Vater durchgesetzt hatte, abgeschafft und eine eher „konstitutionelle" Monarchie eingeführt. Nun trat die Ständeversammlung wieder neben die Königsmacht, was sogleich „in allen Kirchen von denen Cantzeln abgelesen und verkündigct" wurde. Auf dem Reichstag im Januar 1719 aberkannten die Stände sogar die Thronfolge als Erbrecht und kehrten zurück zum Wahlkönigtum. Allem musste Ulrika Eleonora zustimmen, erst dann wurde sie offiziell von den vier Ständen – Adel, Klerus, Vertreter der Städte und freien Bauern – am 23. Januar 1719 zur Königin Schwedens gewählt. Dem Wunsch, ihren Gemahl Friedrich zum Mitregenten zu machen, wurde nicht entsprochen. Dieser erhielt nur den Titel „Königliche Hoheit" und blieb Generalissimus.

Als alles geregelt war, ging man daran, die Bestattung des verstorbenen Königs zu planen. Die Königin wünschte eine feierliche Grablege („solenn begravning"), der Rat bestimmte jedoch aus Sparsamkeit ein militärisches Begräbnis. So wurde Karls einbalsamierter Leichnam im Februar 1719 in der Riddarholmskyrka zu Stockholm beigesetzt. Die Königin nahm nicht persönlich daran teil, was bei nahen Verwandten zur damaligen Zeit durchaus üblich war. Ihr Gemahl Friedrich vertrat sie bei der Totenfeier.

Ein Zeugnis königlicher Geschwisterliebe ist uns überliefert; als Karl XII. vom Tode seiner älteren Schwester Hedwig Sofia (11. Dezember 1708) erfahren hatte, schrieb er an Ulrika Eleonora aus der Türkei: „Mein Hoffen beschränkt sich nur darauf, dass dieser Brief Dich in guter Gesundheit antreffe, dass unser Herr Dich mir erhalte und dass mir noch einmal in meinem Leben das Glück zu Theil werde, Dich zu sehen. Das Bewusstsein, dass ich Dich noch besitze, lässt mich noch am Leben hangen nach dem furchtbaren Schlag, der mich getroffen hat und den zu überleben ich nicht für möglich gehalten hätte. Mit tausend Schmerzen hätte ich gern die eine Freude erkauft, als der Erste von uns Dreien zu sterben; nun ist es mein liebstes Hoffen, dass ich nicht das Unglück erleben müsse, der Letzte zu sein, und dass unser Herr mir das Glück zu wenden werde, unmittelbar auf diejenige zu folgen, die wir beweinen; es ist dies ein Vorrecht, das ich als der Aeltere in Anspruch nehme."

Am 17. März 1719 wurde Ulrika Eleonora im Dom von Uppsala zum „erwählten schwedischen König" (nicht Königin!) gekrönt. Unter einem Baldachin schreitend, geleiteten sie die Würdenträger des Reiches zur Kirche. Im Chorraum des Domes nahm die Wittelsbacherin auf einem erhöht stehenden Thronsessel Platz, legte vor dem Altar feierlich den Eid ab, empfing den Reichsmantel und die Salbung sowie vom Erzbischof und dem obersten Vertreter des Reichsrates die Krone Schwedens. Salutschüsse und öffentliche Verkündigung der Krönung folgten. Danach kniete Friedrich vor seiner Gemahlin und Königin nieder, küsste ihr die Hand und sprach den Treueeid. In einer achtspännigen silbernen Kutsche fuhr die Königin durch die Stadt und ließ von ihrem Rentmeister 2200 „Crönungs-Medaillen" für das Volk auswerfen. Als abendliches Festmahl spendete man den Einwohnern Uppsalas den traditionellen „kröningsoxen", gefüllt und gebraten, samt sechs Fass Wein.

Nun war die absolute Monarchie in Schweden verschwunden, der Reichstag, das heißt die Versammlung der Stände, hatte die eigentliche politische Macht übernommen. Noch einmal versuchte Königin Ulrika Eleonora mehr Einfluss zu gewinnen: Sie erhob viele Personen einfacher Herkunft in den Adelsstand – einmal bis zu 300 an einem Tag –, um sich im Reichstag Verbündete zu schaffen. Auch traf sie oftmals ohne den Rat des Reichstags Entscheidungen, dessen Schwäche nach dem Rücktritt des Kanzleipräsidenten Graf Arvid Horn die königliche Position stärkte.

Viele Historiker kennzeichnen Ulrika Eleonora als eine „Königin ohne Macht", die kein Verständnis für die neue Verfassung hatte und die sich immer unbehaglicher in ihrer Königinnenrolle fühlte. Ein Beweis dafür soll sein, dass die Königin in der Ständeversammlung vom Januar 1720 erneut die Mitregentschaft ihres Gemahls zur Sprache brachte, ja sogar eine Doppelregentschaft vorschlug. Die niederen Stände waren nicht abgeneigt, dem zuzustimmen und dem Königspaar mehr Macht zu geben. Die Gegner wünschten jedoch den Verzicht der Königin auf die Krone. Seltsam bei diesen Vorgängen ist, dass der Prinzgemahl Friedrich mit dem gegnerischen Grafen Horn gemeinsame Sache machte und ihm, sollte der Plan gelingen, wichtige Ämter versprach. Als aber eine Partei sogar wieder Karl Friedrich von Holstein-Gottorp als Anwärter auf die schwedische Krone in Erwägung zog, dankte Königin Ulrika Eleonora am 29. Februar 1720 zugunsten ihres Ehemannes ab – und so blieb Schwedens Thron in der engsten Familie. Allerdings behielt sie sich die Nachfolge vor, falls König Friedrich vor ihr sterben sollte. Zwei Zugeständnisse musste der neue König noch machen: Einmal hatte er sein reformiertes Bekenntnis abzulegen und das lutherische anzunehmen, zum anderen verpflichtete er sich, den „Ständeparlamentarismus" beizubehalten, der ihm immer mehr Mitwirkungsmöglichkeiten nahm. So durfte ab 1723 der König die Reichstage nicht mehr einberufen, keine Ernennungen und Entlassungen von

Militärs bzw. Zivilpersonen mehr vornehmen, die Privilegien der Stände nicht mehr antasten, die öffentlichen Gelder nicht mehr mit verwalten und niemanden mehr in den Adelsstand erheben – all dies hatte die Königin noch zu nutzen gewusst. Nun war der König nur noch der oberste Repräsentant des Landes, ein „König mit gebundenen Händen", manche meinten sogar nur eine bloße Marionette. Friedrich von Hessen-Kassel wurde am 24. März 1720 zu Schwedens König gewählt und am 3. Mai 1720 in Stockholm gekrönt. Damit war die Epoche der Könige und einer Königin aus dem Hause Wittelsbach in Schweden beendet.

Aber auch das Haus Hessen-Kassel konnte sich auf dem Schwedenthron nicht lange halten, obwohl König Friedrich I. gerne seinen Bruder Wilhelm als Nachfolger gesehen hätte. Dessen ungeachtet bestimmte das Ständeparlament 1723 Karl Friedrich von Holstein-Gottorp zum Kronprinzen und verlieh ihm den Titel einer Königlichen Hoheit sowie eine Pension von 50 000 Silbertalern.

Das kinderlose Königspaar reiste viel im Land umher, besuchte Fabriken, Bergwerke und Bauernhöfe. König Friedrich nahm an den Sitzungen des Reichsrates – anders als vormals die Königin – nicht mehr teil, zog sich resignierend ins Privatleben zurück und widmete sich überwiegend der Jagd und den Frauen. Manche Historiker bezeichnen ihn daher als einen „der schlimmsten Könige Schwedens".

1730 starb Landgraf Karl von Hessen-Kassel und hinterließ seinem Sohn Friedrich im fernen Schweden das Land. Nun war Königin Ulrika Eleonora von Schweden zusätzlich noch Landgräfin von Hessen-Kassel geworden. Friedrich durfte die Landgrafschaft jedoch nur einmal 1731 besuchen, ob in Begleitung seiner Gemahlin ist nicht bekannt. Die Verwaltung Hessen-Kassels übernahm Friedrichs Bruder Wilhelm. Allerdings flossen Gelder nach Schweden, die das Königspaar finanziell unabhängig vom schwedischen Ständeparlament und den zugewiesenen Apanagen machte.

Inzwischen war die Ehe Ulrika Eleonoras, die in ihren Gemahl sehr verliebt gewesen sein soll, am Nullpunkt angelangt.

Friedrich hatte sich 1731 eine „Nebenfrau" zugelegt und das Hoffräulein Hedwig Taube samt den gemeinsamen Kindern zu Gräfinnen bzw. Grafen von Hessenstein erhoben. Einmal noch versuchte die Königin gegen die Mätresse 1741 auf dem Reichstag mit Unterstützung der Geistlichkeit vorzugehen, aber vergebens. Am 19. November klagte Ulrika Eleonora über Kopfschmerzen und musste sich mit Fieber zu Bett begeben. Nachdem sie lange mit ihrem Gemahl gesprochen und die letzten Dinge geregelt hatte, entschlief die Wittelsbacherin am 24. November 1741. König Friedrich starb zehn Jahre später an einem Schlaganfall. Beide liegen in der Grabkapelle der Riddarholmskyrka zu Stockholm zur ewigen Ruhe gebettet.

Dem schwedischen König Friedrich aus dem Haus Hessen-Kassel folgte 1751 Adolf Friedrich von Holstein-Gottorp nach. Dieser, bereits zum Fürstbischof von Lübeck avanciert, wurde am 31. Juli 1743 zum schwedischen Thronfolger durch die Ständeversammlung gewählt. Der bisherige Thronfolger Karl Friedrich war 1739 gestorben. Sein Sohn wurde als Peter III. Zar von Russland und kam daher für die schwedische Krone nicht in Frage. So musste in der weiteren Verwandtschaft nach einem zukünftigen König gesucht werden. Man fand ihn in Adolf Friedrich, dem Cousin Karl Friedrichs. Dieser konnte seine Abstammung auf zwei schwedische Königshäuser zurückführen, einmal auf das Haus Wasa und zum anderen auf die Wittelsbacher. Die königliche Linie des Hauses Holstein-Gottorp erlosch erst 1818 mit Karl XIII. Nun erbte dessen Adoptivsohn Jean Baptiste Bernadotte, der französischer General unter Napoleon war und als Karl XIV. Johann den schwedischen Thron bestieg. Das Haus Bernadotte stellt bis heute die schwedischen Könige und in Zukunft wohl auch eine Königin.

Die „Arkadische" –
Kurfürstin von Sachsen

MARIA ANTONIA

(1724–1780)

Herkunft und Familie

WITTELSBACH

Maximilian II. Emanuel, Kf. v. Bayern (1662–1726) ⚭ Therese Kunigunde v. Polen (1676–1730)

HABSBURG

Josef I. v. Österreich, röm.-dt. Kaiser (1678–1711) ⚭ Amalia Wilhelmine v. Braunschweig-Calenberg (1673–1742)

WETTIN

August I./II., gen. „der Starke", Kf. v. Sachsen, Kg. v. Polen (1670–1733) ⚭ Christiane Eberhardine v. Brandenburg-Bayreuth (1671–1727)

Karl Albrecht, Kf. v. Bayern (1697–1745), seit 1742 als Karl VIII. röm.-dt. Kg. 1741 erw. Kg. v. Böhmen ⚭ Amalia Maria v. Österreich (1701–1756)

Maria Josefa, Erzhzin. v. Österreich (1699–1757) ⚭ Friedrich August II./ Kf. v. Sachsen, Kg. v. Polen (1696–1763)

- Maximiliane Maria (*† 1723)
- Theresia Benedicte (1725–1743)
- Maximilian III. Joseph, Kf. v. Bayern (1727–1777) ⚭ Maria Anna v. Sachsen (1728–1797)
- Joseph Ludwig (1728–1733)
- Maria Anna (1734–1776) ⚭ Ludwig Georg, Mgf. v. Baden-Baden (1702–1761)
- Josepha Maria (1739–1767), 2. Gem. ⚭ Joseph II. v. Österreich, röm.-dt. Kaiser (1741–1790)

MARIA ANTONIA (1724–1780) ⚭ (1747) Friedrich Christian, seit 1763 Kf. v. Sachsen (1722–1763)

Sohn N.N. (*† 1748)

Karl Maximilian (1752–1781)

Joseph Maria (1754–1763)

Anton Clemens (1755–1836), genannt „der Gütige", Kg. v. Sachsen ⚭ (1) Maria Caroline v. Sardinien († 1782) ⚭ (2) Maria Theresia v. Österreich; keine Kinder; Nachf.: Neffe Friedrich August

Maria Amalia (1757–1831) ⚭ Karl III. August Christian, Hz. v. Pfalz-Birkenfeld-Zweibrücken (1746–1795)

Maximilian Maria Joseph, Erbprz. v. Sachsen (1759–1838) ⚭ (1) Carolina Maria v. Bourbon-Parma (1770–1804); 7 Kinder ⚭ (2) Maria Luisa v. Bourbon-Parma (1802–1857); keine Kinder

Therese Maria (1761–1820)

Sohn (*† 1762), totgeb.

Friedrich August III./I. (1750–1827), Kf. v. Sachsen, Kg. v. Sachsen, erw. Kg. v. Polen u. Hz. v. Warschau ⚭ Maria Amalie, Pfalzgfin. v. Zweibrücken-Birkenfeld-Bischweiler (1752–1828), 1. Kgin. v. Sachsen; T: Maria Augusta (1782–1863) Bruder: *Anton Clemens erbt!*

Franz Xaver (1730–1806), Administrator v. Sachsen ⚭ (morg.) Cla[…] Maria Spinucc[…] († 1792); 10 Kinder

Maria Anna (1728–1797) ⚭ Max III. Joseph, Kf. v. Bayern (1727–1777)

(1)

Friedrich August II., Kg. v. Sachsen (1797–1854); Neffe v. Kg. Anton Clemens ⚭ (1) Maria Karoline v. Österreich († 1832); keine Kinder ⚭ (2) Maria Anna (1805–1877), T. v. Max I. Joseph, Kg. v. Bayern; keine Kinder Nachf.: sein Bruder Johann

Johann, Kg. v. Sachsen (1801–1873) ⚭ Amalie Auguste (1801–1877), T. v. Max I. Joseph, Kg. v. Bayern *insges. neun Kinder*

Nur wenig ist über ihre Kindheit und Jugendzeit bekannt. Am 18. Juli 1724 meldete der Münchner Hof ihre Geburt: Um halb vier Uhr in der Früh kam die Kurprinzessin „mit einer gesundten und wohlgestalten Prinzessin" nieder. Das Kind sei so „fürwitzig" gewesen, „vor der Zeit die Welt anschauen zu wollen", wurde noch hinzugefügt. Der Täufling erhielt die Namen Maria Antonia Walpurgis Symphorosa von Bayern. Als Patin fungierte die Großmutter, Kaiserin Amalie, die Gemahlin Kaiser Josephs I. von Österreich.

Maria Antonia war die älteste Tochter des seit 1726 bayerischen Kurfürstenpaares Karl Albrecht, dem späteren römisch-deutschen Kaiser Karl VII., und Maria Amalie, einer österreichischen Erzherzogin.

Zunächst wurde die kleine Prinzessin in die bewährten Hände der Kinderfrau, genannt die „alte Chambonin", übergeben. Bis zu ihrem 16. Lebensjahr erzog sie dann Gräfin von Lerchenfeld und danach Gräfin Coronini. Früh zeigte sich bei Maria Antonia eine Neigung zum Theater; bereits als Kind führte sie Komödien auf. Wie ihre Geschwister erhielt Maria Antonia fundierten Musikunterricht und brachte es zu einiger Meisterschaft im Gesang und Klavierspiel, übte sich zudem in der Malerei. Musisch begabt und darüber hinaus lernbegierig, beherrschte sie bald Latein und Französisch in Wort und Schrift, so dass sie später sogar als Übersetzerin hervortrat.

Im österreichischen Erbfolgekrieg, der 1740 begann, beriefen sich sowohl Sachsen als auch Bayern auf die weibliche Erbfolge, die in der „Pragmatischen Sanktion" vorgesehen war. Denn mit Kaiser Karl VI. war der letzte männliche Habsburger gestorben und daher sollte ihm seine Tochter Maria Theresia nachfolgen. Nun waren aber die Kurfürsten von Sachsen und Bayern ebenfalls mit einer Habsburger Kaisertochter verheiratet und erhoben deshalb Ansprüche auf Österreich. Bayern sollte Böhmen und Oberösterreich, Sachsen dagegen Mähren und Niederösterreich erhalten, wohingegen Friedrich II. von Preußen vorpreschte und sich militärisch Schlesien sicherte. Obwohl Kurfürst Karl Albrecht am 26. November 1741 Prag eroberte und am 19. Dezember dort zum Böhmischen König, ja sogar am 12. Februar 1742 in Frankfurt am Main zum Kaiser gekrönt wurde, verlor er im Krieg sein Land Bayern an die Österreicher und die kurfürstlich-kaiserliche Familie musste deshalb mehrere Jahre im Frankfurter Exil leben. Nach dem prunkvollen Krönungsfest in Frankfurt schrieb Kaiser Karl VII. an seinen Feldmarschall Graf von Törring lamentierend: „Meine Krönung ist gestern vor sich gegangen mit einer Pracht und einem Jubel ohne gleichen, aber ich sah mich zur gleichen Zeit von Stein- und Gichtschmerzen angefallen – krank, ohne Land, ohne Geld kann ich mich wahrlich mit Hiob, dem Mann der Schmerzen, vergleichen." Im Oktober 1744 endlich nach München zurückgekehrt, starb der Kaiser am 20. Januar 1745. Sein Sohn Max Joseph übernahm die Regierungsgeschäfte und schloss am 22. April 1745 mit Maria Theresia in Füssen Frieden.

Ein Jahr später (Juli 1746) feierte der Münchner Hof zu Schloss Nymphenburg mit einem glanzvollen Ball und prächtigem Feuerwerk die Verlobung der kurfürstlichen Schwester, die der sächsische Gesandte Graf Gersdorf als eine „ungemein delicate Prinzessin" schilderte, welche „von einer üblen Nacht ordentlich viele Tage incommodirt werde, des Reisens, der Hitze und starker Bewegung keineswegs gewohnt sei". Allerdings besserte sich die körperliche Konstitution der Braut später dergestalt, dass sie ohne Beschwerden bis zu sechs Stunden zu Pferd sitzen konnte.

Zwischen dem kurbayerischen und kursächsischen Haus war eine Doppelhochzeit vereinbart worden: Maria Antonia wurde dem sächsischen Kurprinzen Friedrich Christian und dessen Schwester Maria Anna dem bayerischen Kurprinzen Max Joseph versprochen. Während der Brautzeit entspann sich ein eifriger Briefwechsel zwischen Maria Antonia und ihrem zukünftigen Gemahl. Bisweilen verfasste sie täglich drei und Friedrich Christian bis zu zehn Briefe! An die 200 dieser Verlobungsbriefe werden heute noch in den Archiven aufbewahrt. Erläuternd zu einem Porträt, das die Wittelsbacherin an ihren Verlobten schickte, schrieb sie: „Ich bin noch dunkler, ich habe eine rote Nase und eine Menge Pickel. Ich sollte das alles nicht sagen, aus Angst, daß Sie mich verabscheuen könnten, doch ich will Sie nicht täuschen und wenn ich auch nicht schön bin, schmeichle ich mir doch, dass Sie Ihre Aufmerksamkeit nicht auf meine Figur richten werden, sondern auf meine Art zu denken." Wie Zeitgenossen berichten, bezauberte die Prinzessin hauptsächlich durch ihre Bildung, ihren Charme und ihre Eloquenz.

Am 30. Mai 1747 waren die Ehevertragsverhandlungen endlich abgeschlossen. Neben ihrer Ausstattung erhielt Maria Antonia Schmuck im Werte von 110 750 fl. (Goldgulden) sowie eine Mitgift von 100 000 Talern (Reichstaler, d. i. eine Silbermünze) mit einer ebensolchen Widerlage. Als Morgengabe wurden 50 000 fl. festgesetzt; im Falle der Witwenschaft war ihr Schloss Pretzsch (an der Elbe) als Wohnsitz bestimmt.

Am Abend des 13. Juni 1747 fand die Trauung satt, umrahmt von einer Reihe von Festlichkeiten mit Illuminationen. Zwei Tage später verließ die Braut München, überschritt am 18. Juni die sächsische Grenze und hielt am Nachmittag des 20. Juni feierlichen Einzug in Dresden, wobei für 600 Taler goldene und silberne Vermählungsmünzen ausgeworfen wurden. Am Abend um 6 Uhr segnete die Geistlichkeit das Brautpaar ein, wiederum gefolgt von prunkvollen Festlichkeiten, wie der „Ceremonien-Tafel" mit anschließender Illumination sowie einem „Masquirten Nachtrennen". Die nächsten Abende waren der Oper und der Operette vorbehalten, ein Jahrmarkt und ein Damen-Rennen beschlossen die Hochzeitsfeier in Dresden. Am 28. Juni fuhr der Hof nach Schloss Pillnitz und hier wurden eine italienische Komödie aufgeführt, eine Abend-Tafel mit prächtiger Illumination sowie ein Nachtschießen abgehalten. Der nächste Tag brachte eine Operette mit Feuerwerk – und dementsprechend reihte sich Festlichkeit an Festlichkeit, bis am 3. Juli die Hofgesellschaft wieder nach Dresden abreiste.

Friedrich Christian entpuppte sich als „trefflicher" Ehemann, „wenn auch körperlich gebrechlich und an den Füßen gelähmt, war (er) ein Mann vom wohlwollendsten Gemüth und dem edelsten Character", wie sein Biograf Carl von Weber 1857 formulierte, „von inniger Liebe zu den schönen Künsten und Wissenschaften beseelt, harmonirte er hierin ganz mit seiner Gemahlin, und wenn seine Milde und Herzensgüte vielleicht der Entwicklung größerer Energie bisweilen entgegentreten mochte, so war Marie Antonia gerade nach ihrer Persönlichkeit geeignet, diesen Mangel, wenn man es als solchen bezeichnen wollte, auszugleichen."

Der Kurprinz war seiner Gemahlin recht zugetan. Stolz berichtete die junge Ehefrau ihrer Mutter, dass ihr Gatte, der wegen seiner Behinderung im Rollstuhl saß und daher nicht tanzen konnte, ihr zuliebe bis morgens um 4 Uhr auf dem Hofball ausgeharrt und dabei viel „Staub geschluckt habe".

Am sächsischen Hof in Dresden entwickelte die Kurprinzessin ihre musischen Talente weiter: Sie nahm Gesangs- und Kompositionsunterricht, spielte virtuos Klavier und ließ sich zusätzlich auf der Laute unterweisen. Maria Antonia komponierte zwei Opern, zu denen sie auch die Libretti schrieb: 1754 wurden „Il trionfo della Fedeltá" und 1763 „Talestri, Regina delle Amazzoni" in Dresden uraufgeführt. Weitere Aufführungen folgten in Bayreuth, München und Padua, sogar in England waren ihre Opern bekannt. In der großen Arie der Talestri lässt Maria Antonia die Amazonenkönigin in herrscherlicher Haltung zur ungehorsamen Priesterin Tomiri sagen:

„Erwäge, wer ich bin!
Mich zeugte die Natur zu einer Königin
Dich, untertan zu sein. Vergiß nicht, und erwäge
Wer du bist, wer ich sei? Vor allem überlege
Daß deine Frechheit noch die Strafe nach sich zieht
Wenn mein erwachter Zorn vielleicht zur Rache glüht.
Des Meeres wilde Wuth hört schwerlich auf zu toben.
Wann einst vom Sturm erregt, die Wellen sich erhoben."

Neben Opernmusik komponierte Maria Antonia zudem zahlreiche Kantaten und Arien. Demgemäß bewunderte Kaiserin Maria Theresia von Österreich sehr die „unvergleichlichen Talente“ der Wittelsbacherin.

Die Kurprinzessin wandte sich nicht nur der Musik, sondern auch der Poesie zu. Bereits 1747 wurde sie daher in die Akademie „Arcadia“ zu Rom aufgenommen, „wegen der reinen Zärtlichkeit der Sprache, wie auch Schönheit und Stärke der Dichtkunst.“ Sie erhielt das Pseudonym „Ermelinda Talea Pastorella Arcada“. Mit den Abkürzungsbuchstaben E.T.P.A. signierte sie nunmehr ihre Werke. Die „Gesellschaft der Arkadier“ (Accademia dell'Arcadia) war kurz nach dem Tod der ehemaligen schwedischen Königin Christine von dem sie umgebenden Dichterkreis 1690 gegründet worden. Ziel war dabei, die Einfachheit, Schönheit und Eleganz der Sprache in der Poesie zu beleben.

Manchmal kam allerdings dabei eher eine manieriert-galante Schäferdichtung heraus. Die Schäferspiele an den Höfen des 18. Jahrhunderts idealisierten das Hirtenleben in idyllischer Landschaft. Im schattigen Hain tummelte sich die Rokoko-Hofgesellschaft in Schäferinnen und Schäfer verwandelt; man flüchtete vor dem Reglement des Hofes in die lockere Heiterkeit der Natur, wo Venus und Amor, Bacchus und die Grazien das Zepter schwangen.

Ernsthafte Dichter dachten bei Arkadien an die griechische Region auf der Peloponnes als dem Schauplatz bukolischer Poesie. Zur Zeit Maria Antonias war der wichtigste Vertreter der Arkadier der europaweit berühmte Librettist Antonio Pietro Metastasio (geboren als Pietro Trapasso, 1698–1782), der seit 1730 am kaiserlichen Hof zu Wien tätig war, aber auch Verbindungen nach Dresden unterhielt. Aus der Dichtkunst der Arkadier heraus entwickelten sich schließlich die vorromantische und neoklassische Poesie. Vierzig Jahre nach Maria Antonia trat Goethe während seiner Italienreise am 4. Januar 1787 der Akademie „Arcadia“ in Rom bei.

Neben der Beschäftigung mit der Dichtkunst übersetzte die Kurprinzessin auch Dramen aus dem Italienischen und Französischen ins Deutsche, schrieb selbst Libretti, Kantaten- und Prosatexte. In Dresden machte sie das französische und das deutsche Theater heimisch. Ihr schriftstellerisches Werk wird heute in der Sächsischen Landesbibliothek in Dresden aufbewahrt.

Als Malerin von Selbstporträts wie Familienbildnissen trat Maria Antonia ebenfalls hervor. Die „Accademia di San Luca" machte sie zu ihrem Mitglied. Allerdings sind ihre Gemälde bis heute noch nicht wissenschaftlich verzeichnet und bewertet. Sie förderte Künste und Wissenschaften gleichermaßen, so dass sie als „großmütige Minerva" bezeichnet wurde. Maria Antonia glänzte auch als Sängerin: Der englische Musikforscher Charles Burney erlebte 1772 die damals 48-Jährige auf seiner Europareise in Schloss Nymphenburg bei München: „Um acht Uhr versammelte sich die Kapelle des Kurfürsten. Die verwitwete Kurfürstin von Sachsen sang eine ganze Szene aus ihrer eigenen Oper ‚Talestri'; der Kurfürst spielte die Violine, und Naumann akkompagnierte dabei auf dem Flügel. Sie sang in einem wirklich feinen Stile; ihre Stimme ist sehr schwach, aber sie zwingt sie niemals und bleibt immer rein im Tone. Das Rezitativ, welches mit Akkompagnement war, trug sie in der Manier der großen Sänger von alten und bessern Zeiten vor. Sie hatte lange von Porpora gelernt, der lange in ihres Schwiegervaters, des Königs von Polen, Diensten gestanden und zu Dresden sich aufgehalten hat. Dieses Rezitativ war ebenso schön geschrieben, als es schön vorgetragen ward. Die Arie war ein Andante, reich an Harmonie, einigermaßen in der Art der besten Händelschen Opernarien von der Zeit."

Der Preußenkönig Friedrich der Große, bekanntlich Musikliebhaber und Flötist, mit dem Maria Antonia korrespondierte, schrieb einmal huldigend: „Wenn man Künste und Tugenden in einer Person vereinigt findet, ist es möglich zu verhindern sie zu lieben? Diese Liebe ist nicht der Art, die vor Scham errötet, deren Flamme nicht den Brand in das Herz der Liebenden trägt, aber eine unwiderstehliche Anhänglichkeit, von Bewunderung begleitet. Das, Madame, ist das Gefühl, welches Sie in meiner Seele erwecken, und das keine Macht darin zerstören kann."

Glücklich sollte die Ehe des kurfürstlichen Paares werden: In seinem „Geheimen politischen Tagebuch" nannte Friedrich Christian seine Gemahlin sogar sein „zweites Ich". Am 23. Dezember 1750 kam das erste Kind – Friedrich August – zur Welt. Maria Antonias Mutter sparte daraufhin nicht mit brieflichen Ratschlägen, nannte ihr Enkelkind „das liebste Mantscherl" und empfahl der jungen Mutter weniger Tabakgenuss: „Es ist mir ganz recht, meine liebste Tochter, daß Du dein liebes Kind so herzlich liebst, aber daß wäre zu viel, wenn Du aus Lieb und tendresse wie man es von den Affen sagt, ihn dadurch wehe tätest, wie Du es doch geforchten gehabt, weil Du nicht gemerkt daß der Tabak die Ursach seines Schreiens gewesen, wird aber auch dieser dem lieben Kind in Augen wohl nicht wenig wehe gethan haben (...) ich glaube daß es nicht nöthig, daß ich Dich bitte hinführo die Nasen und Gesichte wenn Du ihn kussen willst, besser in Obacht zu nehmen." Insgesamt hatte Maria Antonia neun Schwangerschaften. Zwei Söhne kamen tot zur Welt (1748/1762), fünf Söhne und zwei Töchter überlebten: Friedrich August, der Erbkurprinz und spätere erste König von Sachsen, Karl Maximilian, Joseph Maria, Anton Clemens, der seinem Bruder auf dem sächsischen Königsthron nachfolgen sollte, und Maximilian Maria, dessen Sohn Friedrich August einmal seinen Onkel beerben würde, sowie die zwei Töchter Maria Amalia und Therese Maria.

Seit 1754 gewann der „junge Hof" des Kurprinzen-Paares immer mehr Einfluss in Sachsen. In Abwesenheit ihres Schwiegervaters Friedrich August, der sich in Polen aufhielt, führte die Kurprinzessin die Geschäfte der Hofwirtschaft, wobei ihr Gemahl „fast ganz in den Hintergrund" trat, wie ihr Biograf Carl von Weber bemerkt. Ende August 1756 brach der Siebenjährige Krieg aus und die preußische Armee marschierte in Sachsen ein. Maria Antonia blieb bis Oktober 1759 in Dresden, obwohl dessen Vorstädte bereits niedergebrannt waren. Schließlich musste sie Dresden doch verlassen, ging über verschiedene Stationen nach Prag und 1760 nach München ins Exil. Erst Ende Januar 1762 konnte sie mit ihrer Familie nach Dresden zurückkehren.

Am 5. Oktober 1763 starb unerwartet Kurfürst Friedrich August von Sachsen, zugleich König von Polen, und sein Sohn Friedrich Christian bestieg den kurfürstlichen Thron. Damit eröffnete sich für Maria Antonia die Möglichkeit, „ihre große Befähigung zum Regieren" zu beweisen. Sogleich wurden ihr die „Disposition und Direction" des staatlichen Finanzwesens und die Leitung der Porzellanmanufaktur in Meißen übertragen. Auch außenpolitisch schloss sie Kontakte und war gerade dabei, für ihren Gemahl den Weg auf den verlorenen polnischen Königsthron wieder zu ebnen, als dieser am 17. Dezember 1763 überraschend das Zeitliche segnete. Nur 74 Tage war er Kurfürst und damit seine Gemahlin Kurfürstin gewesen. Dennoch hatten sie eine anspruchsvolle Politik verfolgt, um das durch den Krieg verwüstete und verschuldete Sachsen erneut emporzubringen: Die Verwaltung wurde verschlankt, die Wirtschaft wieder aufgebaut, der Hofstaat verkleinert – Sparsamkeit war oberstes Gebot! In seinem politischen Tagebuch hielt Friedrich Christian fest: „Die Fürsten sind für ihre Untertanen da und nicht die Untertanen für die Fürsten. Der Reichtum der Untertanen, der öffentliche Kredit und eine gut stehende Armee machen das wahre Glück des Fürsten aus." Mit dieser Auffassung erwies sich Maria Antonias Gemahl ganz als ein Fürst der Aufklärung.

Mit ihm gemeinsam hatte Maria Antonia die Regierungsgeschäfte geführt. Nun trat neben sie ihr Schwager Franz Xaver, der zusammen mit ihr die Vormundschaft über den erst dreizehnjährigen Thronfolger übernahm. Die 40-jährige Kurfürstinwitwe verlor jedoch schnell an Macht, zumal sich ihr Sohn immer mehr dem Einfluss der Mutter entzog.

Mit seiner Vermählung am 29. Januar 1769 wurde der junge Kurfürst Friedrich August, nachmals „der Gerechte" genannt, mündig. Seine Gemahlin Maria Amalie von Zweibrücken-Birkenfeld-Bischweiler, ebenfalls eine Wittelsbacherin wie ihre Schwiegermutter, allerdings aus der pfälzischen Linie, avancierte 1806 an seiner Seite zur ersten Königin von Sachsen.

Maria Amalia war die Schwester des späteren Königs von Bayern Max I. Joseph, dessen zwei Töchter – Maria Anna und

Amalie Auguste – ebenfalls in das sächsische Königshaus einheirateten. Amalie Augustes Nachkommenschaft sicherte dem Haus die sächsische Krone, sodass Maria Antonia durch ihren Sohn Maximilian und ihren Enkel Johann zur Stammmutter der sächsischen Könige wurde.

1769 trat Maria Antonia gesellschaftlichin die zweite Reihe zurück. Dennoch belief sich ihr Hofstaat weiterhin auf 161 Personen. Eine schwere Krankheit brachte sie im November 1770 an den Rand des Todes. Kurreisen führten Maria Antonia 1771 nach Aachen und Spaa. Nach ihrer Genesung bereiste die Kurfürstinwitwe ein Jahr später Italien mit Rom, Neapel, Venedig und Verona. Überall wurde sie höchst ehrenvoll empfangen, sogar in einer Audienz beim Papst. Wichtig aber war der Sängerin Maria Antonia der Besuch des 67-jährigen Kastraten Farinelli in Bologna; danach soll sie ausgerufen haben: „Jetzt kann ich ruhig sterben!"

In den Folgejahren hielt sich Maria Antonia oftmals längere Zeit in München und bei ihrer Tochter Maria Amalie in Zweibrücken auf. Diese hatte im Februar 1774 den Pfalzgrafen Karl August, Herzog von Zweibrücken, geheiratet, der als Erbe aller wittelsbachischen Länder galt. Zweimal weilte sie 1769 und 1770 bei Friedrich II. von Preußen in Sanssouci. Es entstand ein reger Briefwechsel, der bereits 1763 begonnen hatte und schließlich 226 Briefe umfasste.

Am 30. Dezember 1777 starb ihr geliebter Bruder Max III. Joseph, Kurfürst von Bayern, und auch Maria Antonia fing an zu kränkeln. Sie litt unter schmerzhaften Gichtanfällen, war Anfang 1780 unpässlich und hustete stark. Die Ärzte diagnostizierten ein Brustgeschwür. Am 23. April 1780 verschied die Wittelsbacherin im Alter von 56 Jahren. Das Protokoll des sächsischen Oberhofmarschalls hielt fest: „Den 23. April 1780 brach der betrübte Tag an, an dem wir die gnädigste Fürstin gänzlich verlieren sollten. Schon in der Früh fanden sich beiderseits Kurfürstliche Durchlauchten bei der hohen Patientin ein, bis endlich diese teuerste Mutter nachmittags ¾ auf vier Uhr in Dero gewöhnlichem Schlafzimmer das Zeitliche mit dem Ewigen verwechselte." Den Untertanen teilte die Zeitung mit: „Heute

Nachmittag halb 4 Uhr sind Ihro Königliche Hoheit die Churfürstin seelig im Herrn entschlafen. Abends 7 Uhr wurde die hohe Leiche durch 6 Cammerdiener in das Bayerische Zimmer auf das Beeth gelegt, allwo einstweilen 2 Cammerdienerinnen, 2 Cammerdiener, 2 Portiers, die Wache thaten, im Audienzzimmer aber verblieben der wachhabende Officier von der Garde du Corps, 1 Cammerherr, 1 Cammerjunker, 2 Pagen, 1 Hofmedicus, und 1 Hofchirurgus."

Der Obduktionsbericht besagte, dass die Lunge angegriffen und sich im Herzen der Kurfürstinwitwe vier Polypen befunden haben. Kurfürst Friedrich August veröffentlichte zum Ableben seiner Mutter eine Anzeige, in der es hieß: „Sie war eifrig in den Pflichten der Religion, barmherzig gegen Arme und Hilfsbedürftige, kundig der Wissenschaften und Künste, überaus geduldig in Geschäften und Arbeiten, die liebreichste, zärtlichste, beste Mutter."

Am 29. April fand die feierliche Beisetzung statt. In allen Kirchen des Landes wurden im Frühsommer Trauer- und Gedächtnispredigten gehalten. Man pries Maria Antonias Talente, ihre Meisterschaft in den schönen Künsten, ihre Erfolge als „Finanzminister Sachsens", ihre Liebenswürdigkeit und ihren frommen Sinn, aber ebenso ihren Geist, Witz und ihren „englischen Humor". König Friedrich II. von Preußen nannte sie erhöhend „diva Antonia" – die göttliche Antonia.

Die Schwiegertochter Napoleons –
Herzogin von Leuchtenberg

AUGUSTE

(1788–1851)

Herzoginnen und Herzöge von Leuchtenberg – Herkunft und Familie

Haus WITTELSBACH

Friedrich Michael, Pfalzgf. v. Zweibrücken-Birkenfeld-Bischweiler ⚭ Maria Franziska Dorothea v. Pfalz-Sulzbach

↓

Maximilian IV. Joseph, Kf. v. Pfalz-Bayern, seit 1806 Kg. v. Bayern (1756–1825)
⚭ (1) Auguste Wilhelmine v. Hessen-Darmstadt (1755–1796)
⚭ (2) Karoline v. Baden; *acht Kinder*
darunter: Ludovika u. Sophie

(1)

- Ludwig I., Kg. v. Bayern (1786–1868) ⚭ Therese v. Sachsen-Hildburghausen
- Amalie (1790–1794)
- Charlotte Auguste Karoline (1792–1873) ⚭ (1) Wilhelm I., Kg. v. Württemberg ⚭ (2) Franz I. Kaiser v. Österreich (1768–1835)
- Karl (1795–1875); zwei (morganat.) Ehen

* * * * * * * * * * * * * * *

Söhne der Hortense:

- Napoléon Charles (1802–1807)
- Napoléon Louis (1804–1831) ⚭ Charlotte
- Charles Louis Napoléon (1808–1873), als Napoléon III. Kaiser d. Franzosen (seit 1852–1870) ⚭ Eugénie
- (außerehel.) Charles Auguste Louis Joseph (1811–1865)

* * * * * * * * * * * * * * *

Nikolaus (1843–1893), 4. Hz. v. Leuchtenberg ⚭ Nadine Anjenkoff (Gfn. Beauharnais)

↓

Linie setzt sich fort bis zur Gegenwart mit Konstantin (* 1965), bisher letzter Hz. v. Leuchtenberg

Haus HESSEN-DARMSTADT

Georg Wilhelm v. Hessen-Darmstadt (1722–1782) ⚭ Maria Luise zu Leiningen-Dagsburg-Falkenberg (1729–1818), gen. Przin. George

Frz. Adelsfamilie BEAUHARNAIS

Joséphine (Marie Rose Josephine Tascher de la Pagerie, 1763–1814)
⚭ (1) Alexandre Vicomte de Beauharnais (1760–1794)
⚭ (2) Napoléon I. Bonaparte, Kaiser d. Franzosen (1769–1821)

(1

Hortense (1783–1837)
⚭ Louis Bonaparte, Bruder Napoleons I.; Kg. v. Holland 1806–1810; *3 Söhne (siehe unten links)*

AUGUSTE AMALIE (1788–1851), Przin. v. Bayern
⚭ 1806 Eugène de Beauharnais (1781–1824), Vizekg. v. Italien, später Hz. v. Leuchtenberg u. Fürst zu Eichstätt

↓

- Josephine (1807–1876) ⚭ Oskar I., Kg. v. Schweden und Norwegen (1799–1859) – kgl. Linie Schwedens bis zur Gegenwart
- Eugenie (1808–1847) ⚭ Konstantin (Friedrich-Wilhelm) v. Hohenzollern-Hechingen (1801–1869)
- August (1810–1835), 2. Hz. v. Leuchtenberg ⚭ Maria II. da Gloria (1819–1853), Kgn. v. Portugal; *keine Kinder*
- Amelie Auguste (1812–1873) ⚭ Dom Pedro I. (1798–1834 Kaiser v. Brasilien; T.: Marie Amelie Braganza (1831–1853 Przin v. Brasilien
- Theodolinde (Linda) (1814–1857) ⚭ Wilhelm v. Urach (1810–1869), Gf. v. Württemberg; *vier Töchter*
- Caroline (*† 1816)
- Maximilian (1817–1852), 3. Hz. v. Leuchtenberg ⚭ Maria Nikolajewna Romanowa (1819–1876), Großfstin. v. Russla T. d. Zaren Nikolaus I.; *7 Kinder, darunter:*

Eugen (1847–1901), 5. Hz. v. Leuchtenberg

↓

Linie erlischt 1901

Georg (1852–1912), 6. Hz. v. Leuchtenberg
⚭ (1) Therese Hzin. v. Oldenbu
⚭ (2) Anastasia Przin. v. Montenegro

↓

Linie erlischt mit Sergius (1890-1974), 8. Hz. v. Leuchtenberg

Nachdem Napoleon Österreich, Preußen und deren Verbündete besiegt hatte, ging er daran, Europa neu zu ordnen. Das Kurfürstentum Bayern hatte sich noch rechtzeitig, um den Annexionsgelüsten Habsburgs zu entgehen, auf Frankreichs Seite geschlagen. Das alte Kaiserreich deutscher Nation war untergegangen; der letzte Kaiser hatte sich bereits 1804 nur mehr zum österreichischen Kaiser Franz I. ausgerufen.

Das Kurfürstentum Bayern wurde für seine Unterstützung von Napoleon mit einem enormen Gebietszuwachs sowie einer Königskrone belohnt. Allerdings war an die Erhebung des Kurfürsten zum bayerischen König Max I. Joseph eine Bedingung geknüpft: Seine Tochter Auguste sollte Eugène de Beauharnais, dem Sohn der Kaiserin Joséphine aus erster Ehe und Stiefsohn Napoleon Bonapartes, die Hand zum Ehebund reichen.

Auguste Amalia Ludovika wurde am 21. Juni 1788 in Straßburg geboren. Ihre Mutter Auguste Wilhelmine von Hessen-Darmstadt, die erste Ehefrau des damaligen Pfalzgrafen Maximilian Joseph von Zweibrücken, starb auf der Flucht vor den französischen Revolutionstruppen im Exil auf Schloss Rohrbach in der Nähe von Heidelberg an Lungentuberkulose. Auguste war das zweitgeborene Kind. Ihr voran ging Ludwig (geb. 1786), der nachmalige König Ludwig I. von Bayern. Mit ihrem älteren Bruder verband Auguste eine lebenslange Freundschaft, die nicht immer ungetrübt war. Ihr jüngerer Bruder Karl (geb. 1795) folgte einer militärischen Karriere und ging als Privatmann eigene Wege mit zwei morganatischen Eheverbindungen. Zwei Schwestern kamen direkt nach Auguste: Amalie, geboren 1790, verstarb bereits mit knapp vier Jahren, und Charlotte, die 1792 das Licht der Welt erblickte. Sie heiratete nach einer unglücklichen Ehe mit Kronprinz Wilhelm von Württemberg schließlich 1816 Kaiser Franz I. von Österreich.

Zunächst aber stand Augustes Vermählung an. Die Prinzessin galt als „die größte Schönheit in Teutschland" (Königin Luise von Preußen) und war bereits dem Erbprinzen Karl von Baden zugesagt. Dieser war der Bruder ihrer Stiefmutter Caroline, der zweiten Frau Max Josephs, mit welcher er noch sechs weitere Töchter zeugte: Zwei Zwillingspärchen Elisabeth (die spätere Königin von Preußen) und Amalie Auguste (die spätere Königin von Sachsen) sowie Sophie (Sisis Schwiegermutter) und Maria Anna (nachmals Königin von Sachsen), des Weiteren Ludovika (Sisis Mutter und Herzogin in Bayern) und als letzte Maximiliane, die bereits als Kind verstarb. Prinz Maximilian, der einzige Sohn aus zweiter Ehe, machte schon als Zweijähriger im Februar 1803 für immer die Augen zu.

Die schöne Auguste war groß und wohl gewachsen, intelligent, vornehm und katholisch. Letzteres verhinderte die baldige Eheschließung mit dem evangelischen Karl von Baden, da sich die Verhandlungen in die Länge zogen und schließlich ganz einschliefen. Hortense, die Schwester des künftigen Bräutigams Eugène, konnte daher am 28. Juli 1805 an diesen schreiben: „Du weißt sicherlich, dass die Verlobung des Prinzen von Baden gelöst ist, das gewährt große Hoffnung für die Dir bekannte Person. Ich habe ihr Portrait gesehen: man könnte nicht schöner sein!"

Ohne Umschweife verlangte nun Kaiser Napoleon nach der Kapitulation Österreichs bei einem Treffen in Linz im November 1805 von Max Joseph die Hand seiner Tochter Auguste für seinen Stiefsohn Eugène. Der Kurfürst zögerte und wollte zuerst die Meinung seiner Tochter einholen. Denn hier ergab sich ein großes Problem: die Einheirat eines Emporkömmlings in die Dynastie des Hochadels! Adalbert Prinz von Bayern schrieb in seiner Geschichte der Wittelsbacher dazu: „Auch wenn die Umwandlung eines alten Kurfürstentums in ein neues Königreich von Napoleons Gnaden für unsere Familie wenig verlockend gewesen sein dürfte, hätte eine Ablehnung höchstwahrscheinlich den Übergang Bayerns an einen Napoleoniden bedeutet. Die Heirat Augustes war die Bedingung, die der französische Kaiser gestellt hatte." Nichts anderes drückte Napoleon nach einem heftig verlaufenden Gespräch mit Augustes Stiefmutter, der Kurfürstin Caroline, aus, wenn er drohte: „Vergessen Sie nicht, Madame, dass das Schicksal Bayerns in meinen Händen liegt!" („N'oubliez pas, Madame, que le sort de la Bavière est en mes mains!")

Nach „lang anhaltenden Ohnmachten" und einem fehlgeschlagenen Fluchtplan, fügte sich Auguste, zumal der Bräutigam gefiel. „Der Prinz hat eine hübsche Gestalt und Haltung, scheint zartfühlend und freundlich zu sein", urteilte Caroline, die künftige Schwiegermutter. Auch ein Bittbrief ihres Vaters, der sich krank zu Bett begeben hatte, tat wohl ein Übriges; es hieß darin: „Wenn es einen Funken Hoffnung gäbe, meine teure und herzlich geliebte Auguste, dass Sie jemals Karl heiraten könnten, würde ich Sie nicht auf den Knien bitten, darauf zu verzichten. Ich würde noch viel weniger drauf beharren, meine liebe Freundin, dass Sie ihre Hand dem künftigen König von Italien geben, (...) wenn ich nicht von den guten Qualitäten des Prinzen Eugène überzeugt wäre und davon, dass er alles hat, was notwendig ist, um Sie glücklich zu machen. Bedenken Sie mein liebes Kind, dass Sie nicht nur Ihren Vater glücklich machen, sondern auch Ihre Brüder und Bayern, das Ihre Verbindung glühend wünscht. (...) Bedenken Sie, liebe Auguste, dass eine Zurückweisung den Kaiser gleichfalls zu Ihrem Feind machen würde, wie er bis jetzt der Freund unseres Hauses war. (...)." Alleingelassen mit dieser schwerwiegenden Entscheidung antwortete die Siebzehnjährige darauf am 25. Dezember 1805: „Mein sehr geliebter und zärtlicher Vater! Man zwingt mich mein Wort, das ich dem Prinzen Karl gegeben habe zu brechen. Ich willige darein, so schwer es mir fällt, wenn die Ruhe eines geliebten Vaters und das Glück eines Volkes davon abhängen. (...) Mein Schicksal wird mir durch das Bewusstsein versüßt werden, dass ich mich für meinen Vater, meine Familie und mein Vaterland geopfert habe."

Am 31. Dezember 1805 kam Napoleon in München an und am 1. Januar 1806 wurde Bayern zum Königreich proklamiert. Der frischgebackene König Max I. Joseph tat daraufhin beim traditionellen Neujahrsempfang den berühmt gewordenen

Ausspruch: „Und wir bleiben die Alten!" Napoleon war bei der Königs-Proklamation nicht persönlich anwesend, wohl um die Souveränität des neuen Königreiches hervorzuheben. Eine Krönungsfeier entfiel, dafür traf Augustes Bräutigam am 10. Januar in München ein und wurde zwei Tage später offiziell von Napoleon adoptiert. Damit erhielt er den Namen Eugène Napoleon und den Titel „Kaiserliche Hoheit". Allerdings wurde er nicht zum König von Italien erhoben, diese Würde behielt Napoleon für sich selbst, sein nunmehriger Sohn blieb Vizekönig von Italien.

Den Tag darauf fand um 1 Uhr die zivile Eheschließung nach französischem Recht in der Grünen Galerie der Residenz zu München statt. Diese Szene wurde zwei Jahre später im Auftrag Napoleons durch den französischen Maler Menageot in einem prächtigen Gemälde festgehalten, das heute noch in Schloss Versailles zu sehen ist. Neben den Majestäten, Ministern und dem Hofstaat ist das Brautpaar dargestellt, wie es sich gerade die Hände zum Eheversprechen reicht: Auguste in großer Robe mit Hausorden und Brautstrauß sowie einem Diadem im Haar und Eugène im grünen langen Rock mit Spitzenjabot und Degen an der Seite.

Am folgenden Tag wurde das Paar kirchlich in der Hofkapelle getraut. Fürstbischof von Dalberg zelebrierte die Hochzeitsmesse. Eine halbe Stunde lang erklangen dabei die Glocken und draußen wurde während einer Militärparade Salut geschossen. Beim Hochzeitsmahl und auf dem Hofball zeigten sich Kaiser Napoleon mit Kaiserin Joséphine von ihrer charmantesten Seite und reisten erst am 17. Januar wieder aus Bayern ab. Achtzehn Tage hatte sich Napoleon in München aufgehalten, Joséphine war sogar schon Wochen vor der Hochzeit zu einem Besuch dort eingetroffen. Großzügig hatte die Kaiserin Caroline und Auguste mit Kleidern nach der neuesten französischen Mode beschenkt.

„Mein Herz ist zerrissen – ich bin von Schmerz gebrochen", hatte noch die künftige Schwiegermutter Caroline nur wenige Tage vor der Hochzeit Augustes am 27. Dezember 1805 nach Baden geschrieben: „Nun ist das geschehen, was ich am meisten gefürchtet hatte. Jetzt ist dieses unglückliche Kind geopfert." Aber die Verbindung, aus politischen Gründen geschlossen, wandelte sich wider Erwarten in eine glückliche Ehe.

Am 21. Januar 1806 reiste das Vizekönigspaar nach Italien ab. In Verona, in Venedig und schließlich in der Hauptstadt Mailand wurden Eugène und seine Gemahlin begeistert empfangen. „Augustes Grazie, Schönheit und Tugend ziert nun den Thron der Lombardei", so hieß es. Zufrieden meldete „Altezza Reale Augusta" nach München: „Man hat mich wunderbar aufgenommen!" Und ihre ehemalige Gouvernante und jetzige Hofdame Frau von Wurmb ließ aus Mailand hören: „Die Achtung, die meine liebe und schöne Prinzessin genießt, fällt auf mich zurück und man weiß mir Dank für die Art ihrer Erziehung. Meine Prinzessin ist glücklich." Auch Bruder Ludwig vergewisserte sich von Augustes Glück und besuchte sie im Sommer: „Meine alte, liebe Auguste fand ich wieder, wie sie war, unverändert blieb ihr Moralisches, ihr Physisches hat noch mehr sich zu ihrem Vorteil gewendet. Was mich am meisten freut ist, dass sie vergnügt mit ihrem Mann lebt. Sie wird ungemein von jedermann geliebt."

Vizekönig Eugène war mit seiner jungen Ehefrau zufrieden: „Ich habe ein Prinzessin geheiratet. Nicht wegen ihres Ranges liebe ich sie, ihre Schönheit liebe ich, ihr gutes Herz und ihre Tugenden." Zum Geburtstag schenkte er ihr ein Haus umgeben von einem weitläufigen Park in Monza, die „Villa Augusta". Hierher konnte sich die Vizekönigin zurückziehen und erholsame Sommerwochen verbringen. Bereichert wurde das Eheleben nach und nach durch eine Schar Kinder. Das Licht der Welt erblickten 1807 Joséphine, 1808 Hortense Eugénie, 1810 endlich der Stammhalter Auguste Eugène Charles Napoléon, 1812 Amélie, 1814 Théodolinde, 1816 Prinzessin Carolina, die nur kurz lebte, und schließlich 1817 als Jüngster Maximilian Joseph.

Nicht lange währte das glückliche Leben, da holte die große Politik Auguste und ihre Familie ein. Am 17. Juli 1806 hatten sich 16 Länder, darunter Bayern, im Rheinbund zusammengeschlossen und sich Frankreich gegenüber zur Militärhilfe verpflichtet. Der Reichsverband war damit aufgelöst. Aus den nun folgenden Kriegen gegen Preußen, Österreich und Tirol gingen Napoleon und seine Verbündeten 1809 als Sieger hervor. Auguste hoffte nun, dass ihr Gemahl zum König von Italien erhoben werde, worin sie sich aber täuschte. „Aus dem Buch der Großen sind wir ausgelöscht“, schrieb sie, „aber man wird uns in das der Glücklichen eintragen und ist das nicht mehr wert?“ Und noch etwas kam anders als erwartet: Napoleon trennte sich am 15. Dezember 1809 offiziell von seiner Gemahlin Joséphine, die sich nach Malmaison zurückzog. Mit 36 Karossen fuhr die neue Kaiserin der Franzosen von Wien nach Paris. Am 2. April 1810 vermählte sich Napoleon mit der österreichischen Erzherzogin Marie Louise im Louvre. Auguste und zwei andere Damen schritten dem Brautpaar kerzenhaltend voran. Am 20. März 1811 wurde Napoleons Sohn, der spätere Herzog von Reichstadt, geboren. Dieser starb 1832 am Wiener Kaiserhof im Exil, umsorgt von Erzherzogin Sophie, der Tochter des bayerischen Königs Max I. Joseph und der nachmaligen Schwiegermutter Kaiserin Elisabeths (Sisi).

Allmählich neigte sich Kaiser Napoleons Ära dem Ende zu. Der Feldzug gegen Russland endete 1812 in einer Katastrophe: Von der Grande Armée mit über 600 000 Mann, der auch bayerische Soldaten angehörten, blieben nur mehr an die 9000 übrig. Augustes Ehemann kehrte wunderbarerweise gesund aus dem winterlichen Russland nach Mailand zurück. Frankreich war erschöpft, als Preußen im Frühling 1813 den Krieg erklärte und Österreich im August folgte. Metternich hatte eine Koalition zwischen Österreich, Preußen, Russland, Schweden und England geschlossen, der 1813 notgedrungen auch Bayern beitrat. Kronprinz Ludwig, der immer gegen Napoleon eingestellt war, jubelte: „Ich bin weder französisch, noch russisch, noch preußisch, noch österreichisch – ich bin bairisch!“ Kurz vor seiner großen Niederlage bei Leipzig („Völkerschlacht“ von 16. Oktober 1813) erfuhr Napoleon den Abfall Bayerns und sagte erregt zur sächsischen Königin, einer Schwester Max Josephs: „Madame, (…) Ihr Bruder ist der allergrößte Schuft!“ Der sogenannte Befreiungskrieg 1813/14 endete mit Napoleons Absetzung Anfang April 1814 sowie der Rückkehr der Bourbonen mit König Ludwig XVIII. auf Frankreichs Thron. Auf dem Wiener Kongress 1814/15 wurde Europa neu aufgeteilt.

Auch Italien ging verloren und Mailand wurde österreichisch: Das Ex-Vizekönigspaar musste sich ins Exil nach Bayern begeben. Daran änderte Napoleons Rückkehr von Elba nichts mehr. Seine 100-Tage-Herrschaft endete schließlich mit der Schlacht bei Waterloo am 18. Juni 1815 und brachte ihm das lebenslange Exil auf der abgeschiedenen Insel St. Helena ein.

In der säkularisierten bischöflichen Residenz Eichstätt fand Augustes Familie zunächst ein Unterkommen und ein bescheidenes Fürstentum. Dazu meinte Auguste: „Eichstätt ist recht klein, aber immerhin groß genug, um Gutes tun zu können und der Herzog hat keinen anderen Wunsch, als diese kleine, kleine Weltecke so glücklich wie möglich zu machen." 1816 kaufte Eugène das Schloss Ismaning bei München und ließ es für die Sommeraufenthalte neu gestalten. Am 15. November 1817 ernannte König Max I. Joseph seinen Schwiegersohn zum Fürsten von Eichstätt und Herzog von Leuchtenberg. Nunmehr hieß er mit Vornamen Eugen und meinte, dass er sich bereits „ganz als Baier" fühle. Als repräsentativer Wohnsitz in München wurde das Palais Leuchtenberg errichtet, heute der Sitz des Bayerischen Finanzministeriums. Weiterhin mit Reichtum – aus dem mütterlichen Erbe und einer vom Wiener Kongress gewährten Abfindung – gesegnet, gestaltete sich das Leben im Palais Leuchtenberg glänzender als bei Hofe. Diese herausragende Stellung der Leuchtenbergs und Augustes vermeintliche Bevorzugung durch den väterlichen König führten 1818 zu einem Zerwürfnis mit dem Kronprinzen Ludwig, der die Familie seiner Schwester aus dem königlichen Haus ausgeschlossen sehen wollte. So sollte Auguste zwar den Titel „Königliche Hoheit" führen, Eugen jedoch nur mehr „Hoheit" und die Kinder als „Durchlaucht" angesprochen werden. Auf dem Höhepunkt der Querelen schrieb Auguste aufgebracht an Ludwig: „Ganz Europa weiß, dass durch meine Vermählung mit dem Vizekönig Bayern zum Königreich und sehr vergrößert wurde und dass es nicht meine Schuld ist, dass Österreich genommen was der Kaiser gegeben hatte. Du warst es, Bruder, der mich gebeten hatte mich für Bayern zu opfern! Zurückgezogen leben wir und sind doch ein Dorn in Deinen Augen!"

Anfang Oktober 1822 erlitt Eugen einen leichten Schlaganfall, von dem er sich aber in Marienbad fast gänzlich erholte. Allerdings traten immer wieder gesundheitliche Störungen auf, wie Ohnmachten und Lähmungserscheinungen. Ihrem Tagebuch vertraute Auguste am 26. Januar 1823 an: „Heute vor dem Ball konnte mein Mann plötzlich einen Arm und sein linkes Bein kaum mehr bewegen, bekam eine schwere Zunge, doch ohne die Sprache zu verlieren. Sein Kopf ist klar. (...) Ich war in unglaublicher Angst." Eugens Krankheit verschlimmerte sich täglich und am 21. Februar 1824 entschlief er um ½ 4 Uhr morgens. Goethe, der den Herzog von Leuchtenberg in Marienbad kennengelernt hatte, meinte bedauernd: „Er war einer von den großen Charakteren, die immer seltener werden, und die Welt ist abermals um einen bedeutenden Menschen ärmer."

Mit noch nicht ganz 36 Jahren war nun Auguste Witwe. Dem Kronprinzen Ludwig klagte sie ihr Leid: „Alles! Alles habe ich verloren lieber Bruder, es gibt kein Glück mehr auf Erden für deine arme Schwester. Der Tod raubte mir meinen Eugène für den ich seit 18 Jahren lebte, mit dem ich Leid und Freude theilte, und der mein Freund, meine Stütze, mein Stolz war. (...) Nichts, gar nichts, selbst meine armen Kinder können mir ja (nicht) den edlen Mann ersetzen! Ich weiß, ich muß für meine Kinder leben sie haben ja nur noch ihre unglückliche Mutter und ich werde alles thun was möglich ist. Als Gattin habe ich meine Pflicht erfüllt: Gott wird mir Kraft geben, meine Pflichten als Mutter und Vormünderin zu erfüllen. Eugène starb wie er gelebt hatte, sein verklärtes Gesicht drückte die Güte seiner schuldfreien Seele aus."

Bereits 1822 hatte die älteste Tochter Josephine den schwedischen Kronprinzen Oskar geheiratet und setzte mit ihrer Nachkommenschaft die königliche Linie der Bernadottes fort.

Nun machte sich Auguste daran, für die heranwachsenden anderen drei Töchter und für die zwei Söhne ebenfalls standesgemäße Ehepartner(innen) zu finden. 1826 vermählte sich Tochter Eugenie mit dem Erbprinzen Friedrich von Hohenzollern-Hechingen. Sie starb bereits 1847 kinderlos an der Schwindsucht. 1829 ging Tochter Amalie per procuram eine Verbindung mit Kaiser Dom Pedro I. von Brasilien ein, welcher zugleich der portugiesische Thronfolger war. Seine erste Gemahlin, die österreichische Erzherzogin Leopoldine, war in jungen Jahren 1826 gestorben und Pedro somit Witwer. Diese hatte einmal über ihr Schicksal geklagt: „Wir armen Prinzessinnen sind wie Pfänder in einem Würfelspiel, deren Glück oder Unglück vom nächsten Wurf abhängt." Augustes Tochter, die neue Kaiserin Brasiliens, wurde von ihrem Bruder August nach Brasilien begleitet, wo man in Rio de Janeiro nochmals Hochzeit, nun in Anwesenheit des Bräutigams, feierte. Das Glück dauerte nicht lange, denn schon ein Jahr später musste Kaiser Pedro I. abdanken und mit der Kaiserin nach Europa fliehen. Im Pariser Exil brachte Amalie 1831 ihre Tochter Marie Amelie Braganza zur Welt. Nur drei Jahre darauf erlag Dom Pedro 1834, erst 36 Jahre alt, der Schwindsucht. Ex-Kaiserin Dona Amalia war nun eine 22-jährige Witwe.

Noch aber war das brasilianisch-portugiesische Abenteuer nicht zu Ende. Pedro I. war es im Streit mit seinem Bruder Michael gelungen, seine Tochter aus erster Ehe in Portugal als künftige Thronerbin einzusetzen und August, den er zum „Herzog von Santa Cruz" und zur Königlichen Hoheit erhoben hatte, sollte die künftige Königin von Portugal heiraten. So vermählte sich Amalies Bruder mit der portugiesischen Königin Maria da Gloria Ende des Jahres 1834. „Dom Augusto" starb jedoch völlig überraschend mit nur 25 Jahren am 28. März 1835.

Die Ex-Kaiserin von Brasilien kehrte 1838 in ihre bayerische Heimat zurück und erwarb das Schloss Stein an der Traun als Wohnsitz sowie 1852 das säkularisierte Kloster Seeon. Öfters noch reiste Amalie nach Portugal, wo sie auch 1873 ihr Leben vollendete. Ihr einziges Kind, Tochter Marie Amelie, hatte bereits 1852 auf Madeira, an Tuberkulose leidend, für immer die Augen geschlossen.

Augustes jüngster Sohn Max feierte am 14. Juli 1839 in St. Petersburg Hochzeit mit Großfürstin Mary, Tochter des Zaren Nikolaus I. von Russland. Bedingung für diese noble Verbindung war, dass Max als „Kaiserliche Hoheit" in Russland bleiben musste. 1852 erlag er dort einem Blutsturz. Er hinterließ drei Töchter und vier Söhne, die zu Fürstinnen und Fürsten Romanowsky wurden. Damit war die russische Linie der Familie Leuchtenberg begründet.

Theodolinde, genannt Linda, ehelichte 1841 Graf Wilhelm von Württemberg, den späteren Herzog von Urach, und lebte in Stuttgart oder in ihrer Villa am Bodensee nahe Lindau. Bei ihrem Tod 1857 hinterließ sie vier Töchter.

Auguste, Ex-Vizekönigin von Italien, Schwiegermutter von Kaisern und König(inn)en, von Fürsten und Großfürstinnen, hatte siebzehn Enkelkinder; sie überlebte ihren Gemahl Eugène um siebenundzwanzig Jahre und verschied schließlich an einer Lungenentzündung am 13. Mai 1851 mit 63 Jahren. In der Fürstengruft von St. Michael zu München wurde ihr Sarkophag beigesetzt, versehen mit der Inschrift: „Ihres Lebens Glück war: andere zu beglücken."

Ihrem Tagebuch vertraute die Wittelsbacherin, indem sie ihr Leben Revue passieren ließ, an: „Anfangs fühlte ich mich nur deshalb glücklich, weil ich meinem Vater beweisen konnte, wie sehr ich ihn, meine Familie und Bayern liebte. Erst als ich die schönen, guten und brillanten Eigenschaften Eugènes erkannte, schätzte ich mich glücklich seine Frau zu sein (...) Welche Stellung hätte glänzender sein können, als die meine in Italien. Die Zukunft meiner Kinder war gesichert, keine Sorge trübte mein Glück, bis wir plötzlich durch den Sturz Napoleons nicht nur das Königreich Italien verloren, sondern auch unsere Titel, Ruhm und Vermögen. Das mir allein verbliebene häusliche Glück wurde durch den Tod meines Mannes zerstört. Eine unangenehme und schwierige Vormundschaft ließ mich nicht zur Ruhe kommen. Das meinen Kindern verbliebene Vermögen mußte ich gegen alle Welt verteidigen und war allein mit meinem Kummer und Sorgen. Zweimal war es soweit, dass ich die Familie des Prince Eugène seinen alten Rang in der Welt wieder hätte einnehmen sehen. Belgien wählte meinen Sohn August zum König, aber Louis Philippe (= „der Bürgerkönig" Frankreichs) wollte es nicht. Ich trug diesen Schlag mit Resignation. Der Kaiser Dom Pedro hatte im Sterben angeordnet, dass sein Degen meinem Sohn August übergeben werde (um) Witwe, Tochter und Portugal zu beschützen. Er folgte dem Ruf und opferte sich, indem er die Königin Dona Maria heiratete. Er gewann die Herzen aller Parteien, aber nach zwei Monaten raffte ihn der Tod im Alter von 24 Jahren dahin. Es blieb mir noch ein Sohn, aber den behielt der Kaiser von Russland durch Heirat mit seiner Tochter dort, verlangte, daß die Kinder im griechischen (orthodoxen) Glauben erzogen werden und er Russe wird. Der Zar hat meiner Familie mehr Unrecht getan als jene, die ihren Ruin wünschten. Ich, Eugènes Witwe, die sein Andenken immer hochhält, muss das alles mit ansehen! Der zugefügte Schmerz ist unaussprechlich."

Heute erinnern in München das Leuchtenbergpalais, das nach dem zweiten Weltkrieg nur mehr eine Ruine war und daher neu erbaut wurde (heute bayerisches Finanzministerium), und der Leuchtenbergring im Osten der Stadt an die herzogliche Familie Leuchtenberg, die durch Auguste und Eugen begründet wurde, sowie die Gräber auf dem Kirchhof zu Seeon an deren russischen Zweig.

Sisi und ihre Schwestern –
Herzoginnen in Bayern

HELENE

genannt Néné ,
„Erbfürstin“ von Thurn und Taxis

(1834–1890)

ELISABETH

genannt Sisi, Kaiserin von Österreich
und Königin von Ungarn

(1837–1898)

MARIE

die „Heldin von Gaeta“,
Königin von Neapel und Sizilien

(1841–1925)

MATHILDE

genannt „Spatz“, Gräfin von Trani

(1843–1925)

SOPHIE

die Braut des Märchenkönigs,
Herzogin von Alençon-Orléans

(1847–1897)

Herzöge in Bayern und Könige von Bayern (Tafel 1)

1410 teilte sich die Pfälzer Linie der Wittelsbacher in vier Hauptlinien, von denen 1799 nur mehr zwei Nebenlinien der Hauptlinie Zweibrücken vorhanden waren (die bayerische Linie der Wittelsbacher endete bereits 1777):

Linie Birkenfeld-Gelnhausen
seit 1799
Herzöge in Bayern

Wilhelm (1752–1837), erster Hz. in Bayern ⚭ Maria Anna, Pfalzgfin. v. Zweibrücken-Birkenfeld (1753–1824)

- Sohn (*† 1782)
- Maria Elisabeth (1784–1849) ⚭ Ludwig Alexander Berthier, Fürst u. Hz. v. Neuchâtel u. Valangin, Fürst v. Wagram (1753–1815)

Pius August (1786–1837) ⚭ Amalie Luise, Przin. u. Hzin. v. Arenberg (1789–1823)

Maximilian, Hz. in Bayern (1808–1888) ⚭ **Ludovika**, Przin. von Bayern (1808–1892)

Söhne:
- Ludwig Wilhelm (1831–1920) ⚭ (1) Henriette Mendel, seit 1859 Freifr. v. Wallersee; Tochter: Baronin Marie Wallersee (Gfin. Larisch) ⚭ (2) Antonie Barth (*1871), seit 1892 von Bartolf (Ehe gesch.)
- Wilhelm Karl (1832–1833)
- Karl Theodor, Dr. med. (1839–1909) ⚭ (1) Sophie v. Sachsen (1845–1867) ⚭ (2) Maria Josepha v. Braganza, Infantin v. Portugal (1857–1943); *insgesamt 6 Kinder, darunter*: Ludwig Wilhelm (1884–1968), der die Linie fortsetzt mit seinem Großneffen Max Emanuel (geb. 1937 als Prz. v. Bayern; durch Adoption 1965 Hz. in Bayern)
- Max Emanuel (1849–1893) ⚭ Amalie v. Sachsen-Coburg-Gotha (1848–1894); *drei Kinder*

Töchter: siehe Herzoginnen in Bayern (Tafel 2)!

Linie Birkenfeld-Bischweiler-Rappoltstein
seit 1799 Kurfürsten von Pfalz-Bayern (bis 1805)
seit 1806
Könige von Bayern

Maximilian I. Joseph, erster Kg. v. Bayern (1756–18
⚭ (1) Auguste Wilhelmine v. Hessen-Darmstadt (1765–1796) ⚭ (2) Karoline v. Baden (1776–1841)

(2)
- Prinz (*† 1799)
- Maximilian Joseph (1800–1803)
- Elisabeth Ludovika (1801–1873) ⚭ Friedrich Wilhelm IV., Kg v. Preußen (1795–1861)
- Amalie Auguste (1801–1877) ⚭ Johann I., Kg. v. Sachsen (1801–1873)
- **Sophie Friederike** (1805–1872) ⚭ Franz Karl, Erzhz. v. Österreich (1802–1878); Sohn: Franz Joseph, Ks. v. Österr.
- Maria Anna (1805–1877) ⚭ Friedrich August II., Kg. v. Sachsen (1797–1854)
- **Ludovika** ⚭ Maximilian, Hz. in Bayern
- Maximiliane Josepha (1810–1821)

(1)
- Ludwig I., Kg. v. Baye
(1786–1868) ⚭ There
v. Sachsen-Hildburghausen (1792–1854)
- Auguste Amalie (178
1851) ⚭ Eugen Beauh
nais, Vizekg. v. Italie
(1805–1812), seit 181
Hz. v. Leuchtenberg u
Fürst v. Eichstätt
- Amalie Maria (1790–1794)
- Charlotte Auguste (1792–1873) ⚭ (1) Wi
helm, Kg. v. Württem
berg, Ehe gesch. 1814
⚭ (2) Franz I., Kaiser
Österreich (1768–183
- Karl (1795–1875)
⚭ (1) Maria Anna Pé
Freifr. v. Bayrstorff (1
1838) ⚭ (2) Henriette
Hölken, geb. Schöller
Frau v. Frankenburg
(1815–1866)

Sechs Kinder, darunter.
- Maximilian II. Joseph
Kg. v. Bayern (1811–1
⚭ Marie v. Preußen
(1825–1889)
- Otto, Kg. v. Griechenland (1815–1867)
⚭ Amalie v. Oldenbu
- Luitpold, Prinzregent
(1821–1912) ⚭ Augu
v. Toskana, Erzhzin.
Österreich (1825–186

- Ludwig II., Kg. v. Bayern (1845–1886)
- Otto, nom. Kg. v. Bayern (1848–1916)

Ludwig III., letzter Kg. v. Bayern (bis 1918)

Herzoginnen in Bayern (Tafel 2)

Maximilian, Hz. in Bayern (1808–1888) ⚭ Ludovika, Przin. v. Bayern (1808–1892)

ELISABETH (Sisi) (1837–1898) ⚭ Franz Joseph, Ks. v. Österreich (1830–1916)

- Sophie (1855–1857)
- Gisela (1856–1932) ⚭ Leopold v. Bayern (1846–1930); *vier Kinder*
- Rudolf (1858–1889) ⚭ Stephanie v. Belgien (1864–1945); Tochter: Elisabeth (1883–1963) ⚭ (1) Otto Prinz Windischgrätz; *vier Kinder*; ⚭ (2) Leopold Petznek
- Marie Valerie (1868–1924) ⚭ Franz Salvator, Erzhz. v. Österreich; *neun Kinder*

Eltern der Ehemänner

HELENE (1834–1890) ⚭ Maximilian Anton, Erbprz. v. Thurn u. Taxis (1831–1867)

(1) Maximilian Karl, Fürst v. Thurn u. Taxis (1802–1871) ⚭ (1) Wilhelmine, Freiin v. Dörnberg (1804–1835); *fünf Kinder*; ⚭ (2) Mathilde Sophie zu Oettingen-Oettingen u. Oettingen-Spielberg (1816–1886); *elf Kinder*

- Luisa Mathilde (1859–1948) ⚭ Friedrich Eugen v. Hohenzollern-Sigmaringen
- Elisabeth Maria (1860–1881) ⚭ Dom Miguel, Hz. v. Braganza, Inf. v. Portugal
- Maximilian Maria (1862–1885), Fürst v. Thurn u. Taxis
- Albert Maria (1867–1952), Fürst v. Thurn u. Taxis ⚭ Margarete Erzhzin. v. Österreich (1870–1955)

MARIE SOPHIE (1841–1925) ⚭ Franz II., Kg. v. Neapel-Sizilien (1836–1894)

(1) Ferdinand II., Kg. v. Neapel-Sizilien (1810–1859) ⚭ (1) Maria Christina v. Savoyen; *einen Sohn/Erbprinz*

Maria Christina Pia (1869–1870)

MATHILDE (1843–1925) ⚭ Ludwig (Luigi), Gf. v. Trani, Prz. v. Neapel-Sizilien (1838–1886)

(2) Ferdinand II., Kg. v. Neapel-Sizilien (1810–1859) ⚭ (2) Maria Theresia v. Österreich; *acht Söhne u. vier Töchter*

Maria Theresia (1867–1909) ⚭ Wilhelm v. Hohenzollern

SOPHIE (1847–1897) ⚭ Ferdinand, Hz. v. Alençon, Prz. v. Orléans-Bourbon (1844–1910)

Ludwig v. Orléans, Hz. v. Nemours (1814–1896) ⚭ Viktoria v. Sachsen-Coburg-Saalfeld-Koháry (1822–1857)

- Luise Viktoria (1869–1952) ⚭ Alfons v. Bayern (1862–1933); *zwei Kinder*
- Philippe Emanuel (1872–1931) ⚭ (1) Louise de Maillé de la Tour Landry (1873–1893); ein Sohn; ⚭ (2) Henriette Marie v. Belgien; *vier Kinder*

Über die Köpfe der Betroffenen hinweg hatten die Eheschließung der Großvater des Bräutigams, Herzog Wilhelm in Bayern, und der Vater der Braut, König Max I. Joseph, bereits vor Jahren entschieden. Und so wurden Herzog Maximilian in Bayern und die königliche Prinzessin Ludovika, genannt Luise, am 9. September 1828 auf Schloss Tegernsee getraut. 228 Gäste nahmen an der Hochzeitsfeier teil, darunter auch König Ludwig I. von Bayern, Halbbruder der Braut, und Kaiserin Karoline Charlotte von Österreich, Halbschwester Ludovikas.

Die Braut, eine hochgewachsene liebliche Schönheit, war von ihrem eher kleinen aber durchaus attraktiven Ehemann nicht angetan. Denn die standesbewusste Königstochter hätte gerne eine Krone erheiratet und nicht einen Herzog, der kein Landesherr war. Ihre älteren Schwestern aus der zweiten Ehe ihres Vaters Maximilian mit Karoline von Baden hatten dieses Ziel erreicht: Amalie Auguste heiratete 1822 König Johann I. von Sachsen; Elisabeth vermählte sich 1823 mit Friedrich Wilhelm IV., dem späteren König von Preußen; Sophie Friederike ehelichte 1824 Erzherzog Franz Karl und wurde damit ein Mitglied der österreichischen Kaiserfamilie; Maria Anna schließlich verband sich 1833 mit König Friedrich August II. von Sachsen.

Ludovikas Halbbruder war inzwischen zum König Ludwig I. von Bayern geworden und ihre Halbschwestern aus der ersten Ehe Maximilians mit Auguste von Hessen-Darmstadt waren durch Heirat zur Kaiserin von Österreich (Karoline Auguste) bzw. zur „Schwiegertochter" Napoleons und späteren Herzogin von Leuchtenberg (Auguste Amalie) avanciert. Nur sie, Ludovika, sollte sich mit einem Herzog *in* Bayern begnügen.

Aber daran war nicht mehr zu rütteln, denn diese Verbindung sollte auch die Zwistigkeiten zwischen den zwei Pfälzer Linien, die vom Gesamthaus Wittelsbach übrig geblieben waren, etwas befrieden: Nämlich zwischen der Linie Zweibrücken-Birkenfeld-Bischweiler-Rappoltstein, die 1799 das Kurfürstentum Pfalz-Bayern geerbt und 1806 die Königskrone erhalten hatte, und der Linie Zweibrücken-Birkenfeld-Gelnhausen, deren Mitglieder seit 1799 zum Ausgleich dafür zu Herzögen *in* Bayern ernannt worden waren.

Die Partnerschaft zwischen Ludovika und Herzog Max gestaltete sich nicht harmonisch, denn die zahlreichen Frauengeschichten und die exzentrische Lebensführung ihres Gemahls erboste die Herzogin jedes Mal von Neuem.

Der italienische Historiker Valsecchi charakterisierte das herzogliche Paar folgendermaßen: „Herzog Maximilian in Bayern – ‚der schönste Prinz Europas', wie seine Zeitgenossen ihn nannten – war das, was man heute als ‚extrovertiert' bezeichnen würde: lebhaft, mitteilsam, durch und durch ein Mann von Welt. (...) Ludovika, seine Frau, stellte, so könnte man sagen, genau das Gegenteil dar: sie war ‚introvertiert', in sich versammelt, still, neigte zur Schwermut und war tief religiös."

Herzog Max liebte es, auf seiner Zither zu musizieren, zu reiten und zu jagen. Weit gereist, belesen und historisch interessiert, hielt er nichts von der Steifheit des Hoflebens, umgab sich lieber mit bürgerlichen Künstlern, Gelehrten und Musikern in seiner bekannten „Artusrunde". 1846 gab Herzog Max eine „Sammlung oberbayerischer Volksweisen und Lieder" heraus; sogar bei der Besichtigung der Pyramiden in Ägypten soll er zum Erstaunen der Einheimischen auf der Zither bayerische Weisen gespielt haben. Zuhause wurde der Herzog meist der „Zither-Maxl" genannt.

Herzog Max war kein Familienmensch und hielt sich aus der Erziehung der Kinder und später auch aus der Verheiratung der Töchter weitgehend heraus. Die herzogliche Familie genoss im prächtigen, von Klenze erbauten Palais in München und während der Sommerwochen in Possenhofen am Starnberger See ein unbeschwertes und zwanglos freies Leben.

Zumeist ging sich das herzogliche Paar aus dem Weg. „Wir haben uns beide nicht heiraten wollen", sagte die Herzogin immer, wenn sie von ihrer Ehe sprach. Dennoch brachten

Ludovika und Maximilian mit ihren acht überlebenden Kindern – Ludwig, Helene, Elisabeth, Karl, Marie, Mathilde, Sophie und Max Emanuel – eine ansehnliche Familie zustande.

Von den vier Söhnen und fünf Töchtern hatten vor allem die Töchter ein außergewöhnliches Schicksal.

Néné – die „Erbfürstin"

Helene, geboren am 4. April 1834 in München, war die Älteste der Schwestern. Néné, wie Helene im Familienkreis genannt wurde, war hochgewachsen und schlank, ihre gleichmäßigen Gesichtszüge umrahmte reiches dunkles Haar, das den reinen weißen Teint vorteilhaft hervorhob. Dunkle Augen blickten eher ernst als temperamentvoll. Helene war zurückhaltend und reifte schließlich zu einer tatkräftigen, sozial und religiös engagierten Frau heran. Mit ihrer um drei Jahre jüngeren Schwester Elisabeth, genannt Sisi, verband sie Zeit ihres Lebens eine innige Freundschaft.

Diese Freundschaft wurde nun aber in Ischl auf eine schwere Probe gestellt. Denn der Kaiser von Österreich wünschte zu heiraten und daher hatte sich seine „liebe Mama", Erzherzogin Sophie, intensiv bei den in Frage kommenden Prinzessinnen umgeschaut. Schließlich entschied sich die zukünftige Schwiegermutter für eine ihrer Nichten. Helene schien Tante Sophie genau die richtige Wahl zu sein. Die zukünftigen Brautleute hatten sich ein einziges Mal in ihrem Leben als Kinder gesehen und so war es vernünftig, dass ein Wiedersehen arrangiert wurde, an dessen Ende die kaiserliche Verlobung bekannt gegeben werden sollte. Nun geschah aber etwas Unvorstellbares, ja nahezu Skandalöses: Der junge Kaiser Franz Joseph verliebte sich in die erst 15-jährige Sisi, die ihre Mutter und Schwester nach Ischl begleiten durfte, und präsentierte diese der überraschten Öffentlichkeit als seine Braut. Die schöne Helene war verschmäht worden. Der Kaiser hatte die hübsche, weniger befangene Elisabeth zur zukünftigen Kaiserin von Österreich erwählt.

Helene haftete nun der Makel einer sitzengelassenen Braut an. Einer jungen Frau von damals, einer herzoglichen Tochter, deren Bestimmung es war, vorteilhaft zu heiraten, konnte nichts Schlimmeres passieren.

Herzogin Ludovika machte sich daher um die Zukunft ihrer Ältesten große Sorgen, zumal diese inzwischen 22 Jahre alt geworden und – nach damaligen Vorstellungen – auf dem Weg zu einer alten Jungfer war. Bedauernd schrieb Ludovika an ihre Schwester Marie, die Königin von Sachsen: „Sie wäre eine gute Frau und Mutter geworden; nun hat sie, und wir alle, es gänzlich aufgegeben, doch hat sie sich eine große Heiterkeit dabei erhalten."

Da geschah das gänzlich Unerwartete: Erbprinz Maximilian von Thurn und Taxis bewarb sich um Helenes Hand. Wenn auch die mediatisierten Fürsten von Thurn und Taxis in den Augen der königlichen Hoheit Ludovika nicht ganz ebenbürtig waren, so glich dies ihr sagenhafter Reichtum bei Weitem aus. Der Hochzeitstermin wurde auf den 25. August 1858 festgelegt. Herzog Max ließ für die bevorstehende Trauung eigens eine Kapelle in Possenhofen bauen und stattete seine Tochter mit einer Mitgift von 50 000 Gulden sowie „mit allen Erfordernissen an Kleinodien, Kleidern, Geschmeiden, goldenen und silbernen Geräthen" aus. Nach ihrem Hochzeitstag, an dem es in Strömen regnete, verbrachten die Frischvermählten ihre Hochzeitsreise in München und auf Schloss Taxis, ehe sie am 22. Dezember in Regensburg einzogen. Die Stadtbevölkerung, Vereine und Würdenträger begrüßten das junge Erbprinzenpaar herzlich, obwohl die Fürsten von Thurn und Taxis seit 1806 nur noch Standesherren und keine kaiserlichen Stellvertreter auf dem Reichstag zu Regensburg mehr waren. Durch einen Triumphbogen am Stadteingang mit der Aufschrift „So viele Herzen drinnen wohnen, / So viele Grüße nach Millionen" schritt Helene in ihr neues Leben.

Die Ehe des Erbprinzenpaares gestaltete sich harmonisch. Vier Kinder kamen zur Welt: Zwei Töchter, 1859 Luisa Mathilde und 1860 Elisabeth Maria, sowie zwei Söhne, 1862 Maximilian Maria und 1867 Albert, die nacheinander Fürsten von

Thurn und Taxis werden sollten. Viel zu früh störte der Tod das glückliche Familienleben im Erbprinzenpalais zu Regensburg. Am 26. Juni 1867 starb Helenes Gemahl, der erst 36-jährige Erbprinz Maximilian Anton, für alle überraschend an einem Nierenleiden und einer dadurch bedingten „Lungenlähmung". Die verordneten Trinkkuren in Karlsbad hatten keine Heilung mehr bewirkt. Unter den Trauergästen befanden sich auch Kaiserin Elisabeth und Kaiser Franz Joseph von Österreich, die von ihrem Schwager persönlich Abschied nehmen wollten. Helene zog sich nun für einige Zeit zu ihrer Mutter nach Possenhofen zurück; eine Hofdame berichtete: „Ein erbarmungswürdiger Anblick, ein wahres Bild des Jammers, um nicht Verzweiflung zu sagen (...) dies arme Geschöpf, vernichtet und durch den Schmerz gelähmt."

Vier Jahre nach dem Tod seines Sohnes segnete am 10. November 1871 Helenes Schwiegervater, der 69-jährige Fürst von Thurn und Taxis, das Zeitliche. Die „Erbfürstin", wie sie nun häufig genannt wurde, übernahm für ihren noch im Kindesalter stehenden Sohn Maximilian Maria die Vormundschaft und die Geschäfte des fürstlichen Hauses. Am 2. Juni 1885 ging eine Schreckensnachricht in Regensburg „von Mund zu Mund"; es hieß: „Der Fürst ist todt! Der gute Fürst ist todt!" Fürst Maximilian Maria war im Alter von 23 Jahren an einer Herzlähmung verschieden.

Nach dem Tod ihres Sohnes zeigten sich bei Helene stark melancholische Züge, ja sogar vorübergehende geistige Störungen, wie sich Erzherzogin Valerie, Sisis jüngstes Kind, erinnerte: Tante Helene war „in ihrer furchtbaren Leidenschaftlichkeit oft wie wahnsinnig".

Helene konnte sich jedoch nicht allzu lange ihrer Trauer hingeben. Denn dem verstorbenen Fürsten folgte sein jüngerer, 19 Jahre alter Bruder Albert nach und Helene wurde wiederum zur Vormünderin. Noch einmal sah sich die „Erbfürstin" in die Pflicht genommen, das Haus Thurn und Taxis bis zur Volljährigkeit ihres Sohnes 1888 zu führen. Unter ihrer Leitung erwarb das fürstliche Haus große Besitzungen in Slowenien und Kroatien, die damals Bestandteil der k.u.k. Monarchie waren.

Die Ländereien wurden zwar überwiegend land- und forstwirtschaftlich genutzt, aber durch den Kauf von Bergbaurechten für Braunkohlegruben besserte man die Einkünfte auf. So verwaltete und vergrößerte die Wittelsbacherin das Vermögen der Thurn und Taxis.

Inzwischen war Helene 55 Jahre alt geworden und führte in einem Flügel des Schlosses St. Emmeram ein nach innen gekehrtes, exzentrisches Leben. Sie zeigte allmählich Anzeichen von Misstrauen und Melancholie, besaß kein Zeitgefühl und verspätete sich häufig zur Mittags- und Abendtafel. Früher eher ruhelos, wie ihre Schwester Sisi häufig auf Reisen, lebte sie nun zurückgezogen und religiösen Übungen hingegeben.

1890 beunruhigten schlimme Nachrichten über das Befinden Helenes die Familie. Kaiserin Elisabeth eilte schließlich ans Sterbebett ihrer Schwester nach Regensburg. Erzherzogin Valerie überlieferte uns das letzte Gespräch ihrer Mutter mit der todkranken Helene: „Tante Néné, die gar nicht ans Sterben glaubte, freute sich, Mama zu sehen und sagte zu ihr ‚Old Sisi'– sie und Mama sprachen fast immer englisch zusammen. ‚We two have hard puffs in our lives', sagte Mama. ‚Yes, but we had hearts', anwortete Tante Néné." (Sinngemäß etwa: „Wir zwei haben viel Herzeleid in unserem Leben erfahren. – Ja, aber wir hatten wenigstens Herzen."). Helene starb am 16. Mai 1890. Seit der Verschmähung als Kaiserbraut waren 37 Jahre vergangen.

Sisi – die Kaiserin

Elisabeth, allseits bekannt unter dem Namen Sisi, war nicht die erste Wittelsbacherin am Wiener Kaiserhof. Bereits am 29. Oktober 1816 hatte man Prinzessin Charlotte Auguste (geb. 8. Februar 1792), deren erste Ehe mit Wilhelm von Württemberg geschieden und annulliert worden war, per procuratinem in der Münchner Hofkapelle mit Kaiser Franz I. von Österreich vermählt. Als Kaiserin nannte sie sich Karoline Auguste. Sie war die Schwester des bayerischen Königs Ludwig I. und damit Sisis (Halb-)Tante. Da ihre Ehe mit Kaiser Franz I. kinderlos geblieben war, zog sich Karoline nach dem Heimgang ihres Gemahls nach Salzburg zurück und überließ das Geschehen am Wiener Hof lieber ihrer Halbschwester Erzherzogin Sophie, der es schließlich gelang, ihren Sohn Franz Joseph zum Kaiser zu machen und zur „heimlichen Kaiserin" zu avancieren. Die Kaiserinwitwe Karoline wird als vornehm und bescheiden, als klug und karitativ beschrieben. Allseits beliebt, starb die Hochbetagte am 9. Februar 1873 und wurde – wie üblich – in der Kapuzinergruft zu Wien beigesetzt. Sisi soll sich mit ihr gut verstanden haben. Ganz im Gegensatz zu ihrer Tante und Schwiegermutter Sophie. Diese, als Tochter des nachmaligen ersten bayerischen Königs Max I. Joseph und dessen zweiter Gemahlin Karoline von Baden, am 27. Januar 1805 in München geboren, war durch Heirat zur Erzherzogin von Österreich und dank ihres geschickten Verhaltens wie Verhandelns während der revolutionären Zeiten in Wien zur Kaiserin-Mutter geworden. Triumphierend meinte Sophie einmal: „Wir dürfen uns eingestehen, wir haben einen guten Kampf gekämpft, als schwache Weiber, aber in Gottes Hand." Sophie war nicht nur hübsch anzusehen mit ihren dunklen Augen und braunen Ringellöckchen, sondern auch klug und politisch aktiv. Der Historiker Joseph Redlich urteilte daher: „Dic Mutter des Kaisers ist und bleibt der Mittelpunkt und der leitende Geist des ganzen Hofes." Sie beriet den jungen Kaiser und führte Österreich in einen reaktionären Neo-Absolutismus. Die Historikerin und Biografin Brigitte Hamann fasste daher Sophies Wirken folgendermaßen zusammen: „Ihre politische und persönliche Bedeutung in den ersten zwanzig Regierungsjahren Franz Josephs ist gar nicht zu überschätzen. Sophies Politik war ganz im Sinne des Gottesgnadentums der Könige konservativ, katholisch, gegen jede Art von Mitsprache des Volkes."

So wundert es nicht, dass Erzherzogin Sophie auch die junge Gemahlin ihres kaiserlichen Sohnes Franz Joseph I. unter die Fittiche nahm. Allerdings gelang die Formung einer Kaiserin nach ihren Vorstellungen nicht. Denn Elisabeth erwies sich anfangs zwar als willig, mit der Zeit aber immer mehr abwehrend und widersetzlich. Schon bald zeigte sich, dass der verliebte Kaiser in den Augen seiner Mutter die falsche Frau geheiratet hatte: nicht die elegante und verständige Helene, sondern die völlig unbedarfte und eigenwillige Elisabeth.

Am 24. April 1854 hatte Elisabeth Kaiser Franz Joseph ihr Jawort in der Wiener Augustinerkirche gegeben, die bei dieser abendlichen Zeremonie von 15 000 Kerzen erhellt worden war. Bereits kurz nach ihrer Heirat fühlte sich die junge Kaiserin vom Hofzeremoniell und ihrer über sie wachenden Schwiegermutter bevormundet und eingeengt. Die noch nicht ganz Siebzehnjährige dichtete: „Ich bin erwacht in einem Kerker, / Und Fesseln sind an meiner Hand. / Und meine Sehnsucht immer stärker – / Und Freiheit, du, mir abgewandt!"

Ernüchtert fand sich Erzherzogin Sophie in der Rolle der bösen Schwiegermutter wieder, obwohl sie doch nur das Beste für den Kaiser und Habsburg wollte. Deshalb fühlte sie sich auch berufen, die kaiserlichen Kinder zu erziehen. Nach zwei Mädchen, Sophie und Gisela, erblickte 1858 Kronprinz Rudolf das Licht der Welt. Aber erst als Marie Valerie, das „ungarische Kind", 1868 in Budapest geboren wurde, konnte Sisi die Freuden der Mutterschaft auskosten, wie sie selbst gestand: „Erst jetzt weiß ich, welche Glückseligkeit ein Kind bedeutet."

Die Ehe des Kaiserpaares gestaltete sich schwierig. Kaiser Franz Joseph wusste sich zwischen den beiden Frauen – Mutter und Gemahlin – nicht zu entscheiden. Zumeist stand er auf der Seite der mütterlichen Beraterin, wenn er auch in seine „liebste Engels-Sisi" sehr verliebt war und sie demütig verehrte. Am 27. Juli 1866 schrieb er: „Mein lieber Engel, jetzt bin ich wieder mit meinem vielen Kummer allein und sehne mich nach dir. Komme bald wieder (...) wenn du auch recht bös und sekkant warst, so habe ich dich doch so unendlich lieb, dass ich ohne dich nicht sein kann."

Aber ein traditionelles Eheleben gab es für Franz Joseph nicht. Denn Sisi provozierte und opponierte, kränkelte und reiste. Von den 44 Jahren ihrer Ehezeit war Elisabeth überwiegend von Wien abwesend. Sie entfloh der Wiener Hofburg und den Pflichten einer Kaiserin.

Zu Beginn der 1860er Jahre erkrankte Elisabeth, kaum von Madeira zurückgekehrt, erneut. Fieber- und Hustenanfälle plagten die Kaiserin, sie klagte über starke Schmerzen, suchte depressiv die Einsamkeit und verweigerte schließlich die Nahrungsaufnahme. Die behandelnden Ärzte stellten Lungenschwindsucht fest und verordneten einen Aufenthalt auf Korfu. Alle fürchteten um der Kaiserin Leben und Gerüchte über ihren Tod machten bald in Wien die Runde. Als von Korfu keine günstigen Nachrichten eintrafen, bat Kaiser Franz Joseph seine Schwägerin Helene, doch nach Sisi zu sehen. Herzogin Ludovika berichtete darüber nach Sachsen zu ihrer königlichen Schwester: „Helene bringt ein großes Opfer, (…) aber sie sagt, der Kaiser hätte sie so dringend darum gebeten, er hätte ihr so unbeschreiblich leid getan – der arme, liebe Kaiser; er soll so unglücklich und traurig sein." Als es Sisi unter der Fürsorge ihrer Schwester besser ging, entschloss sie sich, den Winter in Venedig zu verbringen und dort mit ihrem Gemahl wie den Kindern zusammenzutreffen. Nach Korfu kehrte sie aber immer wieder zurück und ließ sich schließlich auf der Insel sogar ein Schlösschen in pompejianischem Stil, das „Achilleion", errichten. Ihre „Fluchten" aus Wien führten Sisi durch ganz Europa, in die Türkei und nach Nordafrika. In England und Irland ritt sie bei Jagden und Wettkämpfen mit, kaufte teure Pferde und widmete sich in späteren Jahren der Dichtkunst, wobei sie sich in Nachfolge Heinrich Heines wähnte.

Sisi lebte allmählich nur mehr ihrer Selbstverliebtheit und Selbstverwirklichung. In ihrer Pflichtverweigerung war sie ihrem Cousin, dem bayerischen Märchenkönig, nicht unähnlich. Beide in jungen Jahren von ausgesuchter Schönheit, verehrten sie die Kunst und die Künstler: König Ludwig II. liebte Richard Wagner und dessen Musik abgöttisch und Kaiserin Elisabeth suchte, mit dem toten Heinrich Heine eine spirituelle Verbindung herzustellen. Bei einer Kur in Bad Kissingen trafen sich Sisi und Ludwig im Sommer 1864, unternahmen lange Spaziergänge und führten vertraute Gespräche. Dabei stellte die um acht Jahre ältere Kaiserin eine „Gleichgestimmtheit" fest, die sie beide beglückte. Allerdings war die Verehrung, die Ludwig der Kaiserin entgegenbrachte, dieser nicht immer angenehm, ja manchmal sogar lästig. Als König Ludwig II. von Bayern sich mit Sisis Schwester Sophie verlobte und wenig später wieder entlobte, zeigte sich die Kaiserin verärgert über diesen Affront. Dennoch besuchte sie im Juni 1885 die Roseninsel im Starnberger See und hinterließ dem abwesenden Ludwig ein Gedicht:

Gruß von der Nordsee
Adler, dort hoch auf den Bergen,
Dir schickt die Möve der See
Einen Gruß von schäumenden Wogen
Hinauf zum ewigen Schnee.

Und Ludwig schrieb Sisi im September:

Antwort von den Alpen
Der Möwe Gruß vom fernen Strand
Zu Adlers Horst den Weg wohl fand,
Er trug auf leisem Fittigschwung
Der alten Zeit Erinnerung.

Der Tod des Märchenkönigs am 13. Juni 1886 im Starnberger See erschütterte Sisis Gesundheit, so dass sie sich von Feldafing, wo sie in diesen Unglücktagen weilte, zur Erholung nach Gastein bzw. nach Ischl begeben musste. Ihrer Tochter Marie Valerie vertraute sie an: „(…) der König war kein Narr, nur ein in (seinen) Ideenwelten lebender Sonderling (…)."

Kaiserin Elisabeth engagierte sich in ihrem Leben ein einziges Mal politisch: Sie setzte sich erfolgreich für einen friedlichen Ausgleich mit den aufrührerischen Ungarn ein, deren Sprache sie auch erlernte. Am 8. Juni 1867 wurden Elisabeth und Franz Joseph in Budapest zur Königin bzw. zum König von Ungarn gekrönt. Sie erhielten dabei das ungarische Schloss Gödöllö geschenkt, das zu Sisis Lieblingsaufenthalt wurde. Dem ungarischen Grafen Gyula Andrássy, ehemaliger Revolutionär und späterer ungarischer Ministerpräsident sowie k.u.k. Außenminister, wurde nachgesagt, dass er Sisis Geliebter war. Allerdings standen Sexualität und Liebe bei Sisi nicht hoch im Kurs, wie ihr Ausspruch deutlich macht: „Für mich keine Liebe, für mich keinen Wein / Die eine macht übel, der andere macht spei'n."

Mit den Jahren hatte sich Elisabeth vom natürlichen Possenhofener Mädchen zur „seltsamen Frau" entwickelt, meint ihr Biograf Corti. Mehr und mehr widmete sie sich ihrem Aussehen. Sisi turnte jeden Morgen, ging stundenlang spazieren oder ritt aus, hielt mit Hungerdiäten ihr Gewicht zwischen 46 und 50 Kilogramm bei einer Körpergröße von etwa 1,70 m. Das Waschen ihrer hüftlangen, dunkelbraunen naturgewellten Haare nahm Stunden in Anspruch und ähnelte einer kultischen Handlung. Durch ihr unstetes Reiseleben und die Fixierung auf den Erhalt ihrer Schönheit vernachlässigte Elisabeth die Pflichten einer Kaiserin, Ehefrau und Mutter. Ihrem Gemahl, Kaiser Franz Joseph, führte sie sogar die Schauspielerin Katharina Schratt als Gefährtin zu. Diese Verbindung sollte fast 30 Jahre dauern und wurde von Sisi wohlwollend gefördert.

Zwei ihrer vier Kinder verlor Elisabeth an den Tod: Sophie, die Erstgeborene, starb im Kindesalter 1857 während eines Aufenthalts des Kaiserpaares in Ungarn an der Ruhr. Kaiser Franz Joseph teilte seinen Eltern mit: „Unsere Kleine ist ein Engel im Himmel. Nach langem Kampfe ist sie zuletzt ruhig um 10 Uhr verschieden. Wir sind vernichtet. Sisi ist voll Ergebung in den Willen des Herrn." Dennoch kam Elisabeth über den Tod ihrer Tochter nie wirklich hinweg. Auch der gemeinsame Selbstmord des Thronfolgers Rudolf mit seiner jungen Geliebten Mary Vetsera in einer Januarnacht des Jahres 1889 auf Schloss Mayerling erschütterte die gesamte kaiserliche Familie. Marie Valerie, das jüngste Kind Sisis, schrieb in ihr Tagebuch: „Habsburgs letzte Hoffnung, der einzige Sohn unserer armen Eltern, mein armer Bruder, (...) – tot (...) Ich legte ihm Blumen auf das Bett und machte ihm das Kreuz auf die Stirn (...) Mama sagte, sie sei zu alt und müde zu kämpfen, ihre

Flügel seien verbrannt und sie begehre nur Ruhe." Sisi überbrachte Kaiser Franz Joseph persönlich die Schreckensnachricht; fortan trug die Kaiserin ausschließlich schwarze Kleidung sowie ein Amulett mit der Haarlocke ihres Sohnes um den Hals.

Am 10. September 1898 ereilte Kaiserin Elisabeth selbst der Tod – gewaltsam durch die Hand eines Attentäters. Sie wollte gerade in Begleitung ihrer Hofdame ein Schiff besteigen, das sie von Genf nach Caux bringen sollte, als der italienische Anarchist Luigi Lucheni sich der Kaiserin näherte und ihr eine Feile in die Brust stieß. Elisabeth stürzte, man half ihr wieder auf, sie ging die Landungsbrücke hinauf und brach schließlich an Bord ohnmächtig zusammen. Man wiederbelebte die Kaiserin, sie öffnete nochmals die Augen und fragte: „Ja, was ist denn eigentlich geschehen?" Doch Sisi hörte die Antwort nicht mehr. Das inzwischen abgelegte Schiff kehrte sofort nach Genf zurück; man brachte die noch atmende Kaiserin ins Hotel „Beau Rivage", wo der herbeieilende Arzt nur mehr ihren Tod um 20 Minuten nach 2 Uhr feststellen konnte.

Eine Depesche informierte Kaiser Franz Joseph vom Ableben seiner Gemahlin. Kraftlos sank der 68-Jährige auf seinen Schreibtischsessel und meinte: „Mir bleibt doch nichts erspart in dieser Welt! Niemand weiß wie sehr wir uns geliebt haben."

Ein Sonderzug holte die ermordete Kaiserin heim nach Wien. Ihrem Wunsch auf Korfu bestattet zu werden, konnte nicht entsprochen werden. Das Leichenbegängnis vollzog sich protokollgemäß: Unter Trommelwirbeln und Hornklängen wurde der Sarg in die Kapuzinerkirche getragen. Ihm folgten Kaiser Franz Joseph und Kaiser Wilhelm II., danach kamen Sisis Schwiegertochter Stephanie und die beiden Töchter Gisela und Marie Valerie. 82 Mitglieder des europäischen Hochadels geleiteten die Wittelsbacherin zu ihrer letzten Ruhestätte, darunter auch Prinzregent Luitpold von Bayern sowie Sisis Schwester Mathilde.

Der Attentäter wurde zu lebenslänglicher Haft verurteilt; er nahm sich 1910 in seiner Zelle selbst das Leben.

Marie – die „Heldin von Gaeta"

Marie Sophie erblickte am 4. Oktober 1841 als fünftes Kind und dritte Tochter in Possenhofen das Licht der Welt, wie die „Urkunde über die Entbindung Ihrer Königlichen Hoheit der Königlichen Prinzeßin Louise von Bayern, Gemahlin Seiner Hoheit des Herrn Herzogs Maximilian in Bayern" ausweist. Sie wuchs mit ihren sieben Geschwistern im Münchner Palais bzw. im Sommerschloss ihres Vaters zu Possenhofen am Starnberger See auf. Vor allem mit ihrer um vier Jahre älteren Schwester Elisabeth, genannt Sisi, verband sie zeitlebens eine enge Freundschaft und innige Vertrautheit. Zumal – wie es auf den ersten Blick scheint – beiden Schwestern ein ähnliches Schicksal bevorstand.

Marie und Sisi glichen sich äußerlich am meisten: dunkle Augen und dunkles Haar, schlank und überdurchschnittlich groß, besaßen sie ein überschäumendes Temperament. „Doch Marie Sophie war weniger entrückt; sie war einfacher, geradliniger, heiterer als Elisabeth", meinte der Biograf Valsecchi. Beiden war jedoch ein rebellischer Charakterzug eigen. Später ähnelte Marie Sophie eher dem Vater in ihrer Exzentrik, neigte dennoch eher zu Frohsinn und Heiterkeit und nicht zur Weltabgewandtheit und Melancholie wie ihre Schwestern Helene, Elisabeth und Sophie im vorgerückten Alter.

Als Lieblingstöchter des Vaters waren Sisi und Marie in sportlichen Dingen gut unterwiesen. Beide ritten ausgezeichnet und Marie brachte es zudem im Schwimmen, Fechten und Schießen zu einer gewissen Meisterschaft. Die körperliche Erziehung übertraf die geistige jedoch bei Weitem. Elisabeth gewann allerdings der Poesie noch einiges ab, wohingegen Marie Sophie allem Intellektuellen abgeneigt war, obwohl ihre Mutter Ludovika für einen regelmäßigen Unterricht sorgte. Marie Sophie beschäftigte sich lieber mit Tieren und liebte die Natur. Beide Schwestern waren große Pferdenärrinnen. Herzog Max ließ sogar im Münchner Palais der Familie ein kleines Hippodrom für sich und seine Kinder einrichten.

Die unbeschwerte Kindheit und Mädchenzeit fand allerdings früh ein Ende. Sisi ehelichte mit sechzehn Jahren Kaiser

Franz Joseph von Österreich und auch für Marie zeichnete sich eine eheliche Verbindung ab. Denn die planvolle Heiratspolitik Ludovikas zeitigte neuerliche Früchte. Franz, der Erbprinz von Neapel-Sizilien, hielt um Marie Sophies Hand an. In den unruhigen Zeiten suchte König Ferdinand II. nach Verbündeten und fand sie bei den Wittelsbachern, die mit den Habsburgern, denen weite Gebiete Ober- und Mittelitaliens unterstanden, eng versippt waren.

Allen warnenden Berichten zum Trotz – Herzog Maximilian telegrafierte aus Monte Carlo sogar seiner Tochter: „Ich rate dir von ihm ab. Er ist ein Trottel." – fand die Hochzeit per procura, also unter Abwesenheit des Bräutigams, am 8. Januar 1859 in der Münchner Residenz statt. Am 13. Januar brach Marie Sophie, die nunmehrige Herzogin von Kalabrien und Kronprinzessin von Neapel, mit ihrem Gefolge zu einem Besuch bei ihrer Schwester Elisabeth nach Wien auf, bevor sie sich in Triest nach Bari einschiffte. Dort wurde sie von ihrem Gemahl, den sie nun erstmals sah, und dessen königlicher Familie empfangen.

Marie Sophie war von Franz enttäuscht. Der Zwanzigjährige verhielt sich schüchtern und still. Äußerst religiös und weltfern erzogen, galt er als schwermütig, introvertiert und labil. Er sprach gut Latein, weniger gut Französisch, zeigte sich in theologischen Fragen bewandert. Überhaupt nicht unterwiesen in den sogenannten männlichen Tugenden, wie Waffengebrauch und Leibesübungen, wirkte er schwerfällig und unbeholfen. Obwohl von der lebhaften Schönheit seiner jungen Frau fasziniert, konnte er, der keine Erfahrungen im Umgang mit dem weiblichen Geschlecht hatte, seinen dynastischen Pflichten in der Hochzeitsnacht nicht nachkommen.

Als König Ferdinand II. von Neapel und Sizilien (beider Sizilien) am 22. Mai 1859 starb, hinterließ er für seinen unerfahrenen Nachfolger Franz und dessen erst 18-jähriger Gemahlin Marie Sophie einen schwankenden Thron zwischen „Salzwasser und Weihwasser", das heißt zwischen Mittelmeer und Vatikanstaat. Die erst 43-jährige Königinwitwe Maria Theresia, eine geborene Erzherzogin aus dem Hause Habsburg, war entschlossen, die Regentschaft an sich zu ziehen, um das Königreich für ihre eigenen Nachkommen (fünf Söhne und vier Töchter) zu gewinnen. Franz, der neue König, war nur ihr Stiefsohn, auf den sie aber großen Einfluss ausübte. Königin Marie Sophie fühlte sich immer mehr von ihrer intriganten Schwiegermutter abgestoßen. Es kam zu einem Machtkampf zwischen den beiden Königinnen, den zunächst Maria Theresia für sich entschied, die lieber ihren eigenen Sohn Ludwig, den Grafen von Trani, auf dem Thron gesehen hätte.

Inzwischen entfaltete die junge Königin in Neapel ein mondänes Leben. Sie gab viel Geld für ihre Garderobe aus, rauchte in der Öffentlichkeit dünne Zigarren, bevölkerte Schloss und Gärten mit Kanarienvögeln, Papageien und Hunden. Sie begann wieder zu fechten, ritt mit wild flatternden Haaren aus und schwamm im Meer. Alles Aktivitäten, die einer Königin nach Meinung des Hofes nicht gut anstanden, zumal der neapolitanische nicht weniger auf Etikette achtete als der Wiener Hof, an dem Kaiserin Sisi verzweifelte. Nicht so ihre königliche Schwester Marie Sophie: Sie zeigte sich der staunenden Öffentlichkeit in aller Extravaganz und zählte bald zu den drei attraktivsten Damen der adeligen Welt, gemeinsam mit Kaiserin Elisabeth von Österreich und Kaiserin Josephine von Frankreich.

1860 brachen die „Sizilianischen Aufstände" aus. Anhänger der demokratischen Aktionspartei organisierten in Unteritalien Unruhen. Guiseppe Garibaldi (1807–1882) landete mit seinen Freischaren, den „Rothemden", bei Marsala und forderte die nationale Einheit Italiens. Der „Zug der Tausend" bewegte sich zwischen Mai und September 1860 durch Sizilien und Kalabrien. Bald griff die revolutionäre Bewegung auf Neapel über. Man erlebte einen „Sommer der Angst". Am 6. September 1860 sahen sich Franz und Marie gezwungen, in die befestigte Stadt Gaeta zu fliehen. Hier hatte bereits Wochen vorher die Königinwitwe mit ihrem Anhang Zuflucht gesucht. Mit ungefähr 13 000 Soldaten und 340 Geschützen sollte Gaeta verteidigt werden. Am 13. November begann das feindliche Bombardement, das drei Monate dauerte. Die Situation in der belagerten Stadt spitzte sich zu: Es fehlte an Verpflegung, Ausrüstung, an Unterkünften für die um das Fünffache gestiegene Bevölkerung. Bald war für die Pferde kein Futter mehr vorhanden. Die ungenügenden hygienischen Zustände brachten die Gefahr von Epidemien: Typhus brach aus.

Inmitten der Gefahr und des Chaos zeigte die junge Königin großen Mut. Charles Garnier, ein Zeitzeuge, hielt in seinem Tagebuch fest: „Sie spaziert zwischen den Geschützen herum, und beim Pfeifen der Haubitzen, die ab und zu in ihrer Nähe einschlagen, lächelt sie bloß."

Gewandet in einen Umhang in der Art der Kalabreser, mit einem kleinen Hut auf dem Kopf, schritt Marie Sophie in hohen Stiefeln durch die Reihen der Soldaten. Sie besuchte die Kasernen, besichtigte die Befestigungs- und Verteidigungsanlagen, sprach der Bevölkerung und den Soldaten Mut zu, leistete den Verwundeten Beistand, zeigte sich furchtlos, zuversichtlich und charmant. Der Zeitzeuge Scherer berichtete: „Als sich die Königin eines Tages mit dem spanischen Gesandten Marquis Lema in einer Fensternische unterhielt, kam eine Kugel geflogen und zerschmetterte das Glas. ‚Königin, sprach der Gesandte, Sie wünschten die Kugeln in nächster Nähe zu sehen, Herr Cialdini hat Ihre Majestät jetzt nach Wunsch bedient.' Maria lächelte und entgegnete entschlossen: ‚Eine Wunde wäre auch nicht unerwünscht.'"

Am 27. Januar 1861 meldete die „Augsburger Allgemeine Zeitung": „Aus Gaeta erhalten wir die Nachricht, daß der König seine Gemahlin mehrmals dringend aufgefordert habe, sich nach Rom zu begeben, um so den Gefahren der furchtbaren Beschießung zu entgehen. Allein die Königin weigerte sich, ihren Gemahl zu verlassen, sie ist immer heiter, und äußerte einmal, nachdem sie in diesem Betreff besonders gedrängt worden war, daß es wohl eine schöne und neue Begebenheit in der Geschichte wäre, wenn eine Königin im Bombardement getötet würde (...)."

Auf dem Bollwerk von Gaeta erwarben sich Marie und Franz den Respekt und die Bewunderung vieler. So teilte die „Augsburger Allgemeine Zeitung" am 14. Februar 1861 ihren Leser(inne)n mit: „Die Sympathien für den jungen König und die Königin steigern sich hier und im Ausland täglich, und können auch die ihnen früher feindlich Gesinnten nicht umhin, ihrem jetzigen Heldenmuth und Ausharren die vollste Anerkennung und Bewunderung zu zollen. Die Kaiserin Eugenie und gottlob auch die deutschen Fürstinnen haben dieß ja auch auf so unzweideutige Weise an den Tag gelegt, und hat der theilweise veröffentlichte Brief der erstern ungemein viel Anklang gefunden, worin die hohe Frau ausspricht, daß sie nichts sehnlicher wünsche als an der Stelle der hochherzigen Königin Marie zu seyn, um inmitten der Gefahren an der Seite ihres Gemahls durch Muth und Ermuthigung der gerechten Sache den Sieg zu Theil werden zu lassen."

Flugschriften und Lobgesänge auf Marie Sophie verbreiteten sich in ganz Europa. 170 Damen der Wiener Aristokratie widmeten ihr eine Silbertafel mit den Versen: „Ein Heldenherz in zarter Frauenbrust – Ein Heldenschwert in zarter Frauenhand – Ein Heldengeist der keine Schrecken kennt – schwebst du, ein Lichtbild, über Raum und Zeit."

Trotz mutiger Gegenwehr musste das Königspaar schließlich kapitulieren und am 14. Februar 1861 Gaeta auf einem französischen Kriegsschiff verlassen. Papst Pius IX. gewährte den Flüchtlingen Exil. Das Königreich Neapel (beider Sizilien) existierte nicht mehr.

Jetzt begann Marie Sophies unermüdlicher, jedoch aussichtsloser Kampf um die Rückgewinnung der verlorenen Königskrone. Sie verbündete sich mit allen Kräften, die gegen das inzwischen geeinte Italien bzw. die Monarchie der Savoyer unter König Viktor Emanuel II. vorgingen. In diesen spannungsreichen Jahren, in denen man noch die Macht der „Heldin von Gaeta" fürchtete, tauchten pornografische Fotos der Exkönigin auf, die Marie Sophie in gewagter Kleidung und schamlosen Posen zeigten. Der europaweite Skandal war groß; später erwiesen sich die Abbildungen als Fotomontagen. Doch Klatsch und Gerüchte um die heldenmütige, aber glücklose Königin bekamen immer neue Nahrung. Marie Sophie wurden einige Liebschaften nachgesagt. 1862 soll sie während eines Erholungsurlaubs in Bayern bei den Ursulinen zu Augsburg ein außereheliches Kind – andere behaupten Zwillinge – zur Welt gebracht haben. Offiziell hatten die behandelnden Ärzte ein „Brustübel" und Erschöpfungszustände diagnostiziert.

Nur widerstrebend kehrte Marie Sophie am 14. April 1863 zu ihrem Gemahl nach Rom zurück. Das Exkönigspaar bezog nun – ohne Stief- bzw. Schwiegermutter – den Palazzo Farnese. In dieser Zeit fanden Marie und Franz wieder zueinander. Am Weihnachtsabend des Jahres 1869 bekamen die beiden eine Tochter, die den Namen Maria Christina Pia erhielt. Zum großen Leid der Eltern starb das Mädchen aber nur wenige Wochen später an einer Lungenentzündung.

1870 wurde der Kirchenstaat Italien einverleibt und Rom zur Hauptstadt des geeinten Landes. Ein neues Exil musste gefunden werden. Kaum dreißig Jahre alt, fand sich die Exkönigin allmählich mit einem nur mehr privaten Dasein in Paris ab. Im Dezember 1894 starb Marie Sophies Gemahl in Arco di Trento auf der Rückreise von einem Kuraufenthalt. Als Witwe zog sie in eine kleine Villa nach Neuilly, widmete sich dort der Pferdezucht und eröffnete ein Geschäft vor der Oper, in dem Spitzen verkauft wurden. Gerüchte besagten, dass die „Heldin von Gaeta" Anarchisten und italienische Umstürzler beherberge. Tatsächlich aber ging inzwischen von der „bayerischen Adlerin", wie Gabriele d'Annunzio sie nannte, von der „Soldatenkönigin" des Alfonse Daudet, keine Gefahr mehr aus. 1910 wurde sogar ihre Akte mit den Spitzelberichten in Italien als abgeschlossen betrachtet und archiviert.

Völlig unerwartet fand Marie Sophie wenig später in ihrem Neffen, Erzherzog Franz Ferdinand von Österreich, einen Vertreter ihrer Ideen. Er setzte sich für die Wiedererlangung der Lombardei sowie Venetiens ein und damit für die Auflösung des italienischen Nationalstaates. 1914 wurde der Erzherzog mit seiner Gattin in Sarajevo ermordet. Der Erste Weltkrieg brach aus. In diesen Jahren hielt sich Marie Sophie in München auf. Sie leistete Hilfe in den Lagern mit italienischen Gefangenen und soll Saboteure unterstützt haben, die sich in Italien betätigten.

Die ehemalige Königin von Neapel verfügte nur mehr über sehr beschränkte Mittel. Sie bewohnte als Gast das von ihrem

Vater, Herzog Max in Bayern, erbaute Palais an der Ludwigstraße: Im linken Flügel war die Deutsche Bank untergebracht und im rechten lebte Marie Sophie mit zwei Dienern, zwei Stubenmädchen sowie einem treu ergebenen Sekretär.

Am 18. Januar 1925 starb die letzte Königin von Neapel (beider Sizilien) mit 84 Jahren. Sie wurde zunächst in der Tegernseer Familiengruft bestattet. 1935 setzte man sie zusammen mit den sterblichen Überresten ihres Gemahls Franz und ihrer Tochter in der Kirche von Santo Spirito die Napoletani zu Rom bei. Ihre endgültige Ruhestätte fand die königliche Familie am 18. Mai 1984 unter großer Anteilnahme des europäischen Adels im Pantheon der Bourbonen zu Neapel.

Mathilde – der „Spatz"

Die Vierte der Schwestern, Herzogin Mathilde in Bayern, wurde am 30. September 1843 geboren und aufgrund ihrer Zartheit wie hohen Stimme „Spatz" gerufen. Wegen des geringen Altersunterschieds stand sie ihrer Schwester Marie Sophie am nächsten. Auch weil Mathilde am 5. Juni 1861 in München den Prinzen Ludwig von Neapel-Sizilien, Graf von Trani, ehelichte und damit zur Schwägerin ihrer Schwester, der Königin von Neapel, wurde.

Herzogin Ludovika, meinte einmal über ihre Töchter Marie Sophie und Mathilde: „Ich hätte ihnen Männer gewünscht, die mehr Charakter hätten und sie zu leiten verstünden, was beide noch sehr bedürfen (…) Stützen für ihre Frauen sind die beiden Brüder nicht."

Mathildes Ehe gestaltete sich nicht glücklich, so dass sie von ihrem wohl alkoholkranken Mann bald getrennt lebte, während Ludwig sich mit anderen Frauen vergnügte. 1886 starb Graf Trani; man munkelte von einem Suizid.

Das gräfliche Paar hatte am 15. Januar 1867 im Schweizer Exil ihr einziges gemeinsames Kind bekommen, eine Tochter, die auf den Namen Maria Theresia getauft worden war und im Familienkreis „Mädi" gerufen wurde. Diese vermählte sich am

27. Juni 1889 mit dem Erbprinzen Wilhelm von Hohenzollern-Sigmaringen, der seinem Vater Leopold 1905 als Fürst nachfolgte. Seitdem führte Mädi den Titel „Ihre Königliche Hoheit Frau Fürstin Maria Theresia von Hohenzollern". Allerdings war dies nur mehr ein Titel, denn die katholische Linie der Hohenzollern in der Grafschaft Hohenzollern-Sigmaringen, die 1623 zum Fürstentum erhoben worden war, hatte bereits nach der Revolution 1849 ihr Fürstentum aufgeben müssen. Dennoch konnte diese Linie der Hohenzollern noch Erfolge aufweisen: Der Onkel des Erbprinzen wurde als Carol I. 1866 zum König von Rumänien gewählt. Damit stellte das Haus Hohenzollern-Sigmaringen bis 1947 die rumänischen Könige.

Durch die Vermählung mit Mathildes Tochter verband sich das Haus Hohenzollern eng mit den Wittelsbachern und Habsburgern. Als Maria Theresia ihrem jahrelangen Leiden – anscheinend Multiple Sklerose – am 1. März 1909 mit nur 42 Jahren in Cannes erlag, ehelichte ihr verwitweter Gemahl sechs Jahre später wiederum eine Wittelsbacherin: Er heiratete die 1870 in Lindau geborene Prinzessin Adelgunde von Bayern, die Tochter des späteren bayerischen Königs Ludwig III. Adelgundes Ehe blieb kinderlos. Sie überlebte ihren Gemahl, der 1927 starb, und bewohnte bis zu ihrem Tod 1958 den sogenannten Prinzenbau von Schloss Sigmaringen. Hier widmete sie sich caritativen Werken sowie der Musik, Literatur und Botanik.

Mathilde wurde durch ihre Tochter Marie Theresia dreimal zur Großmutter: 1890 kam Auguste Viktoria zur Welt und 1891 folgten die Zwillinge Friedrich Viktor und Franz Joseph. Die meiste Zeit ihres Lebens aber befand sich die Gräfin von Trani auf Reisen, oftmals in Begleitung ihrer Schwestern Marie Sophie, der Ex-Königin von Neapel, und Kaiserin Elisabeth. Während des Ersten Weltkriegs hielt sich Mathilde in der Schweiz auf und danach bei Marie in München. Mathilde, der Spatz, starb als Letzte der herzoglichen Schwestern am 18. Juni 1925 in München. Ihre Grabstätte auf dem dortigen Waldfriedhof wurde 1977 aufgelöst.

Baronin Marie von Larisch-Wallersee, Mathildes Nichte und Tochter ihres Bruders Ludwig aus seiner nicht standesgemäßen Ehe mit der Schauspielerin Henriette Mendel, charakterisierte ihre Tante wenig freundlich: „Die beste Beschreibung von ihr ist, daß sie eine Karikatur der Kaiserin (= Sisi) war." Wohl wegen dieser Ähnlichkeit hätte Marie Valerie, die jüngste Tochter Elisabeths, nach dem Tod der Kaiserin gerne „Tante Spatz" als zweite Ehefrau ihres Vaters gesehen. Diese Heirat kam jedoch nicht zustande, da der verwitwete Kaiser ledig blieb.

Sophie – die Braut des Märchenkönigs

Die jüngste der herzoglichen Schwestern war Sophie. Geboren am 22. Februar 1847 in München, verbrachte sie den Großteil ihrer Jugendzeit in Possenhofen am Starnberger See bzw. Würmsee, wie er damals noch genannt wurde.

Sophie wuchs zu einer schönen jungen Frau heran; sie war hochgewachsen, schlank, brünett und musikalisch. Ausgezeichnet spielte sie Klavier und sang gut. Diese zwei Fähigkeiten reizten wohl ihren königlichen Cousin Ludwig am meisten. Denn in Sophie besaß er eine Person aus seiner näheren Umgebung, die seine Leidenschaft für Wagners Musik teilte. Immer häufiger besuchte Ludwig seine Cousine in Possenhofen, immer rascher wechselten die beiden Briefe.

Sophie und Ludwig fühlten sich zueinander hingezogen, denn – wie Ludwig – meinte: „Wir beide leben in Mitten einer Umgebung, die uns nicht begreift und falsch beurtheilt; wir leben wie auf einer Oase im Sandmeer der Wüste." So machte er Sophie seine Aufwartung, brachte ihr Geschenke mit, und sie setzte sich ans Klavier, spielte und sang Wagnerarien. Diese trauten Teegesellschaften in Possenhofen erregten allmählich den Argwohn Herzogin Ludovikas, die ihre heiratsfähige Tochter nicht gerne Gerüchten ausgesetzt sah. Man unterband daher die Zusammenkünfte und den Briefwechsel. Daraufhin sprach Sophie von „ewiger Trennung" und erwog gar den Rückzug ins Kloster. König Ludwig sah sich seiner Vertrauten beraubt und zürnte der sich einmischenden Tante.

Ludwig, der Sophie „Elsa“ nannte, schrieb ihr: „Meine liebe Elsa! Meinen wärmsten Dank für Dein gestriges liebes Briefchen. Vollkommen kann ich Dich beruhigen über Deinen am Schlusse Deines Billetts angesprochenen Zweifel. Von allen Frauen, welche leben, bist Du mir die teuerste (...), der Gott meines Lebens aber ist, wie Du weißt, Richard Wagner.“

Johannes Huber, Philosoph und Theologe, hielt nach seinen Gesprächen mit dem jungen König Ludwig fest, dass dessen „Unglück“ wohl daher komme, weil „den idealen Bedürfnissen seines Gemüts bisher kein Verständnis bei seiner Umgebung“ entgegengebracht worden sei. Der Professor meinte, dass der König zur Schwärmerei neige, zugleich sei er aber auch stolz auf seine Würde, fühle aristokratisch und verachte die Masse seiner Untertanen. „Er scheint überhaupt von niemandem viel zu halten, mit Ausnahme von Wagner.“ Einmal, als Huber ausführte, dass „die Liebe zum Weib das Leben des Mannes nicht ausfüllen könne, dass sie für die kräftige Mannesnatur mehr oder minder eine Episode sei“, vertraute Ludwig seinem Lehrer an, dass diese Episode bei manchem Mann wohl gar nicht vorkomme. Wobei er sich selbst meinte.

Ludwig II., seit März 1864 König von Bayern, verlobte sich am 22. Januar 1867 zum Erstaunen aller mit Sophie, der jüngsten Schwester der Kaiserin Elisabeth von Österreich. Er schrieb: „Willst du meine Gattin werden? Genossin meines Thrones? Königin von Bayern?“ Sophie bejahte und Ludwig teilte Wagner beseligt mit, „dass Siegfried seine Brünnhilde“ gefunden habe. Erfreut dichtete der bayerische Ex-König Ludwig I., Großvater des Bräutigams und Onkel der Braut:

„Adonis sieht mit schwärmerischen Blicken
Die Schönheitsgöttin an: sie muß ihn lieben.
Sie fühlen zueinander sich getrieben,
Es will ihr Wesen wonniglich erquicken.

In beiden Herzen, glühend, ist geschrieben
Das selige, durchdringende Entzücken,
Das süße, gegenseitige Beglücken,
Wie es entstanden, ist es auch geblieben.

Mein Enkel, diese Blicke sind die Deinen,
Lichtstrahlen, welche ungeahnt erscheinen,
Die Irdisches mit Himmlischem vereinen.

Des Lebens Höchstes haben sie erworben.
Nie werde durch die Welt Dein Glück verdorben,
Nie heiße es: die Liebe ist gestorben."

Aber genau das geschah schon bald: Das Glück verdarb – die Liebe starb! Schon auf dem Verlobungsball Ende Februar 1867 ließ Ludwig seine schöne Braut, die in den Wittelsbacher Farben weiß und blau gekleidet war, bereits gegen zehn Uhr allein zurück, um noch das Ende eines Dramas (Maria Stuart) von Schiller im Theater anzuschauen. Glück strahlten die Verlobten nicht aus, auch die Bevölkerung sah vom königlichen Brautpaar wenig. Obwohl die Hochzeitsvorbereitungen auf Hochtouren liefen, das Appartement der künftigen Königin in der Residenz schon hergerichtet wurde, Gedenkmünzen mit dem Profil des neuen Königspaares geprägt waren, verschob Ludwig den Hochzeitstermin immer wieder.

Ebenso hatte die junge Braut mit ihren Gefühlen zu kämpfen. Denn kurz nach der offiziellen Verlobung verliebte sie sich in Edgar Hanfstaengl, einen gutaussehenden Fotografen, in dessen väterlichem Atelier die Münchner Hofgesellschaft ein und aus ging. Sophie hatte sich dort porträtieren lassen und dabei den charmanten Edgar getroffen. Am 23. Juli schrieb Sophie an ihren Geliebten: „Warum mußte ich dich kennen lernen, nun da meine Freiheit in Fesseln geschlagen ist?" Mit Hilfe ihrer Hofdame Baronin Nathalie Sternbach glückte es den Verliebten, sich mehrmals heimlich zu treffen.

Zu gleicher Zeit hielt sich König Ludwig II. fern von seiner Braut in Paris auf und besuchte als „Graf von Berg" die Weltausstellung, froh, dem verhassten München, den Pflichten als König und als Bräutigam entronnen zu sein.

Am 23. Juli 1867 schrieb Sophie an Edgar: „Theurer, liebster Freund, (...) Hoffnung gibt es keine für uns. Was bleibt uns – Entsagen. Mit Schauder blick ich in die Zukunft, der Tag meiner Trauung steht wie ein schwarzer Schatten vor meiner Seele, ich möchte entfliehen vor dem unbarmherzigen Schicksal! (...) Ich liebe dich so innigst, mein Edgar, (...) daß ich so schmählich alle Pflichten gegen meinen armen König vergaß! (...), die Welt soll nie ahnen, was zwischen uns vorgeht, soll niemals lieblos über Sie urtheilen. – Leben Sie wohl!" Dennoch dauerte die Romanze bis in den September 1867.

Wer davon wusste, ist nicht bekannt. Kursierten Gerüchte? Beendete Sophies Familie die Liaison? Jedenfalls griff Herzogin Ludovika Ende September ein, schrieb an Ludwigs Mutter Marie, ob es nicht besser wäre, die Verlobung zu lösen. Nochmals hatte Ludwig den Hochzeitstermin nunmehr auf November verschoben und verärgert ließ Herzog Max verlauten, dass es nie seine Absicht gewesen sei, dem König seine Tochter aufzudrängen. Mit verräterischer Schnelligkeit löste daraufhin König Ludwig II. von Bayern schriftlich am 7. Oktober 1867 von Schloss Hohenschwangau aus seine Verlobung mit Sophie Herzogin in Bayern: „Meine geliebte Elsa! (...) Stets warst Du mir von Herzen werth und theuer, ich hänge an Dir mit inniger und wahrer und aufrichtiger Zuneigung, ich liebe Dich wie eine theure Schwester. Als wir im vorjährigen Sommer uns öfters schrieben, (...) drängte Deine Mutter zu einer Entscheidung (...) Als ich zu meinem tiefen Kummer erfahren mußte, wie unglücklich Dich dieselbe gemacht hat, daß Du fort müßtest, wir niemals mehr uns sehen könnten, wurde ich auf das tiefste ergriffen, gerührt durch diesen Beweis wahrer Liebe, den Du mir gabst; meine Zuneigung zu Dir steigerte sich, so daß ich mich hinreißen ließ, um Deine Hand zu werben. (...) O nein, hintergehen wollte ich Dich nicht, ich handelte im festen Glauben, es würde alles zu einem befriedigenden Ende führen. Ich hatte nun Zeit mich zu prüfen (...) und sehe, daß nach wie vor meine treue, innige Bruderliebe zu Dir tief in meiner Seele wurzelt, nicht aber Liebe, die zur Vereinigung in der Ehe erforderlich ist. Ich war Dir diese offene Mittheilung schuldig, liebe Elsa, ich bitte Dich um Fortdauer Deiner Freundschaft, wenn Du mir Dein Wort zurückgibst, und wenn wir voneinander scheiden, so bitte ich Dich, thun wir es ohne Groll und Bitterkeit (...)."

Bereits vorher hatte König Ludwig II. seinem Tagebuch anvertraut: „Sophie abgeschrieben, das düstere Bild verweht, nach Freiheit verlange ich, nach Freiheit dürstet mich, nach Aufleben von qualvoller Alp." Die Öffentlichkeit erfuhr am 11. Oktober von der abgesagten königlichen Vermählung. Am anvisierten Hochzeitstermin, dem 29. November 1867, schrieb Ludwig in sein Tagebuch: „Gott sei gedankt, nicht ging das Entsetzliche in Erfüllung!"

Ludwig II. von Bayern, der Märchenkönig, starb am 13. Juni 1886 einen geheimnisumwitterten Tod im Starnberger See. Marie von Wallersee, eine Nichte Sophies, eröffnet in ihren Memoiren: Die Herzogin besuchte kurz nach der Beisetzung ihres ehemaligen Verlobten dessen Sarg und „legte einen wundervollen Kranz mit purpurnen Schleifen nieder, dann fiel sie auf die Knie und weinte herzbrechend". Danach soll sie gefragt haben: „Marie, glaubst du, daß er mir vergeben hat?"

Edgar Hanfstaengel übernahm 1868 das väterliche Foto-Atelier, ehelichte 1882 Katharina Heine aus Berlin, hatte mir ihr fünf Kinder und starb am 28. Mai 1910 in München. Im Nachlass fand seine Tochter Sophies Liebesbriefe.

Ein Jahr nach der gelösten Verlobung heiratete Sophie am 28. September 1868 den zweiten Sohn des Herzogs von Nemours aus dem Hause Orléans. Der 24-jährige Herzog Ferdinand von Alençon – „ein hübscher junger Mensch von frischem Aussehen" – war ein Enkel des Bürgerkönigs Louis Philippe, der den französischen Thron in der Revolution von 1848 verloren hatte. Nach den Hochzeitsfeierlichkeiten in Possenhofen reiste das junge Paar ins Exil nach England. Königin Victoria hatte einige Mitglieder der königlichen Familie Frankreichs freundlich aufgenommen und 1865 Sophies Schwiegervater als Wohnort „Bushy House" angeboten. Hierher, auf den ehemaligen Witwensitz der englischen Königin Adelheid (Adelaide), brachte Herzog Ferdinand seine junge Frau.

Sophie bekam in Bushy House ihr erstes Kind, ihre Tochter Louise Victoire (Luise Viktoria), am 19. Juli 1869; diese heiratete 1891 auf Schloss Nymphenburg den Prinzen Alfons von Bayern, einen Enkel König Ludwigs I. von Bayern, und hatte mit ihm zwei Kinder: einen Sohn und eine Tochter. Drei Jahre später, am 18. Januar 1872, brachte Sophie zu Meran einen Sohn zur Welt, ihr zweites und letztes Kind. Philippe Emmanuel ehelichte zunächst 1891 heimlich Louise de Maillé de la Tour, die ihm 1893 einen Sohn schenkte. Nach deren Tod vermählte er sich 1896 mit der belgischen Prinzessin Henriette Marie; vier Kinder gingen aus dieser Verbindung hervor: drei Töchter und ein Sohn. Sophies Sohn starb 1931 in Cannes. Er ruht in der königlichen Grabkapelle zu Dreux.

Nach Jahren im englischen Exil zogen Sophie und ihr Gemahl, der im Dezember 1871 Hauptmann des 12. Artillerie-Regiments im französischen Heer geworden war, wieder nach Frankreich, in ein Landhaus nahe Vincennes. Zu dieser Zeit litt Sophie immer wieder unter Depressionen, die sie veranlassten, sich mehr und mehr vom gesellschaftlichen Leben zurückzuziehen.

Noch einmal verliebte sich Sophie in einen nicht standesgemäßen, zudem verheirateten Mann. Mit ihm, einem Arzt namens Dr. Glaser, floh sie nach Meran. Beide wollten sich scheiden lassen und einander ehelichen. Bald jedoch wurden sie aufgespürt, getrennt und Sophie zur Heilung ihrer angegriffenen Nerven in das Sanatorium Mariagrün verfrachtet.

Die Privatklinik in Mariagrün galt als ein mustergültiges Haus für Persönlichkeiten der hohen bis höchsten Kreise. In ihrem Werbeprospekt von 1899 versprach die Klinik, „Nervenleidenden aus den höheren Classen der Gesellschaft all dasjenige zu bieten, was zu ihrer Pflege und Heilung nach dem gegenwärtigen Stande medicinischer Wissenschaft erforderlich ist." Geistesgestörte wurden nicht aufgenommen, sondern speziell Patient(inn)en der „vielgestaltigen Krankheitszustände der Neurasthenie (Hypochondrie), Hysterie, nervöse Erschöpfungs- und Reizzustände nach acuten schweren Krankheiten, Wochenbetten usw., sowie Affectionen der peripheren Nerven (Neuralgien, Spinalirritationen usw.). Auch werden Entziehungscuren bei Morphinismus, Cocainismus und anderen chronischen Intoxicationen durchgeführt." Behandelt wurde nach den Erkenntnissen des bekannten Psychiaters und Rechtsmediziners Richard von Krafft-Ebing, der 1840 in Mannheim geboren wurde und mit 62 Jahren in Graz starb. Sein „Lehrbuch der Psychiatrie" von 1879 und die „Psychopathia sexualis" von 1886 wurden zu grundlegenden Standardwerken. Professor Krafft-Ebing gilt heute als Pionier der Seelenheilkunde und modernen Sexualwissenschaft. Er war eine „vornehme Natur", der seine Kranken mit „rührender Güte und Freundlichkeit" behandelte, rühmte die „Wiener Klinische Wochenschrift" in einem Nachruf 1902. Seine „vollendete Selbstbeherrschung", „seine hohe Gestalt, sein fester Gang, sein ruhiger Blick, sein durchgeistigtes Antlitz waren von einer oft wunderbaren Wirkung auf die aufgeregtesten Kranken."

Hierher ins Sanatorium am Grazer Rosenberg wurde nun Sophie auf Anraten ihrer Schwester Sisi und ihres Schwagers Kaiser Franz Joseph geschickt. Sisi dichtete dazu:

„Deinem guten Herrn Gemahl
Hast die Treue du gekündigt,
Stießest ihm ins Herz den Stahl,
Ja, du hast dich schwer versündigt.
(...)
Du bist im Irrenhaus, du bist gefangen,
ein Opfer deiner tollen Leidenschaft;
Es bricht mein Herz, denk ich der wilden, bangen
Verzweiflung, die dich packt in deiner Haft.

Du wolltest Mann und Kinder schnöd' verlassen,
mit dem Entführer in die Weite zieh'n;
Doch muß dein sündhaft Hoffen nun erblassen,
Wo du jetzt weilst gelinget kein Entflieh'n!"

Fünf Monate weilte Sophie in der Nervenheilanstalt, danach brachte sie Herzog Ferdinand nach Schloss Mentlberg in Tirol. Ihre Nichte Marie Valérie, Sisis Lieblingstochter, hielt fest: „Tante Sophie mit Onkel Alençon bei Mama. Ganz und gar die Tante Sophie von ehemals, nur wenn möglich verjüngt, (...), von Aufgeregtheit keine Spur ... schönstes Einverständnis mit Onkel Alençon."

Sophies Melancholie aber war geblieben. Verstärkt wandte sie sich jetzt der Religion zu. Am 20. April 1880 empfing die Herzogin das Kleid Santo Domingos. Es folgte ein Jahr Noviziat, das mit der Profess am 30. April 1881 endete. Damit war Sophie in den Dritten Orden der Dominikaner aufgenommen und erhielt den Namen Schwester Marie Madeleine (Magdalena). Der „Dritte Orden" war neben dem Männer- und Frauenorden der Dominikaner/innen für die sogenannten „Weltleute" bestimmt, welche weiterhin ihren häuslichen und gesellschaftlichen Verpflichtungen nachgingen, jedoch unter Berücksichtigung ihrer religiösen Überzeugung. Dazu meinte Sophie: „Ich will eine wahre Tochter des Hl. Dominikus sein; das ist der einzige Titel, auf den ich etwas halte."

Wenige Jahre später endete Sophies Leben in einer wahren Katastrophe. Bei einem Wohltätigkeitbasar in Paris, den sie als Präsidentin des „Oeuvres Noviciats dominicains" 1897 organisiert hatte, fing bei der geplanten Vorführung „bewegter Photographien" (das waren die ersten Stummfilme) der Gebrüder August und Louis Lumière ein Vorhang Feuer. Schnell breiteten sich die Flammen zu einem richtigen Feuersturm aus. Manche konnten sich retten, viele verbrannten: 129 Menschen fanden an diesem 4. Mai 1897 den Tod. Augenzeugen berichteten, dass die Herzogin von Alençon noch einigen Mädchen durch ein Fenster ins Freie geholfen habe. Eine dem Feuer entkommene Frau sagte aus, sie habe die Herzogin betend inmitten des Flammenmeers gesehen. Eine andere hatte beobachtet, dass Sophie versuchte, die in Flammen stehende Vicomtesse Beuchamt zu retten. Sie habe sich mit ihrem Umhang auf die Brennende geworfen. Herunterfallende Dachbalken begruben daraufhin die zwei Frauen unter sich. Der Herzogin wurde der rechte Arm abgerissen und ein Bein zertrümmert. Beide Opfer verkohlten bis zur Unkenntlichkeit. Nur mithilfe von Sophies Zahnarzt konnte die Leiche der Herzogin identifiziert werden.

Als Sisi vom schrecklichen Tode ihrer jüngsten Schwester erfuhr, brach die Kaiserin zusammen. Einen Schwager des Herzogs traf sogar bei dieser Nachricht der Schlag, sodass er sogleich verstarb. Kaiser Franz Joseph ordnete in Wien zu Ehren seiner Schwägerin eine sechswöchige und der bayerische Prinzregent Luitpold in München eine vierwöchige Hoftrauer an.

Am 14. Mai fand die offizielle Trauerzeremonie statt. Der europäische Hochadel und das Haus Wittelsbach waren zahlreich vertreten, darunter Königin Isabella von Spanien und Sophies Schwester Marie, die Ex-Königin von Neapel-Sizilien. Pater Thomas Maria Wehofer berichtet von den Beisetzungs-Vorbereitungen: „Auf die theuren Überreste wurde der weisse Habit der Dominicanerinnen sammt Gürtel und Rosenkranz gelegt, da man den Wunsch der Verblichenen, ihr nach dem Tode den Habit anzuziehen, nicht mehr erfüllen konnte. Der Sarg, ein Doppelsarg, war mit Seide ausgelegt. Provinzial P. Boulanger legte auf den Wunsch des Herzogs von Alençon einige geweihte Gegenstände und Familienerinnerungen bei."

Sisis jüngste Schwester wollte eigentlich ganz schlicht wie eine Ordensfrau beigesetzt werden; als Grabinschrift hatte sie sich gewünscht:

„Sophie Charlotte
Herzogin von Alençon
Geborne Herzogin in Bayern
Schwester Marie Madeleine
Vom Dritten Orden der Buße des hl. Dominicus".

So stand es in ihrem Testament. Nur das „Datum von Geburt und Tod" sollte noch hinzugefügt werden. Ihre letzte Ruhestätte fand die Wittelsbacherin in der neogothischen Grabkapelle der königlichen Familie des Hauses Orléans zu Dreux. Neben ihr ruht seit 1910 ihr Gemahl Ferdinand Herzog von Alençon.

Rückblickend überliefert Sophies Nichte Marie von Larisch-Wallersee: „Die Herzogin d' Alençon war ein engelhaftes Geschöpf, deren heroischer Tod mit ihrem seelenvollen Leben in harmonischem Einklang stand. Sie hat sich in Wahrheit niemals von dem Schmerz über die Auflösung ihrer Verlobung mit König Ludwig erholt und blieb immer eine leidgebeugte Frau."

Die Schwestern von Possenhofen

„Meine Tanten" – schreibt Marie von Wallersee – „waren sehr schöne Frauen, doch mit sehr verschiedenem Temperament, obwohl sie sich sehr ähnlich sahen." Abschätzig äußerte einmal eine Gouvernante der Erzherzogin Valerie: „Die Prinzessinnen von Possenhofen sind alle wie die Frauen aus der demimonde!" Damit meinte sie wohl, dass die Herzoginnen in Bayern alle elegant und vornehm in der Erscheinung, ihrem Verhalten und Schicksal nach aber eher Abenteurerinnen als Fürstinnen glichen. Denn Sisi und ihre Schwestern hielten nicht viel von Etikette und gesellschaftlichen Zwängen. Sie erfüllten nicht immer die Erwartungen, die an eine Frau ihres Standes geknüpft wurden. Eher strebten sie nach Freizügigkeit, Selbstbestimmtheit und persönlichem Glück. In der Betonung ihrer Individualität waren sie Vorkämpferinnen einer anderen Zeit, die sich mit der vorgegebenen Frauenrolle in der Aristokratie nicht mehr bescheiden wollten. Gelang der Ausbruch nicht, reagierten sie mit Depressionen und krankhafter Ichbezogenheit oder flüchteten in religiöse Sinngebung und Duldsamkeit. Sieht man genau hin, so erscheinen diese Wittelsbacherinnen als Verkörperungen des Fin-de-Siècle, die den Untergang der Monarchie und der damit verbundenen Lebenswelt in Deutschland, Österreich, Frankreich, Italien und anderen Ländern Europas ahnen lassen.

Die Ehrendoktorin –
Prinzessin von Bayern

THERESE

(1850–1925)

Herkunft und Familie

WITTELSBACH

Max I. Joseph, Kg. v. Bayern (1756–1825)
⚭ (1) Auguste Wilhelmine v. Hessen-Darmstadt;
⚭ (2) Caroline v. Baden (1776–1841); *acht Kinder*

(1) ↓

fünf Kinder, darunter:
Ludwig I., Kg. v. Bayern (1786–1868), reg. 1825–1848
⚭ Therese v. Sachsen-Hildburghausen (1792–1854)

↓

- Maximilian II. Joseph, Kg. v. Bayern (1811–1864) ⚭ Marie v. Preußen (1825–1889); *zwei Söhne:* Ludwig II., Kg. v. Bayern (1845–1886) und Otto (1848–1916), Titular-Kg. v. Bayern seit 1886
- Mathilde Karoline Friederike (1813–1862) ⚭ Ludwig III., Großhz. v. Hessen (-Darmstadt)
- Otto (1815–1867), Kg. v. Griechenland 1832–1862 ⚭ Amalie Friederike v. Oldenburg; *keine Kinder*
- Theodolinde Charlotte Luise (1816–1817)
- Adelgunde Auguste Charlotte (1823–1914) ⚭ Franz V. Ferdinand, Hz. v. Modena, Erzhz. v. Österreich-Este

HABSBURG

Ferdinand III., Großhzg. v. Toskana (1769–1824); Enkel der Maria Theresia v. Österreich (1717–1780), Kgin. v. Ungarn u. Böhmen, und Kaiser Franz Stephan v. Lothringen
⚭ (1) Marie Louise v. Bourbon-Sizilien (1773–1802)
⚭ (2) Maria v. Sachsen (1795–1865)

(1) →

Leopold II., Großhz. v. Toskana, Erzhz. v. Österreich (1797–1870)
⚭ (1) Maria Anna v. Sachsen (1799–1832); *drei Töchter*
⚭ (2) Maria Antonia v. Bourbon-Sizilien (1814–1898); *zehn Kinder*

(1)

Luitpold, Prinzregent v. Bayern (1821–1912), reg. 1886–1912 ⚭ Auguste Ferdinande, Erzhzgin. v. Österreich, Przin. v. Toskana (1825–1864)

↓

- Ludwig III. (1845–1921), Kg. v. Bayern 1912–1918 ⚭ Marie Therese, Erzhz. v. Österreich-Este, Przin. v. Modena (1849–1919); *fünf Kinder, darunter:* Rupprecht (1869–1955), Kronprinz, Chef des Hauses Wittelsbach; *aus zwei Ehen elf Kinder, darunter:* Albrecht (1905–1996), seit 1955 Hz. v. Bayern, Chef d. Hauses Wittelsbach; *vier Kinder, darunter:* Franz (*1933), Hz. v. Bayern, Chef d. Hauses Wittelsbach
- Leopold (1846–1930) ⚭ Gisela (1856–1932), Erzh. v. Österreich, T. v. Kaiser Franz Joseph I. u. Kaiserin Elisabeth (Sisi); *vier Kinder*
- **THERESE** (1850–1925), Przin. v. Bayern, Dr. h. c., Schriftstellerin u. Naturwissenschaftlerin
- Arnulf (1852–1907) ⚭ Therese v. Liechtenstein (1850–1938); *ein Kind:* Sohn Heinrich, gefallen 1916

Am 9. Dezember 1897 verlieh die zweite Sektion der Philosophischen Fakultät der Ludwig-Maximilians-Universität München die Ehrendoktorwürde an Therese von Bayern, an eine Wittelsbacher Prinzessin und Königliche Hoheit. Aber nicht wegen ihres hohen Standes erhielt Therese diese Auszeichnung, sondern aus wissenschaftlichen Gründen, wie es die vorschlagenden Professoren formulierten: „Ihre kgl. Hoheit Prinzessin Therese hat seit einer langen Reihe von Jahren ihr ganzes Interesse den beschreibenden Naturwissenschaften gewidmet. Von zahlreichen Reisen hat sie umfangreiche zoologische, botanische und anthropologische Sammlungen mitgebracht. Hatten schon ihre bisherigen Publikationen ein ungewöhnliches Verständniß und Wissen auf verschiedenen Gebieten der Naturwissenschaft bekundet, so hat ihr neuestes Werk über Brasilien auch eine Reihe von selbständigen Beobachtungen namentlich aus dem Forschungskreise der Anthropologie geliefert. Es ist hocherfreulich, daß ein Mitglied des Koeniglichen Hauses sich in so ernster Weise mit wissenschaftlichen Aufgaben beschäftigt und sich eine so vorzügliche Sachkenntnis erworben hat." Während einer Audienz wurde der Königlichen Hoheit am 22. Dezember feierlich die Urkunde überreicht, welche „der durchlauchtigsten und überaus gelehrten Frau Theresia Tochter des Fürsten aus dem königlich-bayerischen Herrscherhaus wegen glänzender, in vortrefflichen Büchern erwiesener Kenntnis auf dem Gebiet der Naturwissenschaften den Grad eines Doktors der Philosophie ehrenhalber" verlieh.

Dieser außergewöhnliche Vorgang ließ aufhorchen, denn bis dahin war noch keine Frau von bayerischen Universitäten zu solch hoher wissenschaftlicher Ehre gelangt. Zumal den Frauen bis zum Wintersemester 1903/04 das offizielle Studium an den Universitäten in Bayern verwehrt wurde und sie noch nicht einmal eine ordentliche gymnasiale Schulbildung genießen durften. Daher hatte die frischgebackene Ehrendoktorin ihre Ausbildung standesgemäß im Privatunterricht und ihre wissenschaftlichen Kenntnisse überwiegend im Selbststudium erworben. Für das von W. Zils 1913 herausgegebene Buch „Geistiges und Künstlerisches München in Selbstbiographien" formulierte hierzu Prinzessin Therese kurz und prägnant: „Von der Mutter geleitete Erziehung: einfach praktisch, streng und konsequent; es wurde getrachtet, Selbständigkeit, Entschlossenheit, vor allem Religiosität und Pflichtgefühl zu entwickeln. Von Kindheit an Leidenschaft für Bücher, namentlich Reisebeschreibungen, und ernste geistige Beschäftigungen, wenig Neigung zu weiblichen Handarbeiten, welche trotzdem erlernt und erledigt werden mußten. Privatunterricht im elterlichen Hause durch verschiedene Lehrer und Lehrerinnen und Besuch öffentlicher Kurse über Geographie und Paläontologie. Frühzeitig ausgesprochene Vorliebe für Politik, für Geographie und Naturwissenschaften, demgegenüber das Interesse für Kunst-, Literatur- und Weltgeschichte etwas in den Hintergrund trat. Stark ausgeprägter Sinn für Topographie und alle exakten Studien. Mehr Anlage zum Zeichnen und Malen als zur Musik, was sich auch im Erkennen der Physiognomie der Landschaften bekundet. Im Laufe der Jahre Erlernen von elf fremden Sprachen: Italienisch, französisch, englisch, spanisch, dänisch, neugriechisch, russisch, portugiesisch, schwedisch, holländisch, tschechisch. Von all diesen Sprachen die italienische die am geläufigsten gesprochene und geschriebene, als die durch die Mutter erlernte."

Thereses Mutter Auguste Ferdinande, Prinzessin von Toskana, hatte am 15. April 1844 im Dom von Florenz Prinz Luitpold von Bayern, den drittgeborenen Sohn des regierenden Königs Ludwig I. geheiratet. Das Paar ließ sich im 1854 erworbenen Leuchtenberg-Palais am Odeonsplatz zu München nieder, das von nun an Luitpold-Palais hieß. Vier Kinder kamen in München zur Welt: 1845 Ludwig, der nachmalige König Ludwig III. von Bayern; 1846 Leopold, der im Jahr 1873 Erzherzogin Gisela, eine Tochter der Kaiserin Sisi, ehelichte; 1850 Therese und 1852 Arnulf. Die Geschwister erlebten im weitläufigen Palais mit seinen 250 Zimmern, samt Theatersaal, Gemäldegalerie und Hauskapelle eine wohlgeordnete, glückliche Kindheit und in der Villa Amsee nahe Lindau am Bodensee ausgelassene Sommerwochen: „Ein Hauptvergnügen war – wie Therese sich erinnert – das Kahnfahren, in welchem die Kinder eine solche Fertigkeit erlangten, dass die Mutter sie schon mit 9 u. 10 Jahren in ganz kleinen Booten sich allein eine Strecke weit in den See hinaus wagen ließ." Aber auch andere Sportarten wurden betrieben: „Neben den Studien (...) zeigte sich auch Freude an körperlichen Übungen, Schlittschuhlaufen, Rudern, Schwimmen, Turnen, Reiten, Bergsteigen, Radfahren."

Eifrig und freudig nahm Thereschen, wie sie im Familienkreise liebevoll genannt wurde, am Sportunterricht im heimatlichen Palais teil: „Seit Neujahr nehme ich Gymnastik, was mich sehr unterhält, wenn ich es im Turnsaal unten nehme. Da turne ich etwas am Barren und am Reck, springe über das Seil und klettere an den Sprossen hinauf; wenn ich dann zweimal in der Woche in meinem Matrosenanzug ohne Crinoline bin, dann ist es erst recht lustig, weil ich mich frei bewegen kann." Diese Freiheit von äußerlichen Zwängen der Kleidung wie Etikette, diese Freiheit suchte Therese später bei ihren Reisen. Bereits die Wanderungen ihrer Jugendzeit verschafften Therese höchsten Genuss: „Gerade das Gefühl der Freiheit u. totalen Unabhängigkeit, das Gefühl der Unbestimmtheit, wie weit man gehen u. wo man bleiben wird, (...) ist das unendlich Anziehende der Fußtouren."

Thereses fröhliche Kinderzeit nahm 1864 abrupt ihr Ende mit dem frühen Tod der geliebten Mutter, die erst 39-jährig an Schwindsucht (Tuberkulose) starb. Sie hinterließ ihrer untröstlichen Tochter – „In meinem Herzen ging etwas entzwei, das nie mehr ganz wurde" – den Auftrag, sich um Vater und Brüder zu kümmern. Die 13-Jährige nahm diese Aufgabe ernst und erfüllte die oftmals als erdrückende Last empfundene Pflicht 48 lange Jahre bis zum Tod des Vaters 1912.

Am 12. November 1868 wurde Therese volljährig und heiratsfähig. Mehrere Heiratskandidaten traten auf und wurden von Therese verworfen, was bei den traditionsgebundenen Brüdern auf wenig Verständnis stieß: „Einer von Ihnen, als er merkte, ich wollte mich nicht binden, gab mir zu verstehen, daß es der Familie wegen doch wohl nothwendig sei. Wir befanden uns in kleinen Verhältnissen, u. wenn ich zu Hause bliebe, war dies eine Last für Alle. Dieser Standpunkt quälte mich namenlos durch Monate u. Jahre. Ich sollte mich für die Familie opfern." Dies wollte Therese gegen alle Konvention und traditionelle weibliche Bestimmung auf keinen Fall.

Zum einen war ihr Herz bereits vergeben: Eine jugendliche Schwärmerei für ihren psychisch labilen Cousin Otto, den Bruder des nachmaligen Märchenkönigs Ludwig II. von Bayern, wandelte sich – vielleicht da unerfüllbar – in die Liebe ihres Lebens. Schließlich gab die Familie nach und Vater Luitpold wähnte seine Tochter denn auch wohlversorgt, als sie 1880 zur Äbtissin des Münchner „Damenstifts zur heiligen Anna" gewählt wurde.

Zum anderen hegte Therese bereits andere Ziele und Lebensinhalte: Sie wollte reisen, die Welt sehen und erforschen. Ihre erste Reise führte sie 1875 nach Tunis. Dabei begleitete Therese ihren Bruder Leopold und dessen Gattin Gisela auf einer fünfmonatigen Vergnügungs- und Bildungsfahrt, die sie über Spanien und Portugal nach Nordafrika führte. Angefüllt mit Eindrücken aus fremden Welten, mit Skizzen und Notizen im Gepäck kehrte Therese heim. Angeregt von der Jugendschriftstellerin Isabella Braun verfasste Therese 1880 einen Beitrag für deren „Jugendblätter für christliche Unterhaltung und Belehrung" mit dem Titel „Ausflug nach Tunis", in dem von der Überfahrt nach Afrika zu lesen steht: „Nach jeder größeren Welle, wenn durch das unsanfte Hinunterfallen des Schiffes der Gischt aufspritzte, stob es wie ein Silberflimmer links und rechts auseinander und die Schaumkämme der ferneren Wogen zeichneten sich in bläulichem Lichte wie ein fließender Metallstrom auf den schwarzen, erregten Fluten. Und so ging weithin, weithin, so weit das Auge im Finstern reichen konnte, Berg und Thal und Thal und Berg, und es gähnte der düstere Abgrund und es zischte und tobte die aufgewühlte

Tiefe. Es war herrlich, großartig! Und ich stand allein draußen in der Nacht; in Mitten der entfesselten Elemente, wie ein Spielball geworfen von Wind und Wellen, und o so unendlich klein und ohnmächtig gegenüber dem Kampfe der Natur und gegenüber Demjenigen, welcher größer und gewaltiger ist als alles Andere!"

Begeisterte Reaktionen auf ihren Aufsatz ermutigten Therese, auf diesem Gebiet ernsthaft weiterzuarbeiten: „Nun hatte ich das meiner geistigen Veranlagung angemessene Arbeitsfeld gefunden. (...) Schon der erste Wurf auf diesem Gebiet gelang u. es erschloß sich mir eine wissenschaftliche Thätigkeit, welche ausschlaggebend u. bis in mein hohes Alter restlos beglückend für mich wurde."

Weitere Ermutigung erhielt Therese von anderer Seite. Auf einer Erholungsreise nach Italien – hier sollte sie ihre depressiven Verstimmungen loswerden – lernte die Prinzessin Lady Blennerhassett kennen und schätzen. Hier begründete sich die lebenslange Freundschaft beider Schriftstellerinnen. Denn Charlotte, geborene Freiin von Leyden, verehelicht mit dem anglo-irischen Baronet und Diplomaten Sir Rowland Blennerhassett, trat als Essayistin und Biografin mit literarhistorischen und geschichtlichen Themen hervor. Nach Prinzessin Therese sollte sie als zweite Frau die Ehrendoktorwürde der Münchner Universität erhalten. Die sieben Jahre ältere Charlotte machte der jüngeren Freundin Mut, doch endlich ihre „Lebensaufgabe" zu erkennen und aktiv auszufüllen: „Für uns Frauen liegt die Rettung nur darin, daß wir uns von uns selbst befreien. Ich bitte Sie auf den Knieen, setzen Sie der Vorsehung keinen Widerstand entgegen, halten Sie kein unmögliches Ideal fest, keine künstlichen Pflichten, – das ist die Gefahr: für Seelen wie die Ihrige wohl im innern Leben die größte Gefahr." Rückblickend würdigte Therese Lady Blennerhassetts Rat: „Sie hatte mich veranlasst, meine durch so manche Jahre erworbenen Kenntnisse praktisch zu verwerten, mit einem Worte, zur Feder zu greifen, und dies werde ich ihr zeitlebens danken."

So kam es dazu, dass Therese bereits 1881 mit einer dreiköpfigen Begleitung ihre erste wissenschaftlich vorbereitete

Reise unternahm. Zweieinhalb Monate erforschte sie die „eigenarthige Thierwelt, Pflanzengeographie und Geologie" Nordeuropas sowie das Leben der „skandinavischen Nomaden". Unter dem geschlechtsverbergenden Pseudonym „Th. von Bayer" veröffentlichte die Wittelsbacherin dann 1889 ihren umfangreichen Reisebericht mit dem Titel „Ueber den Polarkreis".

1882 brach Therese wiederum auf, dieses Mal nach Russland. Hier beeindruckten sie nicht nur die panrussische Industrieausstellung, die Anlass dieser Reise war, sondern auch der fortschrittliche Stand der dortigen Frauenbildung und die berufliche Leistung der russischen Ärztinnen. In ihrem 1885 publizierten Buch „Reiseeindrücke und Skizzen aus Rußland" begrüßte Therese die Vorteile, welche ihre Geschlechtsgenossinnen durch eine höhere Bildung erlangen können: „ (...) die Frau wird auf eigene Füße gestellt und in die Lage gebracht, sich selbständig ihr Brot zu verdienen, indessen in Ländern, in denen die Frauenbildung im argen liegt, Tausende von weiblichen Wesen, die nicht durch Heirat versorgt werden, ihre Tage unter größten Entbehrungen und im bittersten Elende dahinschleppen."

Mit diesen Worten nahm Prinzessin Therese Stellung zur sozialen Lage der bürgerlichen Frauen im Deutschen Kaiserreich und im Königreich Bayern. Denn durch mangelhafte Ausbildungsmöglichkeiten waren die Mädchen und jungen Frauen des Bürgertums bei der Wahl eines geeigneten Berufes stark behindert. Noch immer galt als ihre eigentliche Lebensaufgabe Ehefrau und Mutter zu sein. So blieb den Töchtern „aus gutem Hause" nur die frühzeitige Eheschließung, um ihre Existenz und Zukunft zu sichern. Allerdings stand einer Heirat oftmals der „Millionenüberschuß von Frauen in Deutschland", wie dies ein Berichterstatter im April 1900 vor dem Bayerischen Landtag formulierte, entgegen. Die durch die akademische Arbeitslosigkeit der 1880er-Jahre noch zusätzlich geminderten Heiratschancen, führten zu einer weit verbreiteten Ehelosigkeit der Frauen: Demgemäß waren 1895 rund 60 Prozent der Frauen ledig, wie es das Statistische Jahrbuch für das Königreich Bayern ausweist. Aus gutem Grund forderte daher die Frauenbewegung des 19. Jahrhunderts eine standesgemäße Erziehung und Bildung für Mädchen und Frauen sowie Zulassung zu den Gymnasien und zur Universität, um anschließend eine angemessene Erwerbstätigkeit aufnehmen zu können.

Das oftmals mit unsäglichen Argumenten geführte Pro und Contra Frauenstudium – der Medizinprofessor Theodor von Bischoff führte das kleiner Gewicht des Frauenhirns als Hauptgrund für die Nichteignung der Frau zu wissenschaftlicher Arbeit ins Feld – fand schließlich mit der Zulassung der Frauen zum Wintersemester 1903/04 an den bayerischen Universitäten ihr Ende. Damit begann die „Invasion der Weiber", wie der Historiker Heinrich von Treitschke dies einmal formulierte, an der bisherigen Männerdomäne der deutschen Universität. Ob bei der Genehmigung des Frauenstudiums durch den Prinzregenten Luitpold, dem Vater der Ehrendoktorin Therese, diese seine Hand ein wenig leitete, bleibt ungewiss.

Immerhin dichtete Therese bereits 1880 (veröffentlicht 1895) eine Kampfansage an die einengenden Konventionen, die es zu sprengen galt:

Ich sollte wohl friedliche Verse nur schreiben,
Ich sollte wohl zahm und vernünftiger sein,
Ich sollt' in beengenden Grenzen wohl bleiben,
Nicht greifen ins stürmische Leben hinein.

Ich sollte wohl gar auch das Dichten verleugnen,
All das, was in mir so lebendig pulsiert,
Und eure verflachenden Formen mir eignen,
Wie eben die Mode die Menschen regiert.

Nein, dazu könn't nie meinen Sinn ihr bezwingen,
Ich bleibe ein Wesen nach eigener Art,
Und wolltet ihr dennoch in Fesseln mich bringen,
Dann werdet ihr seh'n, daß ich stark bin, nicht zart.

Ich will mir erringen die Freiheit, das Weite,
Und denken das will ich, wie mir es beliebt,
Ihr solltet erfahren, daß ich euch nicht scheute,
Und daß euern Zwang es für Kämpfer nicht giebt.

Ich kann ja mein wirkliches Sein nicht verbergen,
Es muß an der Sonne versengendes Licht –
Wohlan denn, ihr Spötter und giftigen Schergen,
Vollführt eures Amtes – ich fürchte mich nicht!

Thereses Aufbruch in die weite Welt, ihr Wissens- und Forschungsdrang wurde durch den unerwarteten Tod ihres Vetters König Ludwig II. 1886 im Starnberger See jäh unterbrochen. Sein geistig kranker Bruder Otto war jetzt nominell bayerischer König und Thereses Vater übernahm für ihn die Regierung als Prinzregent Luitpold. Gemäß der bayerischen Verfassung musste der Regent in die königliche Residenz umziehen und mit ihm auch die königliche Prinzessin Therese. Damit war „das gemüthliche, stille Leben zu zweit" zu Ende. Nun häuften sich Regierungsgeschäfte, gesellschaftliche Verpflichtungen und Repräsentationstermine. Ein „abgeschlossenes Familienleben" war jetzt nicht mehr möglich, dafür entschädigten Therese aber die Gespräche bei den täglichen Tischgesellschaften, wie sie selbst überlieferte: „ (...); es wurde über Politik, Wissenschaft, Kunst, Landwirtschaft, über Alles, Alles debattiert. Kurz u. gut, mein geistiger Horizont erweiterte sich, meine Conversationsgeläufigkeit entwickelte sich zum besseren, meine angeborene Schüchternheit wich einem sichereren Auftreten im Verkehr."

1888 trat Therese wohlvorbereitet ihre erste Südamerikareise unter dem Pseudonym „Gräfin Elpen" in die Brasilianischen Tropen an. Begleitet wurde sie von Baronin Franziska von Lerchenfeld, Freiherrn Maximilian von Speidel und ihrem bereits erprobten Diener Max Auer. Im Hafen von Lissabon schiffte sich die Reisegesellschaft ein und erreichte nach zwölf Tagen die Mündung des Amazonas. Sie fuhren weiter bis nach Manáos, den Rio Negro hinauf und schließlich mit dem Küstendampfer zurück nach Rio de Janeiro. Die Reise wurde immer wieder unterbrochen von Abstechern und Ausflügen ins Landesinnere, wobei alle möglichen Verkehrsmittel, von der brasilianischen „Staatsbahn Dom Pedro II." bis zu den kleinen Kanus der Eingeborenen, genutzt wurden. Eine zweite

Südamerikareise führte die Forscherin 1898 auf den Spuren Alexander von Humboldts ins westliche Südamerika: „Die Reise sollte diesmal über Westindien nach Venezuela, Columbien, Ecuador, Peru, Bolivien, Chile u. Argentinien gehen. Es war ein Riesenprogramm, aber gut combinierte Verbindungen verhießen dessen Erledigung."

Auf diesen Expeditionen, die keine Vergnügungs- sondern Forschungsreisen waren, untersuchte Therese die natürlichen Gegebenheiten und sozialen Verhältnisse der bereisten Gebiete; sie sammelte, zeichnete, notierte, interviewte, beobachtete, fotografierte und brachte vieles mit nach Hause.

In der Methode der beschreibenden Naturwissenschaften veröffentlichte Prinzessin Therese 1897 ihre Beobachtungen und Untersuchungen in einem Buch „Meine Reise in den Brasilianischen Tropen", in einer Fülle von Aufsätzen und Beiträgen sowie 1908 in zwei Bänden mit dem Titel „Reisestudien aus dem westlichen Südamerika". Grundlage für ihre Bücher bildeten die Reisenotizen, eigenhändigen Zeichnungen und Fotos sowie die Sammelobjekte aller Art. Über die Bedingungen ihrer Forschungsreise schrieb Therese: „Wohlausgerüstet saßen wir zu Maultier. Ich hatte einen kleinen photographischen Apparat, meinen Feldstecher und eine Kartentasche umgehängt. In letzterer befanden sich, außer den nötigen Karten, die Papiertüten und Zange zum Schmetterlingsfang, die Medizin und die Binden gegen Schlangenbiß. An meiner Sattelgabel war eine rechteckige flache Tasche aus Pflanzenfasergeflecht befestigt, wie man solche in allen indianischen Ländern antrifft. Sie hatte den Zweck, das kleine Herbarium und unterwegs gesammelte Gegenstände zu bergen. Unser Diener trug den großen photographischen Apparat um die Schultern hängend und hatte außerdem eine Vogelflinte und ein Schmetterlingsnetz aufgeschnallt. Die beiden anderen Reisegefährten führten die nötigen mit Kognak oder Tee gefüllten Aluminiumfeldflaschen."

Übernachtet wurde, wo und wie es sich ergab, in Hütten und Palästen (wie beim Besuch des Kaisers von Brasilien), aber auch in Zelten, was Therese besonders gefiel: „Namentlich das

Übernachten im Zelt (...) schien mir auch heute wieder besonders anziehend dadurch, daß man, in nächtlicher Stille, der Ruhe hingegeben, ungestört hinhorchen kann auf den Pulsschlag der Natur. Ihren geheimnisvollen Stimmen lauschen und, durch keine Schranken von ihr getrennt, sich gleichsam mit ihr eins und in ihr aufgehend fühlt. Das weitet die Seele und macht sie stark und groß."

Die Expeditionen waren nicht ungefährlich: von Fieber, Malaria, Bronchitis geschwächt, von Schlangenbissen bedroht, von Moskitos zerstochen – nichts hielt die Forscherin auf. Einmal fiel Therese vom Pferd und brach sich einige Rippen, trotzdem setzte sie die Reise fort, diszipliniert der einmal festgelegten Route folgend. In ihrem ersten Südamerikabuch kritisierte Therese denn auch die fortschreitende Verzärtelung durch die heimische Zivilisation: „Der Kulturmensch (...) ahnt nicht, wie wenig man eigentlich zum Leben braucht und wie wohl es tut, wieder einmal all die entnervenden Verfeinerungen unserer modernen Überkultur abzustreifen und, auf eigene Kraft angewiesen, unterzutauchen in dem ewig frischen, stählenden Born eines freien Naturlebens."

Zwischen den beiden Expeditionen durch Südamerika bereiste Therese forschend 1893 Nordamerika. Ihr Reiseweg führte von der Weltausstellung in Chicago und den Osten der Vereinigten Staaten hinüber an die amerikanische Westküste sowie von Kanada im Norden bis in den Süden Mexikos.

Von all ihren Reisen brachte Therese eine Vielzahl an Objekten mit, vom Schmetterling bis zur Mumie, Kunstgewerbliches und Ausgrabungsgut, botanisierte Pflanzen, geschossene und präparierte Tiere; sie etikettierte und notierte oftmals bis tief in die Nacht hinein, sowohl zu Hause in München, wenn sie die Verpflichtungen des Hoflebens endlich in ihre Freizeit entließen, als auch unterwegs: „Meine Reisegefährten hatten sich schon lange zur Ruhe begeben, als ich, auf mein Feldbett gekauert, beim flackernden Lichte einer von uns mitgebrachten Kerze noch bis in die tiefe Nacht hinein meine Tageseindrücke niederschrieb. Denn grundsätzlich legte ich mich (...) keinen Abend schlafen, ehe ich nicht alle Beobachtungen des

Tages gewissenhaft zu Papier gebracht hatte. Nur auf diese Weise war es mir möglich, mich auf die Richtigkeit meiner mannigfaltigen Aufschreibungen zu verlassen.“

Dementsprechend fanden ihre Veröffentlichungen auch große Anerkennung, ebenso ihr Mut und ihre Ausdauer. „Das ist Heroismus“, schrieb Arthur Achleitner, Journalist und Schriftsteller in den „Bayerischen Verkehrsblättern“, „wie ein solcher in der Damenwelt noch nicht verzeichnet worden ist.“ Zeitgenossen sahen in der unerschrockenen Weltreisenden und gelehrten Forscherin einen „weiblichen Humboldt“; dieser Vergleich war wohl als höchstes Lob gedacht.

Aber Therese fand auch wissenschaftliche Anerkennung: Sie erhielt die Ehrenmitgliedschaft in der Bayerischen Akademie der Wissenschaften 1892, war Mitglied in den Geographischen Gesellschaften in München 1892, in Lissabon 1897, in Wien 1898, zudem in der Anthropologischen Gesellschaft in Wien 1900/01, in der Société des Américanistes de Paris 1908/09, im Bund deutscher Forscher 1910 sowie in der Deutschen Gesellschaft für Anthropologie, Ethnologie und Urgeschichte 1913 und in der Anthropologischen Gesellschaft zu München 1920. Auch andere gelehrte Institutionen anerkannten Thereses Arbeiten und verliehen ihr beispielsweise 1908 das Österreichisch-ungarische Ehrenzeichen für Wissenschaft und Kunst oder 1909 den Titel eines Officier de l'instruction publique in Frankreich.

Die Wittelsbacherin hatte beginnend im Jahr 1854 mit einem achtmonatigen Italienaufenthalt in Begleitung ihrer Mutter weitere 19 Reisen in der Zeitspanne von 1871 bis 1913 unternommen. Sie besuchte elf Mal Griechenland samt Rumänien, Montenegro, Albanien, Serbien, Bulgarien sowie Kleinasien und die Türkei; mehrmals weilte sie in Italien, reiste nach Tunis und Algerien über Frankreich, Spanien und Portugal, erforschte die Länder Nord- und Westeuropas wie Dänemark, Schweden, Norwegen sowie Holland, Belgien, England, Schottland und Irland, bereiste Russland und den Kaukasus; zwei Expeditionen führten sie nach Südamerika und auf die westindischen Inseln sowie eine nach Nordamerika mit Kanada und

Mexiko. Finanziert wurden ihre Welterkundungen aus unterschiedlichen Finanztöpfen, beispielsweise aus der Kasse des Damenstifts St. Anna.

Am 12. Dezember 1912 starb Prinzregent Luitpold und Thereses Bruder Ludwig folgte als König Ludwig III. von Bayern nach, obwohl der nominelle König Otto noch lebte und erst 1916 der Welt für immer Lebewohl sagte. Das waren schmerzliche Abschiede für Therese: einmal vom gütigen Vater, dem sie fast 49 Jahre ihres Lebens gewidmet, und zum anderen von ihrem geliebten Otto, den sie regelmäßig all die Jahre hindurch in seiner Abgeschiedenheit zu Schloss Fürstenried besucht hatte.

Vor allem der Tod des Vaters brachte für Therese einen neuen Lebensabschnitt: Sie verließ die königliche Residenz und zog wieder ins Familienpalais Leuchtenberg. Zumeist aber hielt sie sich in der Villa Amsee nahe Lindau am Bodensee auf, die ihr bereits 1906 übereignet worden war. Hier lebte sie auch während der Jahre des Ersten Weltkriegs. Therese, die nach eigenen Worten der euphorischen öffentlichen Meinung kritisch gegenüberstand, die eine damals verpönte und verdächtigte pazifistische Haltung einnahm, eröffnete in einem Nebengebäude ihrer Villa ein Lazarett. Zudem hatte sie sich „an die Spitze des Zweigvereins Lindau des Rothen Kreuzes gestellt", wie sie erinnernd festhielt, „ich besuchte regelmäßig die Arbeitslager, abwechselnd die bis zu 10 angediehenen Lazarette, ich nahm an den Wohltätigkeitsfesten von Lindau u. Umgebung theil, ich ging jedesmal auf die Bahn, wenn Truppen in's Feld zogen, u. theilte Liebesgaben aus, ich schickte Feldgastgeschenke an ausmarschierte Soldaten, (…), ich fand mich an den zur Unterhaltung der Verwundeten veranstalteten Abenden ein, ich versorgte französische u. russische Gefangenenlager mit Lektüre in der Sprache der Lagerinsassen, ich wurde von Frankreich aus gebeten um Nachrichten über französische Gefangene, Vermißte, Gefallene, was eine Riesenarbeit verursachte, auch Erkundigungen über deutsche u. österreichische Gefangene in Frankreich, England, Rußland hatte ich einzuziehen (…)." Im November 1916 fiel der einzige Sohn

(Heinrich) ihres bereits verstorbenen Lieblingsbruders Arnulf durch eine „rumänische Kugel". Therese eilte zur „armen Mutter (...), die nun ihr Letztes" verloren hatte.

Seit Kriegsausbruch konnte Therese die persönlichen und brieflichen Kontakte zu ihren Freundinnen Königin Olga von Württemberg, Tochter des Zaren Nikolaus I., und Lady Blennerhassett nicht mehr aufrechterhalten, denn beide gehörten ja nun den feindlichen Nationen Russland und England an. Im Februar 1917 erreichte Therese das Sterbebett der Freundin Charlotte Blennerhassett fünf Stunden zu spät: „Ihr Tod war für mich ein unersetzlicher Verlust. Jahrzehnte des anregendsten geistigen Verkehrs, des Verständnisses, der Liebe hatten ihr Ende gefunden, aber wenigstens war sie sich in ihrer letzten Stunde bewußt geworden, daß ich ihrer in Treue gedacht u. sie in Treue umgeben wollte." Nachrufend meinte Therese: „Sie war die geistreichste Frau, die mir im Leben begegnet (...)."

Der Erste Weltkrieg neigte sich dem Ende zu und mit ihm auch die Monarchie; Therese hielt 1918 fest: „Am Morgen den 8ten November telephonierte ein Bekannter aus seiner Villa, ob wir von den Ereignissen in München schon etwas wüßten u. theilte uns mit, welch neue Staatsform dort ausgerufen u. daß der König fort sei, man wisse nicht, wohin. Diese Nachricht traf uns wie ein Donnerschlag." Die Revolution von 1918 rief die Republik sowie den „Freistaat Bayern" aus und fegte manchen Thron hinweg, so auch den bayerischen. Dazu Therese: „Wie Gewitterschwüle lag (es) in der Luft, man wußte nicht, was sich entwickeln würde. Die Revolutionäre erließen eine Proklamation mit Erklärung der Republik u. dem Schlußsatz: ‚Das Haus Wittelsbach ist abgesetzt'." Damit ging die über 800-jährige Geschichte der Dynastie Wittelsbach als bayerisches Herrscherhaus zu Ende.

Therese Prinzessin von Bayern, Universalgelehrte, Forschungsreisende, Schriftstellerin und Ehrendoktorin, schloss nach wochenlanger Krankheit – sie litt an Lungentuberkulose – am 19. September 1925 in Gegenwart ihrer Freundin, der Ex-Königin Olga, in ihrer Villa Amsee für immer die Augen. In ihrem Äbtissinnengewand wurde sie im Speisezimmer aufgebahrt, wie ihre Hofdame Johanna von Malsen berichtete: „Ausser einigen der geliebten Gloxinien nur Grün, vom Sarg herunter der Hermelin bis auf den Boden, der schwarze Samt des Kleides, ein weisses Blumenkreuz von der Königin darauf, links vor dem verhangenen Fenster ein schwarzer Altar, an dem die hl. Messe gelesen wurde, die Englischen Fräulein hielten rührend die Totenwache, auch die Barmherzigen u. der Frauenbund. Die Leute strömten scharenweise herbei u. viele schluchzten laut." Überführt nach München, setzte man den Sarg mit „der irdischen Hülle der ältesten, weiblichen Wittelsbacherin" nach einem feierlichen Requiem unter Glockengeläute in der Fürstengruft der Theatinerkirche bei.

Am 23. April 2009 erhielt Dr. h. c. Therese Prinzessin von Bayern eine staatlich-republikanische Ehrung: Als vierte Frau fand ihre Büste – neben der Schriftstellerin Lena Christ, der Schauspielerin Clara Ziegler und der Mathematikerin Emmy Noether – Aufnahme in die Ruhmeshalle zu Füßen der Bavaria in München.

Literatur- und Quellenverzeichnis

Den nachfolgenden Autorinnen und Autoren bin ich zu großem Dank verpflichtet, denn ohne ihre Arbeiten hätte dieses Buch nicht entstehen können.

Allgemeine und übergreifende Darstellungen

Bayern, Adalbert Prinz von: Die Wittelsbacher, Geschichte unserer Familie, München 1979, 2. durchgesehene Aufl. 1980.

Bosls Bayerische Biographie, hrsg. v. Karl Bosl, Regensburg 1983.

Bosl, Karl: Bayerische Geschichte, München 1971.

Brunner, Horst und Herweg, Mathias (Hrsg.): Gestalten des Mittelalters, Lexikon, Stuttgart 2007.

Dickinger, Christian: Die schwarzen Schafe der Wittelsbacher, Wien 2003.

Fössel, Amalie: Die Königin im mittelalterlichen Reich, Darmstadt 2000.

Glaser, Hubert (Hrsg.): Wittelsbach und Bayern, Ausstellungskatalog, München 1980.

Handbuch der Bayerischen Geschichte, begr. v. Max Spindler, hrsg. v. Andreas Kraus, Bd. 2: Das alte Bayern (12. bis 18. Jh.), 2. überarb. Aufl. München 1988 und Bd 3, Erster Teilband: Franken, Schwaben, Oberpfalz bis zum Ausgang des 18. Jahrhunderts, 2. verbesserte Aufl. München 1979.

Häutele, Christian: Genealogie des erlauchten Stammhauses Wittelsbach von dessen Wiedereinsetzung in das Herzogtum Bayern (11. September 1180) bis herab auf unsere Tage, München 1870.

Hubensteiner, Benno: Bayerische Geschichte, München 1952.

Kraus, Andreas: Grundzüge der Geschichte Bayerns, Darmstadt 1984.

Körner, Hans-Michael: Die Wittelsbacher, Vom Mittelalter bis zur Gegenwart, München 2009.

Lohmeier, Georg: Die Ahnen des Hauses Bayern, Die Geschichte der Wittelsbacher, München 1980.

Martl, Katrin Nina: „Dem löblichen Hawss Beirn zu pesserung vnd erweiterung …“, Die dynastische Politik des Hauses Bayern an der Wende vom Spätmittelalter zur Neuzeit, Diss. Uni Regensburg 2009.

Nöhbauer, Hans F.: Die Wittelsbacher, Eine europäische Dynastie – eine deutsche Chronik, Bern/München 1979.

Panzer, Marita A. u. Plößl, Elisabeth: Bavarias Töchter, Frauenporträts aus fünf Jahrhunderten, Regensburg 1995; diess., Bayerns Töchter, München 2005 (TB).

Patze, Hans: Die Wittelsbacher in der mittelalterlichen Politik Europas, in: Zeitschrift für bayerische Landesgeschichte (ZBLG) Bd. 44, 1981, S. 33–79.

Prinz, Friedrich: Die Geschichte Bayerns, München 1997; TB 2001 u. 2. Aufl. 2003.

Rall, Hans u. Marga: Die Wittelsbacher in Lebensbildern, München aktualisierte TB Ausgabe 2005; Originalausgabe Graz, Wien, Köln 1986.

Reger, Karl Heinz: Bayerns verkaufte Prinzessinnen, Pfaffenhofen 1988.

Reifenscheid, Richard: Die Habsburger in Lebensbildern, Kreuzlingen 2000.

Schad, Martha: Bayerns Königinnen, Regensburg 4. Aufl. 2006.

Schad, Martha: Bayerns Königshaus, Die Familiengeschichte der Wittelsbacher in Bildern, Regensburg 1994.

Schmid, Alois / Weigand, Katharina (Hgg.): Die Herrscher Bayerns, 25 historische Portraits von Tassilo III. bis Ludwig III., München 2001 und 2. Aufl. 2006.

Schmidt, Alois / Weigand, Katharina (Hgg.): Bayern mitten in Europa, Vom Frühmittelalter bis ins 20. Jahrhundert, München 2005.Strich, Michael: Das Kurhaus Bayern im Zeitalter Ludwigs XIV., 2 Bde, München 1933.

Weissensteiner, Friedrich: Liebeshimmel und Ehehöllen, Regensburg 1999.

Wittmann, Franz Michael (Hg.): Monumenta Wittelsbacensia, Urkundenbuch zur Geschichte des Hauses Wittelsbach, München 1857.

Witzleben, Hermann von: Die Herzöge in Bayern, München 1999.

700 Jahre Stift Stams 1273 bis 1973, Stift Stams 1973.

Ullrich, Hans Uwe: Konradin von Hohenstaufen, München 2004.

Das Werden Tirols, Katalog der Tiroler Landesausstellung 1995, Stams/Tirol/Innsbruck 1995.

Wiesflecker, Hermann: Meinhard der Zweite, Tirol, Kärnten und ihre Nachbarländer am Ende des 13. Jahrhunderts, Innsbruck 1955.

Winkelmann, Eduard: Konrad IV. (deutscher König), in: ADB, Bd. 16, Leipzig 1882, S. 562–567.

Zu „Elisabeth", S. 11 ff.

Baum, Wilhelm: Die Grafen von Görz in der europäischen Politik des Mittelalters, Klagenfurt 2000.

Bühler, Johannes: Die Hohenstaufen, Nach zeitgenössischen Quellen, Leipzig 1925.

Haussherr, Reiner: Die Zeit der Staufer, 5 Bde , Stuttgart 1977.

Höger, Franz Christian: Einöde Wolffstein bei Landshut, Conradins, des letzten Hohenstaufen, Geburtsort, Separatdruck aus dem XVI. Band der Verhandlungen des Historischen Vereins für Niederbayern 1872.

Kowalski, Wolfgang: Die deutschen Königinnen und Kaiserinnen von Konrad III. bis zum Ende des Interregnums, Weimar 1913.

Lehmann, Johannes: Die Staufer, Glanz und Elend eines deutschen Kaisergeschlechts, München 1978 u. Lizenzausgabe Bindlach 1991.

Mühlberger, Josef: Lebenswege und Schicksale der staufischen Frauen, Esslingen 1977.

Regesta Imperii, Bd. V, S. 1047f: Elisabeth von Baiern, Gemahlin Conrads IV.

Rueß, Karl-Heinz (Hg.): Frauen der Staufer, Schriften zur staufischen Geschichte und Kunst, 25, Göppingen 2006, darin: Elke Goez, Elisabeth von Bayern, S. 151–170.

Zu „Isabeau de Bavière", S. 23 ff.

Clin, Marie-Véronique: Isabeau de Bavière, Die verkannte Königin auf Frankreichs Thron, München 2001.

Froissart, Jean: Les Chroniques, Gesamtwerk, 29 Bände, hrsg. v. J.M. Kervyn de Lettenhove, Brüssel 1833–77.

Journal d'un Bourgeois de Paris sous Charles VI. et Charles VII., hrsg. v. Henri Jonquières, Paris 1929.

Juvénal des Ursins, Jean: Histoire de Charles VI., Roy de France, hrsg. v. Michaud-Poujoulat, Paris 1836.

Kimm, Heidrun: Isabeau dc Bavière, reine de France 1370–1435, Beitrag zur Geschichte einer bayerischen Herzogstochter und des französischen Königshauses, Miscellanea Bavarica Monacensia (MBM), Heft 13, München 1969.

Markale, Jean: Isabeau de Bavière, Die Wittelsbacherin auf Frankreichs Thron, München 1994; dtv TB München 1997.

Märtl, Claudia: Frankreich, Herzog Ludwig VII. von Bayern-Ingolstadt (1368–1447) und seine Schwester Isabeau am französischen Königshof, in: Alois Schmidt u. Katharina Weigand (Hgg.), Bayern mitten in Europa, Vom Frühmittelalter bis ins 20. Jahrhundert, München 2005.

Pizan, Christine de: Das Buch von der Stadt der Frauen. München 1990.
Reger, Karl Heinz: Bayerns verkaufte Prinzessinnen, Pfaffenhofen 1988, darin: Isabeau de Bavière, Idealbild der Königin oder selbstsüchtige, böse Megäre?, S. 38–51; darin: Jeanne d'Arc, Tochter einer Wittelsbacherin?, S. 52–55.
Sade, Marquis de: Histoire secrète d'Isabelle de Bavière, reine de France. Gesamtausgabe, Buch XV, Paris 1973.
Saller, Martin: Königin Isabeau, die Wittelsbacherin auf dem Lilienthron, München 1979.
Schönewald, Beatrix: Die Herzoginnen von Bayern-Ingolstadt, in: Sammelblatt des Historischen Vereins Ingolstadt, Bd. 113, 2004, S. 35–54.
Straub, Theodor: Herzog Ludwig der Bärtige von Bayern/Ingolstadt und seine Beziehungen zu Frankreich von 1392–1415, Kallmünz 1965.
Straub, Theodor: Isabeau de Bavière, Legende und Wirklichkeit, in: Zeitschrift für Bayerische Landesgeschichte (ZBLG), Bd. 44, 1981, S. 131–156.
Straub, Theodor: Entstammte die Jungfrau von Orléans dem Ingolstädter Herzogshaus?, in: Ingolstädter Heimatblätter, 25. Jg., Nr. 1, 1962.
Thibault, Marcel: Isabeau de Bavière, reine de France, La jeunesse (1370–1405). Paris 1903.
Treffer, Gerd: Die Französischen Königinnen, Regensburg 1996, darin: Elisabeth von Bayern – Schillers verleumdete „Bayern-Fürstin" 1370–1435, Gemahlin Karls VI., des Wahnsinnigen, S. 197–207.
Zimmermann, Margarete: Christine de Pizan. Reinbek 2002.

Zu „Die schöne Els", S. 37 ff.

Flocken, Jan von: Friedrich I. von Brandenburg, Krieger und Reichsfürst im Spätmittelalter, Berlin 2009.
Göschel, Carl Friedrich: Elisabeth, die erste Kurfürstin von Brandenburg aus dem Hause Hohenzollern, Zur Nachfeier des 13. Nov. 1842, Berlin 1844.
Hintze, Otto: Die Hohenzollern und ihr Werk, 1415–1915, Hamburg und Berlin 1987 (Reprint).
Hirsch, Theodor: Friedrich VI., Burggraf von Nürnberg, als Kurfürst und Markgraf von Brandenburg, in: ADB, Bd. 7, Leipzig 1877, S. 464–475.
Holmsten, Georg: Brandenburg – Geschichte des Landes, seiner Städte und Regenten, Berlin 1991.
Kirchner, Ernst Daniel Martin: Die Churfürstinnen und Königinnen auf dem Throne der Hohenzollern, Erster Theil, Berlin 1866.
Materna, Ingo/Ribbe, Wolfgang (Hgg.): Brandenburgische Geschichte, Berlin 1995.
Mast, Peter: Die Hohenzollern in Lebensbildern, Graz 1988.
Riezler, Sigmund von: Friedrich Herzog von Bayern-Landshut, in: ADB, Bd. 7, Leipzig 1877, S. 462–464.
Schultze, Johannes: Die Mark Brandenburg, 5 Bände, Berlin 3. Aufl. 2004.
Twellenkamp, Markus: Die Burggrafen von Nürnberg und das deutsche Königtum (1273–1417), Nürnberg 1994 (Diss. Bonn 1993).

Zu „Jakobäa", S. 49 ff.

Beckmann, Gustav: Der Plan einer Heirat zwischen Albrecht III. von Bayern und Jakobäa von Holland, in: Forschungen zur Geschichte Bayerns 13 (1905), S. 288–295.
Boehm, Laetitia: Das Haus Wittelsbach in den Niederlanden, in: Zeitschrift für bayerische Landesgeschichte (ZBLG) 44 (1981), S.93–130.
Huber, Alfons und Prammer, Johannes (Hrsg.): 650 Jahre Herzogtum Niederbayern-Straubing-Holland, Vortragsreihe des Historischen Vereins für Straubing und Umgebung, Straubing 2005.

Jansen, Hubertus P. H.: Jacoba van Beieren, Den Haag 1967.
Keim, Josef: Das Gebiet des ehemaligen Herzogtums Straubing und des sog. Straubinger Niederlandes, in: Jahresbericht des Historischen Vereins für Straubing und Umgebung 53 (1950), Straubing 1951, S. 25–32.
Kirnberger, Max: Das Herzogtum Straubing-Holland, 1353–1429, Straubing 1967.
Krenn, Dorit-Maria: Das Herzogtum Straubing-Holland (1353–1425/1429), in: Bayern-Ingolstadt, Bayern-Landshut, 1392–1506, Glanz und Elend einer Teilung, Ingolstadt 1992, S. 111–122.
Krenn, Dorit-Maria und Wild, Joachim: „fürste in der ferne", Das Herzogtum Niederbayern-Straubing-Holland 1353–1425, Hefte zur bayerischen Geschichte und Kultur Bd. 28, Augsburg 2003.
Löher, Franz von: Jakobäa von Bayern und ihre Zeit, 2 Bände, Nördlingen 1862–1869.
Löher, Franz von: Jacobaea von Baiern, Herzogin von Holland und Hennegau, in: ADB, Bd. 13, Leipzig 1881, S. 559–567.
Schneider, Friedrich: Herzog Johann von Baiern, Erwählter Bischof von Lüttich und Graf von Holland (1373–1425), Berlin 1913 (Nachdruck Vaduz 1965).
Störmer, Wilhelm: Jakobäa von Bayern, in: Frauen des Mittelalters in Lebensbildern, hrsg. v. Karl R. Schnith, Graz/Wien/Köln 1997, S. 369–382.
Straub, Theodor: Bayern im Zeichen der Teilungen und der Teilherzogtümer (1347–1450), in: Handbuch der bayerischen Geschichte, begr. v. Max Spindler, hrsg. v. Andreas Kraus, Bd. 2, 2. Aufl., München 1988, S. 196–287.
Wild, Joachim: Holland, Die Wittelsbacher an der Nordsee (1346–1436), in: Bayern mitten in Europa, hrsg. v. Alois Schmid und Katharina Weigand, München 2005, S. 92–106.
Zimmermann, Fritz W.: Das Herzogtum Straubing-Holland, in: das Bayerland 58 (1956), S. 49–58.
Belletristik: (Aus der Fülle der literarischen Bearbeitungen greife ich hier nur heraus)
Kempff, Martina: Die Schattenjägerin, Das Leben der Jakoba von Bayern, Roman, München 2002.

Zu „Sabina", S. 67 ff.

Belli, J. A. v.: Sabine Herzogin von Württemberg, gebohrne Prinzessin von Baiern, in: Zeitschrift für Baiern und die angränzenden Länder, München 1816, II, S. 76–100 u. 321–355.
Brendle, Franz: Dynastie, Reich und Reformation, Die württembergischen Herzöge Ulrich und Christoph, die Habsburger und Frankreich, Stuttgart 1998.
Brendle, Franz: Herzog Ulrich – ein verkannter Reformationsfürst?, in: Siegfried Hermle, Reformationsgeschichte Württembergs in Porträts, Holzgerlingen 1999, S. 199–225.
Der Herzogen Wilhelm und Ludwig, Gebrüder von Bairn ... und der Herzogin Sabine von Würtemberg Schreiben, letzterer Zwistigkeit mit ihrem Gemahle, ..., Druck 1515.
Fritz, Eberhard: Herzog Christoph von Württemberg, in: Siegfried Hermle, Reformationsgeschichte Württembergs in Porträts, Holzgerlingen 1999, S. 227–253.
Heyd, Ludwig Friedrich: Ulrich, Herzog zu Württemberg, Ein Beitrag zur Geschichte Württembergs und des deutschen Reichs im Zeitalter der Reformation, 3 Bände, Tübingen 1841–1844.
Hormayr, Joseph von: Aus dem Leben der Herzoginn Sabina von Würtemberg, in: Taschenbuch für die vaterländische Geschichte 35, 1846, S. 83–88.
Lorenz, Sönke u. a. (Hgg.): Das Haus Württemberg, Ein biographische Lexikon, Stuttgart 1997.

Raff, Gerhard: Hie gut Wirtemberg allewege, das Haus Württemberg von Graf Ulrich dem Stifter bis Herzog Ludwig, Stuttgart 1988.

Reger, Karl Heinz: Bayerns verkaufte Prinzessinnen, Pfaffenhofen 1988; darin: Sabine, S. 76–78.

Sauter, Frida: Herzogin Sabine von Wirtemberg, in: Zeitschrift für württembergische Landesgeschichte, Jg. 8, 1944/48

Schneider, Eugen: Ulrich, Herzog von Württemberg, in: ADB, Band 39, Leipzig 1895, S. 237–243.

Zu „Töchter des Winterkönigs", S. 83 ff.

Baker, Lily Melissa: The Letters of Elizabeth, Queen of Bohemia, London 1953.

Bei der Wieden, Helge: Ein Schloß auf dem Mond und eine Versorgung in Westfalen, Der Weg der Pfalzgräfin Elisabeth nach Herford. In: Historisches Jahrbuch für den Kreis Herford 1998, S. 7–38.

Bei der Wieden, Helge (Hrsg.): Elisabeth von der Pfalz, Äbtissin von Herford, 1618–1680, Eine Biographie in Einzeldarstellungen, Hannover 2008.

Bilhöfer, Peter: Nicht gegen Ehre und Gewissen, Friedrich V., Kurfürst von der Pfalz – der „Winterkönig" von Böhmen (1596–1632), Diss. Mannheim 1999 (Druck: Abhandlungen zur Geschichte der Oberpfalz, Reihe B, Bd. VI).

DAMALS, Das Magazin für Geschichte und Kultur, 35. Jg., 5/2003: Der Winterkönig, Europa im Zeitalter der Konfessionskriege (Titelthema); darin: Europa am Vorabend des Dreißigjährigen Krieges: Ein unausweichlicher Konflikt? (Karl Otmar Freiherr von Aretin); Chronologie: Friedrich V. und der Dreißigjährige Krieg (Caroline Reiher); Friedrich V. von der Pfalz: Viel gewagt und alles verloren (Peter Bilhöfer); Die Schlacht am Weißen Berg: das tschechische Trauma (Joachim Bahlcke); Der „Winterkönig" in Den Haag: König ohne Reich – ein Leben im Exil (Heike Talkenberger); Streit im Hause Wittelsbach: Pfalz contra Bayern (Michael Kaiser).

Dove, Alfred: Die Kinder des Winterkönigs, Leipzig 1898.

Feuerstein-Praßer, Karin: Sophie von Hannover, Regensburg 2. Aufl. 2007.

Findeisen, Jörg-Peter: Der Dreißigjährige Krieg, Eine Epoche in Lebensbildern, Graz 1998.

Fuchs, Peter: Elisabeth, Pfalzgräfin bei Rhein, Fürstäbtissin von Herford, in: NDB, Bd. 4, 1959, S. 447–448.

Geerds, Robert (Hrsg.): Die Mutter der Könige von Preußen und England, Memoiren und Briefe der Kurfürstin Sophie von Hannover, Ebenhausen-München/Leipzig 1913.

Guhrauner, Gottschalk Eduard: Elisabeth, Pfalzgräfin bei Rhein, Äbtissin von Herford, in: Historisches Taschenbuch, hrsg. v. Friedrich von Raumer, Leipzig 1850, III, 1, 1–150, III,2, 417–554.

Hauck, Karl: Elisabeth Stuart, Königin von Böhmen, in ihren letzten Lebensjahren, Heidelberg 1905.

Hauck, Karl (Hg.): Die Briefe der Kinder des Winterkönigs, Heidelberg 1908.

Haus der Bayerischen Geschichte (Hg.): Der Winterkönig, Friedrich von der Pfalz, Bayern und Europa im Zeitalter des Dreißigjährigen Krieges, Begleitband zur Bayerischen Landesausstellung im Stadtmuseum Amberg 2003.

Henker, Michael: Künstler, Konvertiten, Königskinder – Die Familie Winterkönig, in: Johannes Laschinger (Hg.), Der Winterkönig, Amberg 2004, S. 160–173.

Kerstjens, Christopher A.: Prinzessin Louise Hollandine von der Pfalz (1622–1709), in: Pfälzische Lebensbilder, Bd. 6, Speyer 2001, S. 29–45.

Knoop, Mathilde: Kurfürstin Sophie von Hannover, Hildesheim 1964.

Laschinger, Johannes (Hg.): Der Winterkönig, Königlicher Glanz in Amberg, Vortragsreihe des Stadtarchivs Amberg zur Landesausstellung 2003, Beiträge zur Geschichte und Kultur der Stadt Amberg, Bd. 1, 2004.

Marshall, Rosalind K.: Elizabeth Stuart – die Winterkönigin, in: Der Winterkönig, Ausstellungskatalog, Amberg 2003, S. 12–20.

Otto, Heinrich: Pfalzgräfin Elisabeth, Fürstäbtissin von Herford, Bad Pyrmont 1940.

Panzer, Marita A.: Englands Königinnen, Von den Tudors zu den Windsors, Regensburg 2001; Piper TB München 1. Aufl. 2003 ff., TB Sonderausgabe München 2008.

Pape, Rainer: Elisabeth von der Pfalz (1618–1680), in: Westfälische Lebensbilder 12, Münster 1979, S. 23–41.

Pape, Rainer (Ausstellungskatalog): Prinzessin Elisabeth von der Pfalz, Fürstäbtissin von Herford (1618–1680), Ausstellung zur Erinnerung an die Thronbesteigung Elisabeths von der Pfalz in Herford vor dreihundert Jahren, Städtisches Museum Herford 1967.

Pillorget, René: Die Kinder Friedrichs V. von der Pfalz in Frankreich: Philipp, Eduard und Hollandine, in: Zeitschrift für bayerische Landesgeschichte 44, 1981, S. 257–268.

Rohr, Alheidis von: Die Pfalz-Kinder, in: Der Winterkönig, Ausstellungskatalog, Amberg 2003, S. 146–153.

Rohr, Alheidis von: Sophie Kurfürstin von Hannover, Begleitheft der Ausstellung des Historischen Museums Hannover 1980.

Schaab, Meinrad: Geschichte der Kurpfalz, Bd. 2, Stuttgart 1992.

Schnath, Georg: Kurfürstin Sophie und ihr Kreis, Hannoversche Geschichts-Blätter, N.F. 1. Bd., H. 4, 1930.

Schmidt, Hans: Louise, genannt Hollandine, in: NDB, 15, 1987, S. 259 (Onlinefassung).

Trevor-Roper, H.R.: Ruprecht der „Cavalier“, in: Zeitschrift für bayerische Landesgeschichte (ZBLG) 44, 1981, S. 241–256.

Wendland, Anna: Louise Hollandine, in: ADB, Bd. 52, Leipzig 1906, S. 102–104 (Onlinefassung).

Wendland, Anna: Die Heirat der Prinzessin Henriette Marie von der Pfalz mit dem Fürsten Sigismund Rakoczy von Siebenbürgen, Neue Heidelberger Jahrbücher XIV, Heidelberg 1905.

Wendland, Anna: Pfalzgraf Eduard und Prinzessin Louise Hollandine, Neue Heidelberger Jahrbücher XVI, Heidelberg 1910.

Wille, Jakob: Pfalzgräfin Elisabeth, Äbtissin von Herford, in: Neue Heidelberger Jahrbücher 11, Heidelberg 1901, 108–141.

Wöhrmann, Otto: Elisabeth von der Pfalz, Fürstäbtissin zu Herford, 1667–1680, Herford 1921.

(Siehe auch unten Kap. 7, Beiträge im Ausstellungskatalog der Stadt Heidelberg, Liselotte von der Pfalz)

Zu „Liselotte von der Pfalz“, S. 107 ff.

(siehe auch Angaben zu Kapitel „Die Töchter des Winterkönigs“)

Aretz, Gertrude: Liselotte von der Pfalz, Eine deutsche Fürstentochter in Frankreich, Stuttgart 1926.

Ausstellungskatalog der Stadt Heidelberg zur 800-Jahr-Feier (Hg.): Liselotte von der Pfalz, Madame am Hofe des Sonnenkönigs, Heidelberg 1996.

Bodemann, Eduard: Aus den Briefen der Herzogin Elisabeth Charlotte von Orléans an die Kurfürstin Sophie von Hannover, Ein Beitrag zur Kulturgeschichte des 17. und 18. Jahrhunderts, 2 Bände, Hannover 1891.

Cruysse, Dirk van der: Madame sein ist ein ellendes Handwerck, Liselotte von der Pfalz – eine deutsche

Prinzessin am Hof des Sonnenkönigs, München 1995.
Hartmann, Peter Claus: Zwei Wittelsbacher Prinzessinnen am Hof Ludwigs XIV.: Maria Anna Christina von Bayern und Elisabeth Charlotte von der Pfalz, in: ZBLG 44, 1981, H. 1, S. 269–289.
Helmholt, Hans F.: Elisabeth Charlottens Briefe an Karoline von Wales und Anton Ulrich von Braunschweig-Wolfenbüttel, Annaberg/Sachsen 1909.
Herz, Heinz: Briefe der Herzogin Elisabeth Charlotte von Orléans an ihre Geschwister, Leipzig 1972.
Holland, Wilhelm Ludwig: Elisabeth-Charlotte, Herzogin von Orléans, Briefe aus den Jahren 1676–1722, 6 Bde., Reprint Hildesheim/Zürich/New York 1988 (Originaldruck Tübingen 1867–81).
Knoop, Mathilde: Madame, Liselotte von der Pfalz, Ein Lebensbild, Stuttgart 1956.
Künzel, C. (Hg.): Die Briefe der Liselotte von der Pfalz, Herzogin von Orléans, Ebenhausen bei München 1912.
Lebrige, Arlette: Liselotte von der Pfalz, Eine Biographie, Düsseldorf 1988.
Mattheier, Klaus J. u. Valentin, Paul (Hgg.): Pathos, Klatsch und Ehrlichkeit, Liselotte von der Pfalz am Hofe des Sonnenkönigs, Tübingen 1990.
Moers-Messmer, Wolfgang von: Heidelberg und seine Kurfürsten, Die große Zeit der Geschichte Heidelbergs als Haupt- und Residenzstadt der Kurpfalz, Ubstadt-Weiher 2001.
Strich, Michael: Liselotte und Ludwig XIV., München u. Berlin 1912 (dort Verzeichnis mit der älteren Literatur!).

Zu „Ulrika Eleonora", S. 123 ff.

Bracher, Ulrich: Geschichte Skandinaviens, Stuttgart/Berlin/Köln/Mainz 1968.
Buchholz, Werner: Schweden – Die Wittelsbacher an der Ostsee (1654–1720), S. 190–210, in: Bayern mitten in Europa, Vom Frühmittelalter bis ins 20. Jahrhundert, hrsg. v. Alois Schmid und Katharina Weigand, München 2005
Burmeister, Helmut (Hrsg.): Friedrich – König von Schweden, Landgraf von Hessen-Kassel, Studien zu Leben und Wirken eines umstrittenen Fürsten (1676–1751), Hofgeismar 2003; besonders: Helmut Burmeister, Friedrich von Hessen in Schweden, S. 73–155.
Damen Conversations Lexikon, Artikel. Ulrike Eleonore, Königin von Schweden, Leipzig 1834–39, Neuaufl. Berlin 2010.
Demandt, Karl E.: Geschichte des Landes Hessen, Kassel/Basel 2. Aufl. 1972.
Heigel, Karl Theodor: Die Wittelsbacher in Schweden, Festrede in der Akademie der Wissenschaften, München 1881.
Holst, Walfrid: Ulrika Eleonora d.y. Karl XII:s syster, Stockholm 1956 (schwed.).
Imhof, Arthur Erwin: Grundzüge der nordischen Geschichte, Darmstadt 1970.
Kromnow, Ake: Die schwedischen Könige aus dem Hause Wittelsbach, in: Zeitschrift für bayerische Landesgeschichte (ZBLG) 44, 1981, S. 329–344.
Peters, Jan: Karl XII. – der rätselhafte Haudegen, in: ders., Die alten Schweden, Berlin 1986, S. 135–165.

Zu „Maria Antonia", S. 135 ff.

Albert, Herzog zu Sachsen: Maria Antonia von Sachsen und die Musik, in: Sächsische Heimat, Hamburg 1981.
Burney, Charles: An Eighteenth-Century Musical Tour in Central Europe and the Netherlands, hrsg. v. Percy A. Scholes, London 1959.

Drewes, Heinz: Maria Antonia Walburga als Komponistin, Borna-Leipzig 1934.
Finauer, Peter Paul: Allgemeines Historisches Verzeichnis gelehrter Frauenzimmer, München 1761.
Fischer, Christine: Instrumentierte Visionen weiblicher Macht, Maria Antonia Walpurgis' Werke als Bühne politischer Selbstinszenierung, Schweizer Beiträge zur Musikforschung Band 7, Kassel u. a. 2007.
Fürstenau, Moritz: Maria Antonia Walpurgis, Kurfürstin von Sachsen, Eine biographische Skizze, in: Monatshefte für Musik-Geschichte 11, 1879, Nr. 10, S. 11–181.
Lippert, Woldemar: Kaiserin Maria Theresia und Kurfürstin Maria Antonia von Sachsen: Briefwechsel 1747–1772, Leipzig 1908.
Neumayr, Eva: Maria Antonia Walpurgis Kurfürstin von Sachsen, Online-Artikel in: MUGI – Musik und Gender im Internet 2007.
Raab, Heribert: Die Romreise der Kurfürstinwitwe Maria Antonia Walburga von Sachsen 1772, in: Hundert Jahre deutsches Priesterkolleg hrsg. v. Erwin Gatz, Rom/Freiburg i. Br./ Wien 1977, S. 93–107.
Schmid, Alois: Maria Antonia Walburga, in: Sächsische Biografie, hrsg. vom Institut für Sächsische Geschichte und Volkskunde e. V., bearb. v. Martina Schattkowsky, Online-Ausgabe 2011.
Schnoor, Mira Alexandra: Die Kurfürstinwitwe Maria Antonia Walpurgis, Eine Dichterin, Komponistin und Musikerin des 18. Jahrhunderts, Manuskript für Bayern – Land und Leute, Bayerischer Rundfunk, München 2000.
Weber, Carl von: Maria Antonia Walpurgis, Churfürstin zu Sachsen, geb. kaiserliche Prinzessin in Bayern, 2 Bände, Dresden 1857.

Zu „Auguste", S. 147 ff.

Aretz, Trude: Die Frauen um Napoleon, Zürich 1912.
Ausstellungskatalog: Krone und Verfassung, König Max Joseph und der neue Staat, München 1980.
Ausstellungskatalog: Bayerns Krone: 200 Jahre Königreich Bayern, München 2006.
Ausstellungskatalog: Leuchtenberg – Zeit des Adels in Seeon und Stein, Seeon 2008.
Gläser, Stefan: Frauen um Napoleon, Regensburg 2001; TB München 2004.
Gollwitzer, Heinz: Ludwig I., München 1986.
Heydenreuther, Reinhard: Das Palais Leuchtenberg, München 2003.
Kunz, Wolfgang: Auguste Wilhelmine Marie von Hessen-Darmstadt (1765–1796), in. Pfälzer Lebensbilder, Band 7, S. 85–128 (= Veröffentlichungen der Pfälzischen Gesellschaft zur Förderung der Wissenschaften, Band 100, Speyer 2007).
Junkelmann, Markus: Napoleon und Bayern, Regensburg 1985.
Maurois, André: Napoleon, Reinbek 2000 (mit Bibliographie).
Nobel, Alphonse: Königin Hortense, Frankfurt a. M. 1938.
Prinz von Bayern, Adalbert: Die Herzen der Leuchtenberg, München 1992.
Prinz von Bayern, Adalbert: Eugen Beauharnais, Berlin 1940.
Prinz von Bayern, Adalbert: Maximilian I. Joseph von Bayern, München 1957.
Reiser, Rudolf: Das Ismaninger Schloß, Ismaning 1992.
Schmid, Alois (Hg.): 1806 Bayern wird Königreich, Regensburg 2006.
Schroll, Armin: Prinzessin Auguste Amalie von Bayern (1788–1851), Eine Biographie aus napoleonischer Zeit, München 2009.

Zu „Sisi und ihre Schwestern“, S. 161 ff.

Andrics, Hellmut: Die Frauen der Habsburger, München Neuaufl. 1996.

Bestenreiner, Erika: Sisi und ihre Geschwister, München 2002.

Corti, Egon: Elisabeth, Die seltsame Frau, Wien 1934; Elisabeth von Österreich, Tragik einer Unpolitischen, Graz, Wien, Köln, 12. Aufl. 1992.

Dickinger, Christian: Sophie, eine Schwester von „Sisi“, in: ders., Die schwarzen Schafe der Wittelsbacher, Zwischen Thron und Wahnsinn, Wien 2003, S. 142–148.

Dickinger, Christian: Die anderen Schwestern der Kaiserin, in: a. a. O., S. 149–160.

Fendt, Evelyn: Die „Heldin von Gaeta“, Marie Sophie von Wittelsbach, letzte Königin beider Sizilien, Diplomarbeit Universität Passau 2002 (Typoskript).

Fischer, Heinz: Adlerin aus Bayern, Königin Marie von Neapel, Typoskript Bayerischer Rundfunk, München 2000.

Gebhardt, Heinz: König Ludwig II. und seine verbrannte Braut, Unveröffentlichte Liebesbriefe Prinzessin Sophie's an Edgar Hanfstaengl, Pfaffenhofen 1986.

Größing, Sigrid-Maria: Sisi und ihre Familie, Wien 2005.

Hamann, Brigitte: Elisabeth, Kaiserin wider Willen, Taschenbuchneuausgabe München 12. Aufl. 2010.

Hamann, Brigitte (Hrsg.): Kaiserin Elisabeth, Das poetische Tagebuch, Wien 1984.

Hamann, Brigitte: Elisabeth, Bilder einer Kaiserin, 6. überarb. Aufl., Wien, München 1998.

Herre, Franz: Sisis Schwiegermutter Sophie von Bayern, Manuskript Bayerischer Rundfunk, München 1994.

Holler, Gerd: Sophie, Die heimliche Kaiserin, Augsburg 2004 (Wien, München 1993).

Hüttl, Ludwig: Ludwig II. König von Bayern, Eine Biographie, München 1986.

Lermann, Hilde: Die Heldin von Gaeta, Das tragische Schicksal der Marie von Wittelsbach, Typoskript Bayerischer Rundfunk, München 2000.

Matray, Maria und Krüger, Answald: Das Attentat, München 1997.

Panzer, Marita A.: Fast Kaiserin – Fast Fürstin, Helene Herzogin in Bayern (1834–1890), in: dies., Fürstinnen von Thurn und Taxis, Regensburg 2008, S. 107–126.

Petacco, Arrigo: Die Heldin von Gaeta, Kaiserin Elisabeths Schwester im Kampf gegen Garibaldi, Graz/Wien/Köln 1994.

Praschl-Bichler, Gabriele: Kaiserin Elisabeth, Mythos und Wahrheit, Wien 1996.

Redwitz, Marie Freiin von: Hofchronik 1888–1921, München 1924.

Rumschöttel, Hermann: Ludwig II. von Bayern, München 2011.

Schad, Martha: Kaiserin Elisabeth und ihre Töchter, München 1997.

Schad, Martha: Elisabeth von Österreich, München 1998, 7. Aufl. 2010.

Schwarzenbeck, Engelbert (Regie): Die Heldin von Gaeta, Königin Maria Sophia, Eine bayerisch-neapolitanische Legende, Dokumentarfilm Bayerischer Rundfunk 1996.

Sokop, Brigitte: Jene Gräfin Larisch, Wien 3. Aufl. 1992.

Spangenberg, Marcus: Ludwig II., Der andere König, Regensburg 2011 (kleine bayerische biografien).

Thiele, Johannes: Elisabeth, Das Buch ihres Lebens, München, Leipzig 1996.

Tschudi, Clara: Königin Maria Sophia von Neapel, Leipzig 1905.

Valsecchi, Franco: Marie Sophie, Königin von Neapel, in: ZBLG, Bd. 44, 1981, Heft 1, S. 381–396.

Vietor, Cornelius: Die letzte Königin von Neapel, Berlin 1920.

Wallersee, Marie Louise von: Die Heldin von Gaeta, Leipzig 1936.

Wehofer, P. Thomas Maria: Schwester Marie-Madeleine aus dem Dritten Orden des heiligen Dominicus, Sophie Charlotte Herzogin von Alençon, geb. Herzogin in Bayern, In Briefen an einen Freund aus demselben Dritten Orden, München 1898.

Wellmann, Jutta: Sisis kaiserliches Schönheits- und Gesundheitsbuch, Bad Sauerbrunn 1997.

Witzleben, Hermann von und Vingau, Ilka von: Die Herzöge in Bayern, München 1976.

Zu „Therese“, S. 195 ff.

Berger, Manfred: Therese Charlotte Marianne Auguste von Bayern, Prinzessin, Königliche Hoheit, Artikel in: Biographisch-Bibliographisches Kirchenlexikon, Band XXI, 2003, Spalten 1486–1493.

Bußmann, Hadumod u. Neukum-Fichtner, Eva (Hgg.): „Ich bleibe ein Wesen eigener Art“, Prinzessin Therese von Bayern, München 1997.

Bußmann, Hadumod: „Ich habe mich vor nichts im Leben gefürchtet“, Die ungewöhnliche Geschichte der Therese Prinzessin von Bayern, München 2011 (2., durchgesehene u. verbesserte Auflage).

Hildebrandt, Irma: Bin halt ein zähes Luder, 15 Münchner Frauenporträts, München 1990, 3. Aufl. 1991, S. 43–54.

Krauss, Marita: Dr. h. c. Therese Prinzessin von Bayern, Weltreisende, Wissenschaftlerin, Sammlerin, Manuskript Bayerischer Rundfunk 2005.

Krauss, Sylvia: Prinzessin Therese von Bayern (1850–1925), Einziges weibliches Ehrenmitglied der Bayerischen Akademie der Wissenschaften, in: Denker, Forscher und Entdecker, Eine Geschichte der Bayerischen Akademie der Wissenschaften in historischen Portraits, hrsg. v. Dietmar Willoweit, S. 189–204.

Maurer, Brigitte: Prinzessin Therese von Bayern 1850–1925 im gesellschaftlich-politischen und geistig-kulturellen Leben bis zur Übernahme der Regentschaft durch ihren Vater Prinz Luitpold. Masch. Magisterarbeit, München 1984.

Mellien, Marie: Prinzessin Therese von Bayern, in: Die Frau 5, 1898, S. 663–669.

Möckl, Karl: Die Prinzregentenzeit, Gesellschaft und Politik während der Ära des Prinzregenten Luitpold in Bayern, München 1972.

Nachlass Therese von Bayern (Hauptstaatsarchiv München, Abt. Geheimes Hausarchiv.)

Neukum-Fichtner, Eva: Therese von Bayern (1850–1925) als Forschungsreisende und Sammlerin. Masch. Magisterarbeit, München 1995.

Panzer, Marita A.: Prinzessin Therese von Bayern, in: Stieftöchter der Alma mater, hrsg. v. Hadumod Bußmann, München 1993, S. 106–107.

Panzer, Marita A.: Dr. phil. h. c. Therese von Bayern (1850–1925) – Naturwissenschaftlerin, in: Panzer/Plößl: Bayerns Töchter, TB München 2005, S. 136–138.

Prinz, Friedrich u. Krauss, Marita (Hgg.): München, Musenstadt mit Hinterhöfen, Die Prinzregentenzeit 1886–1912, München 1988.

Theresiana (Handschriftenabteilung der Bayerischen Staatsbibliothek München).

Werke der Therese von Bayern / Th. v. Bayer (Pseudonym):

- Ausflug nach Tunis, München 1880.
- Reiseeindrücke und Skizzen aus Rußland, Stuttgart 1885.
- Über den Polarkreis, Leipzig 1889.
- Meine Reise in den Brasilianischen Tropen, Berlin 1897.
- Reisestudien aus dem westlichen Südamerika, In zwei Bänden, Berlin 1908.

Zimmermann, Georg: Fürstliche Schriftsteller des 19. Jahrhunderts, München 1895 (Thereses Gedicht, S. 137).

Dank

Mein Dank gilt zuerst meiner Lektorin Heidi Krinner-Jancsik und dem Friedrich Pustet Verlag, die mir vorgeschlagen hatten, Porträts einiger Töchter aus dem Hause Wittelsbach in einem Buch zu vereinen.
Besonderen Dank schulde ich,
den Mitarbeiterinnen und Mitarbeitern der von mir aufgesuchten Bibliotheken, allen voran der Universitätsbibliothek Regensburg, für ihre bereitwilligen Auskünfte und Hilfestellungen bei meinen umfangreichen Recherchen,
sowie der Lektoratsassistentin Christiane Abspacher für die redaktionelle Betreuung des Bildteils.
Meinem Mann Eckart Eitel danke ich von Herzen für aufmunternde Worte und geduldiges Zuhören.

Abbildungsnachweis

akg-images: Tafeln VI, IX
akg-images / British Library: Tafel I unten
akg-images / Sotheby's: Tafel V
ARTOTHEK, Weilheim: Tafel IV
bpk – RMN: Tafel XII
bpk – Staatliche Kunstsammlungen Dresden / Elke Estel / Hans-Peter Klut: Tafel XI
Fürst Thurn und Taxis Zentralarchiv und Hofbibliothek: Tafel XIII
Hauptstaatsarchiv München, Geheimes Hausarchiv: Tafeln XIV oben und unten, XV, XVI
http://commons.wikimedia.org: Tafel III
Kurpfälzisches Museum der Stadt Heidelberg: Tafel VIII
Stift Stams: Tafel I oben
ullstein bild, Berlin: Tafel II
ullstein bild – NTPL / Derrick E. Witty: Tafel VII
ullstein bild – Photo12 / Cabinet Revel: Tafel X

Übersicht der bayerischen Linien des Hauses Wittelsbach

Der Hausvertrag von Pavia teilt 1329 die Wittelsbacher in zwei Linien:
Bayern und Pfalz (mit Oberpfalz)

Nach dem Tod Ks. Ludwigs IV., genannt der Bayer, 1347 gründen seine Söhne drei Linien

Linie Brandenburg-Tirol (bereits 1324 gegründet)

Linie Brandenburg
endet 1373

Linie Tirol endet 1363 und geht an Habsburg

Linie Oberbayern-Niederbayern-Landshut

teilt sich 1365 in

Linie Straubing-Holland

endet mit dem Tode Jakobäas 1436

Holland geht an Lothringen

Das Straubinger Land erben die drei bayerischen Linien Ingolstadt, Landshut und München

Linie Ingolstadt

endet 1445/1447
erbt Linie Landshut →

Linie Landshut

endet 1503
hauptsächlich erbt Linie München nach dem Landshuter Erbfolgekrieg (1503 bis 1505).
Es entsteht zusätzlich die „Junge Pfalz" (als neue Linie der Pfälzer Wittelsbacher) →

Linie Bayern-München

Seit 1506/08
Linie Bayern

seit 1623 Kurwürde
= Kurlinie Bayern
endet 1777

- - - - - - - - - - -

erbt Karl Theodor von der Linie (Neuburg-)Sulzbach II (siehe Übersicht Pfälzer Linien)

- - - - - - - - - - -

erbt 1799 Maximilian Joseph von der Linie Zweibrücken-Birkenfeld (siehe Übersicht Pfälzer Linien) und
begründet **1806** als Kg. Maximilian I. Joseph die **königlich-bayerische Linie der Wittelsbacher**

Die „Junge Pfalz"
(Linie Neuburg)

gegründet 1505 mit dem Hauptort Neuburg a. d. Donau

erbt 1556 die Pfälzer Kurwürde (mit Heidelberg)

Neuburg geht an die Linie Zweibrücken (siehe Übersicht Pfälzer Linien)

Übersicht der Pfälzer Linien des Hauses Wittelsbach

1329 teilt der Hausvertrag von Pavia die Wittelsbacher in zwei Linien Bayern und Pfalz mit Oberpfalz. – Nach dem Tod des Pfalzgrafen und deutschen Königs Rupprecht III. 1410 teilen sich die Pfälzer in vier Linien:

Kurlinie Heidelberg (Kurpfalz)
endet 1559
Kurwürde geht an die Linie Simmern
→ Linie Simmern-Sponheim

Linie Neunburg-Oberpfalz (Neumarkt)
endet 1448
geht an Kurpfalz und Mosbach

Linie Simmern-Zweibrücken-Veldenz
teilt sich 1459 in
→ Linie Simmern-Sponheim; Linie Zweibrücken-Veldenz

Linie Mosbach
endet 1499
geht an Kurpfalz

Linie Simmern-Sponheim
endet 1685
Kurwürde geht an Linie Neuburg
→ Linie Neuburg-Hilpoltstein

Linie Zweibrücken-Veldenz
teilt sich 1514 in
→ Linie Zweibrücken; Linie Veldenz

Linie Zweibrücken
teilt sich 1569 in
→ Linie Neuburg-Hilpoltstein; Linie Zweibrücken; Linie Sulzbach I; Linie Parkstein; Linie Birkenfeld

Linie Veldenz
endet 1686/89

Linie Neuburg-Hilpoltstein
teilt sich 1614 in

a. Linie Neuburg
endet 1742

Kurwürde geht an Linie Sulzbach II
→ b. Linie Sulzbach II

b. Linie Sulzbach II
(Karl Theodor seit 1777 Kurfürst von der Pfalz und Bayern)
endet 1799

Kurwürde geht an Zweibrücken-Birkenfeld
→ Herzog Maximilian Joseph
----
c. Linie Hilpoltstein
endet 1644

Linie Zweibrücken
teilt sich 1604 in

a. Zweibrücken jüngere Linie
endet 1661
----
b. Linie Zweibrücken-Landsberg
endet 1681
----
c. Linie Zweibrücken –Kleeburg
endet 1731

Herzogtum Zweibrücken geht an Birkenfeld-Bischweiler-Rappoltstein
→ Linie Zweibrücken-Birkenfeld

Linie Sulzbach I (-Hilpoltstein)
endet 1604

Linie Parkstein
endet 1597

Linie Birkenfeld
teilt sich 1600 in

Linie Birkenfeld endet 1671

Linie Birkenfeld-Bischweiler
teilt sich 1654 in

Linie Birkenfeld-Bischweiler-Rappoltstein
----
erbt Herzogtum Zweibrücken: jetzt herzogliche Linie Zweibrücken-Birkenfeld
↓
Herzog Maximilian Joseph seit 1799 Kurfürst von Pfalz-Bayern und seit 1806 König von Bayern

Linie Birkenfeld-Gelnhausen

Seit 1799 Herzöge in Bayern